Erwartungen übertreffen

Wie kaum ein anderes Land dieser Welt hat sich der Wirtschaftstandort Deutschland von der weltweiten Wirtschaftskrise erholt. Das Niveau von 2008 ist zum Teil schon wieder erreicht, die Zuwachsraten der exportorientierten Industrie übertreffen alle Erwartungen und Planungen der Unternehmen. Die vielen eigenkapitalstarken, inhabergeführten Unternehmen spielen dabei eine Schlüsselrolle.

Nun zeigt sich wieder der Engpass, den wir während der Wirtschaftskrise verdrängt haben: Die jungen Menschen gehen uns aus. Jährlich werden es rund 200 000 qualifizierte Fachkräfte weniger. Der demografische Wandel in Deutschland trägt besonders dazu bei. Das wird bei weiter ansteigender Konjunktur vor allem Facharbeiter, aber auch Ingenieure betreffen.

Im Januar 2011 taxierte der Verein Deutscher Ingenieure (VDI) den Fachkräftemangel bei Ingenieuren auf gut 49 000 Personen. Verschärft wird die Situation dadurch, dass bis zum Jahr 2022 in Deutschland mehr als 500 000 Ingenieure in Rente gehen werden, wie das Institut der deutschen Wirtschaft Köln (IW) errechnete. Das ist die Hälfte aller Techniker, die in Deutschland in Ingenieurberufen arbeiten. Das Problem: Pro Jahr schließen nur etwa 40 000 Ingenieure ihr Studium ab. Sie ersetzen damit nicht einmal die Zahl jährlich ausscheidender Mitarbeiter.

Damit stehen Ingenieure einem Arbeitsmarkt gegenüber, in dem sie wählen können. Aber Vorsicht: Nur weil der Ingenieurmangel immer größer wird, nimmt ein Unternehmen noch lange nicht jeden Absolventen. Meine Beobachtungen zeigen über eine langjährige Praxis hinweg, dass es eine Gruppe zwar hoch qualifizierter junger Ingenieure gibt, deren Anspruchsdenken gegenüber dem Unternehmen aber nicht ihren Fähigkeiten entspricht und die nicht in die Verhaltenskultur des Unternehmens passen. Und dann nützt die beste Qualifikation nicht viel.

Der Wettbewerb ist größer und die Anforderungsprofile der Unternehmen sind wesentlich anspruchsvoller geworden. Wer diesen Wettbewerb gewinnen will, muss nicht nur gut ausgebildet und informiert sein, sondern vor allem eine kreative Einstellung mitbringen und deutlich machen, dass er das Unternehmen voranbringen will.

Ich wünsche Ihnen bei der Lektüre des Karriere-Handbuchs Staufenbiel *Ingenieure* wieder viel Freude. Beachten Sie vor allem die aktuellen Specials und das Kapitel über Familienunternehmen, die das Rückgrat des Wirtschaftsstandorts Deutschland bilden.

Prof. Dr.-Ing. em. Klaus Henning
RWTH Aachen
Autor von Staufenbiel *Ingenieure*

Inhalt

>> Der Frühstart ... 10
Studium und Karriere ... 10
Praktika ... 12
Auslandserfahrungen ... 14
Abschlussarbeit ... 18
Experteninterview: Abschlussarbeit im Unternehmen ... 19

>> Special: Maschinen- und Anlagenbau ... 22

>> Die Bewerbung ... 32
Die Jobsuche ... 32
Das Anschreiben ... 38
Der Lebenslauf ... 42
Die dritte Seite ... 44
Referenzen und Empfehlungsschreiben ... 44
Internationale Bewerbung ... 46
Die Online-Bewerbung ... 48
Bewerben 2.0 ... 50
Das Vorstellungsgespräch ... 52
Das Assessment Center ... 54
Der Arbeitsvertrag ... 56
Das Arbeitszeugnis – Zeugnissprache ... 59
Experteninterview: Vorstellungsgespräch ... 61

>> Special: Chemie und Pharma ... 62

>> Die Soft Skills ... 66
Was sind Soft Skills? ... 66
Analytische und konzeptionelle Fähigkeiten ... 67
Durchsetzungsvermögen ... 68
Interkulturelle Kompetenz ... 68
Kommunikationsvermögen ... 70
Kreativität ... 70
Motivationsvermögen und Führungskompetenz ... 71
Teamfähigkeit ... 72
Unternehmerisches Denken und Handeln ... 72
Experteninterview: Soft Skills ... 73

Inhalt

>> Special: Ingenieurinnen 74

>> Das Einstiegsgehalt 79
Was Berufseinsteiger verdienen 79
Einstiegsgehälter in verschiedenen Branchen 80
Faktoren, die das Gehalt beeinflussen 84
Experteninterview: Gehaltsgespräch 89

>> Der Einstieg 90
Wege in den Job 90
Direkteinstieg/Training on the Job 90
Trainee-Programm 91
Die ersten 100 Tage im Job 92
Experteninterview: Einstieg als Trainee 95

>> Karriere bei Familienunternehmen 96
Der Jobmotor 96
Attraktive Arbeitgeber 97
Hidden Champions 98
Jobeinstieg und Perspektiven 100

>> Studenteninitiativen im Porträt 102

>> Kontakt- und Netzadressen, Impressum 106

>> Education: Das Buch im Buch 108
Nach dem Bachelor: Job oder Master? 108
Der Master – Abschluss mit Zukunft 110
Die richtige Hochschule 112
Studieren im Ausland 114
Promotion 116
Das MBA-Studium 117
Weiterführendes Studium 120
Firmeninterne Weiterbildung 121
Technische Weiterbildung 121

>> Hochschulen im Profil
Detaillierte Informationen über führende Aus- und Weiterbildungsinstitutionen 124

>> Arbeitgeber im Profil
Detaillierte Informationen über führende Arbeitgeber 137
Jobfinder 2011 162

Inserentenverzeichnis

AEROTEC Engineering GmbH	138
AREVA NP GmbH	35
Bayer AG	15
Brose Gruppe	139
Brunel GmbH	83
Cargill Deutschland GmbH	140–141
Carl Zeiss AG	47, 142
Contact Singapore	20-21
DEKRA Automobil GmbH	75
DENSO AUTOMOTIVE Deutschland GmbH	138
Deutsche Bahn	143
Diehl Stiftung & Co. KG	144
EagleBurgmann Germany	27
EDAG GmbH & Co. KGaA	85, 145
Elektrobit Automotive	39
EnBW Energie Baden-Württemberg AG	146, U3
ESB Business School/Hochschule Reutlingen	113
euro engineering AG	17, 147
EUROPIPE GmbH	25, 148
FERCHAU Engineering GmbH	11
Fraunhofer Academy	126
GLOBALFOUNDRIES Management Services LLC & Co. KG	41, 149
Goodyear Dunlop Tires Germany GmbH	37
HECTOR School	127
HFH · Hamburger Fern-Hochschule	127
Hochschule Reutlingen	128
Hydro Aluminium	150
Karlsruher Institut für Technologie (KIT)	129
Kaufland	151
konaktiva Darmstadt GbR	8
konaktiva Dortmund GbR	93
LANXESS AG	63
Lorenz Snack-World	152
Lurgi GmbH	29
MAHLE GmbH	43
Maschinenfabrik Reinhausen GmbH	153

METRO Group Asset Management	154
Osto Systemberatung GmbH	101
RWTH Aachen	130
Salzgitter AG	155
Schaeffler Gruppe	154
Siemens AG	13
Technische Fakultät der FAU	125
Technische Universität Berlin	131
Technische Universität Dresden	132
Technische Universität Hamburg-Harburg	133
Technische Universität Ilmenau	134
Technische Universität München	135
TenneT TSO GmbH	81
Tognum Group	23, 156–157
TÜV Hessen	158
TÜV Rheinland Group	49, 158
Universität Stuttgart	136
UPM	45
VDE Verband der Elektrotechnik Elektronik Informationstechnik e.V.	111
VDI-Verlag GmbH	U2
Verband Deutscher Wirtschaftsingenieure (VWI) e.V.	113
Voith GmbH	159
Gore – W. L. Gore & Associates GmbH	160
Windmöller & Hölscher KG	31, 161
ZF Friedrichshafen AG	77

Autorenverzeichnis

Autor: Prof. Dr.-Ing. em. Klaus Henning, RWTH Aachen

Unsere Interviewpartner:

Christa Buchwald	GLOBALFOUNDRIES	61
Beate Czieszowic	ZF Friedrichshafen AG	73
Stephan Gilow	Verband angestellter Akademiker und leitender Angestellter der chemischen Industrie (VAA)	65
Christian Jenssen	Deutsches Zentrum für Luft- und Raumfahrt (DLR)	19
Britta Kietzmann	DASELL Cabin Interior GmbH	78
Constanze Panitzki	Voith GmbH	89
Hartmut Rauen	Verband Deutscher Maschinen- und Anlagenbau (VDMA)	30
Claudia Salvischiani	Dräxlmaier Group	95

staufenbiel.de

Noch mehr im Netz

Auf staufenbiel.de/ingenieure gibt es viele weitere Infos zum Ein- und Aufstieg. Zudem können Sie gezielt in der Unternehmensdatenbank Jobs suchen – und finden.

staufenbiel.de/ingenieure
Alles, was Ingenieure wissen müssen, wenn sie Karriere machen wollen.

Karriere-Specials
Karriere-Wissen direkt in Ihr E-Postfach.

Jobs
Finden Sie Jobs und lernen Sie Ihren Wunscharbeitgeber kennen.

Top-Arbeitgeber
für Ingenieure stellen sich vor.

Staufenbiel *Career Club*
Jede Menge Vorteile für Ihre Karriere:
• Expertentipps
• Bewerbungs-Checks
• Assessment Center Trainings

Facebook
Karriere-News und Trends von staufenbiel.de auch auf Facebook.

NEU
Per QR-Code direkt auf Ihr Smartphone

staufenbiel.de/ingenieure

Der Frühstart

>> Studium und Karriere

Wer ein klares Ziel vor Augen hat, findet schon während der Studienzeit viele Chancen, die Weichen für den späteren Traumjob zu stellen. Schwerpunkte im Studium, Praktika, Auslandssemester und außeruniversitäres Engagement vermitteln nicht nur fachliches Know-how, sondern auch Soft Skills, die bei der Bewerbung und im Job für entscheidende Pluspunkte sorgen.

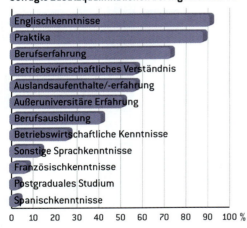

Gefragte Zusatzqualifikationen bei Ingenieuren >>

Mehrfachnennung möglich

staufenbiel *JobTrends Deutschland* **2011**

Ein Personalverantwortlicher erkennt auf den ersten Blick, ob ein Bewerber die Studienzeit effizient genutzt hat: Wie lange hat er studiert? War er im Ausland? Hat er Praxisluft geschnuppert? Der Gesamteindruck ist wichtig. Gerade Ingenieure arbeiten häufig in Projekten, bei denen soziale Kompetenzen wie Teamfähigkeit, Kommunikationsvermögen und Führungsqualitäten gefragt sind. Projektarbeiten, Studentenjobs und Praktika bieten Gelegenheit, diese Eigenschaften zu entwickeln und Netzwerke im Unternehmen zu knüpfen.

Wer Nachwuchsingenieure einstellt, legt vor allem Wert auf Praxiserfahrung, so ein Ergebnis der Studie Staufenbiel JobTrends Deutschland 2011: 89 Prozent der befragten Unternehmen erwarten von ihren Bewerbern, dass sie Praktika absolviert haben. Für noch mehr Unternehmen sind Englischkenntnisse selbstverständlich. 92 Prozent aller Arbeitgeber setzen sie voraus.

Qualität der Hochschulen

Die Karriereperspektiven hängen heute nicht mehr davon ab, ob der Bewerber an einer Fachhochschule oder Universität studiert hat. Wichtiger ist das Renommee der Hochschule: Die Bildungsinstitute in Deutschland unterscheiden sich oft deutlich in der Qualität der Einrichtung und Anerkennung der Abschlüsse.

Wer früh weiß, wohin er will, kann auch seine Karriere entsprechend planen. Sowohl Fachhochschule als auch Universität bieten Vor- und Nachteile. Eine Karriere in Wissenschaft und Forschung etwa gelingt mit einem Studium an einer Universität besser – der Zugang zur Promotion ist beim Universitätsstudium deutlich leichter. In der freien Wirtschaft werden Uni- und Fachhochschul-Absolventen dagegen primär nach ihren Kompetenzen bewertet. Aufstiegsmöglichkeiten und Gehälter haben sich immer mehr angeglichen.

FH-Absolventen profitieren in der Ausbildung vom direkteren Praxisbezug, Uni-Absolventen bringen oft eine profundere Fachkompetenz mit. Private Hochschulen sind meist teurer als staatliche, dafür studiert man dort oft schneller und in kleineren Seminargruppen.

Warum nur eine Herausforderung, wenn Sie

POTENTIAL

für viele mehr haben.

Neue Technologien. Vielfältige Projektfelder. In den unterschiedlichsten Bereichen des Maschinenbaus. Das alles finden Sie spannend? Das alles finden Sie bei uns. Bei FERCHAU profitieren Sie von der Vielfalt unserer Leistungen – mit kompetenten Mitarbeitern an über 50 Standorten.

Überzeugen Sie uns mit Ihrem Talent – als

INGENIEUR (M/W) Maschinenbau

Einsteigen und loslegen – so vielseitig wie Sie sind auch unsere Aufgaben im Maschinenbau.
- Entwicklung und Konstruktion: Mit modernen CAE-Systemen entwickeln Sie Komponenten für Maschinen und Anlagen
- Berechnung und Auslegung: Auf Basis der Verfahrenstechnik für Großanlagen und Produktionsprozesse legen Sie Baugruppen und Einzelteile gemäß technischen Normen aus
- Projekt- und Qualitätsmanagement: Sie agieren selbständig, koordinieren Termine und gleichen Qualitätsnormen ab oder sind mit Aufgaben im Supply-Chain-Management betraut
- Fertigungsplanung und Prozessoptimierung: Sie haben Qualität, Termine und Kosten im Blick

Individuell und erfolgsorientiert – Ihre Perspektiven sind ausgezeichnet.
- Modulare Einarbeitung
- Entwicklung bereichsübergreifender Fachkompetenz
- Karrieremöglichkeiten in Technik, Führung und Vertrieb

Machen Sie den entscheidenden Schritt in die Praxis – bei FERCHAU! Als engagierter und wissbegieriger Ingenieur (m/w) des Studiengangs Maschinenbau bringen Sie das nötige theoretische Know-how mit. Jetzt wird es Zeit, es endlich praktisch anzuwenden. Arbeiten Sie mit uns an sich – für neue Erfolge.

Wir freuen uns auf Ihre Bewerbung – gerne online oder per Post unter der Kennziffer 2011-035-5552 bei Frau Alexa Wigger. Denn was für unsere Kunden gilt, gilt für Sie schon lange:
Wir entwickeln Sie weiter.

FERCHAU Engineering GmbH
Zentrale
Schützenstraße 13   51643 Gummersbach
Fon +49 2261 3006-120   Fax +49 2261 3006-99
bewerber@ferchau.de   www.ferchau.de

Auch die Jobaussichten sind hier teilweise besser, denn viele Privatuniversitäten werden von der Wirtschaft unterstützt und pflegen enge Beziehungen zu Unternehmen.

Wechsel des Studienorts

Wer im Laufe der ersten Semester feststellt, dass das Studienangebot nicht den persönlichen Interessen und Zielen entspricht, sollte über einen Wechsel des Studienfachs oder der Hochschule nachdenken. Dabei müssen Studenten auf eine Anerkennung der bisher erbrachten Leistungen achten, sonst droht Zeitverlust. Der beste Zeitpunkt zu wechseln ist nach dem Vordiplom oder dem Bachelor-Abschluss. Nur dann ist sicher, dass alle Leistungen anerkannt werden. Denn obwohl mittlerweile alle Studiengänge auf Bachelor und Master umgestellt sind, wird es bei einem Wechsel ohne Abschluss weiterhin Anerkennungsverfahren geben.

Aber auch mit dem Bachelor-Abschluss ist ein Platz in einem Master-Studium keinesfalls sicher. Oft ist es am einfachsten, den Master an derselben Hochschule anzuschließen, an der man schon den Bachelor-Abschluss erlangt hat.

Für einen Master-Studiengang müssen sich dennoch alle Interessenten bewerben, und jede Hochschule wird die Eignung des Kandidaten mehr oder weniger genau prüfen. Ein Wechsel von der Fachhochschule zur Universität ist deshalb meistens nicht ganz einfach.

Zielstrebigkeit

Personalchefs schätzen bei Bewerbern Motivation und Zielstrebigkeit. Absolventen erhöhen deshalb ihre Chancen, wenn sie ihr Studium innerhalb der Regelstudienzeit abschließen konnten. Noch besser ist der Nachweis von zusätzlichen Leistungen und Aktivitäten während dieser Zeit.

Bei vielen Trainee-Programmen setzen Unternehmen eine Altershöchstgrenze von 28 Jahren. Dennoch berücksichtigen Personalchefs durchaus die persönliche Situation des Bewerbers. Wer die Regelstudienzeit überzogen hat – etwa wegen einer fachnahen Tätigkeit als studentischer Mitarbeiter oder eines Auslandsaufenthalts –, sollte die Gründe dafür plausibel darlegen.

>> Praktika

Wer Praktika absolviert, kann die eigenen Interessen überprüfen, persönliche Stärken und Schwächen erkennen und in den Berufsalltag potenzieller Wunscharbeitgeber hineinschnuppern. So erkennen Studenten frühzeitig, wenn eigene Berufsvorstellungen nicht viel mit der Wirklichkeit zu tun haben. Der spätere Berufseinstieg fällt dann viel leichter. Es ist deswegen empfehlenswert, sich schon früh um Praktika zu bemühen und möglichst viele Erfahrungen zu sammeln. Aber welches Praktikum ist sinnvoll?

Bei der Auswahl sollten Nachwuchsingenieure darauf achten, dass ein roter Faden erkennbar ist. Im Vordergrund müssen die Mitarbeit an konkreten Projekten, eigenverantwortliches Arbeiten und eine individuelle Betreuung stehen. Zwei, besser drei Monate sind mindestens nötig für einen fundierten Einblick in Unternehmensabläufe. Auslandsprojekte sind dabei in jedem Fall zu empfehlen.

Wichtig ist auch, sich in einem aussagekräftigen Zeugnis seine Arbeit bescheinigen zu lassen. Studenten sollten sich einen guten Überblick über verschiedene Praktikastellen und Unternehmen verschaffen und die Bewerbung an den richtigen Ansprechpartner richten. Meist wählen Personal- und Fachabteilungen Praktikanten aus. Dazu prüfen sie – wie bei der Vergabe einer regulären Stelle – die Bewerbungsunterlagen und laden zu einem Vorstellungsgespräch ein.

Kontakte knüpfen

Ein weiterer Vorteil des Praktikums ist, dass sich schon in dieser Zeit wichtige Kontakte knüpfen und ein Netzwerk aufbauen lassen. Denn Kan-

Wo kann ich mit meiner Erfahrung jeden Tag noch etwas Neues lernen?

Shi Jian Ming will es wissen. Bei Siemens hat er jeden Tag neue Möglichkeiten, sich weiterzuentwickeln.

Als Shi Jian Ming 1995 zu uns wechselte, konnte der gelernte Ingenieur bereits auf ein beeindruckendes Berufsleben zurückblicken. Seitdem hat seine Karriere noch einmal an Fahrt aufgenommen: Heute arbeitet er in einem internationalen Team als Vertriebsleiter für die Energiesparte von Siemens in Shanghai. Dort bleibt Shi Jian Ming immer auf dem neuesten Stand der technischen Entwicklung – und kann gleichzeitig seine interkulturelle Kompetenz ausbauen. Das hält seinen Job so spannend wie am ersten Tag. Wollen Sie wissen, wohin Sie eine Karriere bei Siemens führen kann? **Finden Sie's heraus.**

siemens.com/careers

SIEMENS

didaten für eine Festanstellung werden häufig aus dem Kreis der Praktikanten rekrutiert. Studenten, die ihr Praktikum erst gegen Ende des Studiums absolvieren und damit das Fundament für den Berufseinstieg legen möchten, sollten schlüssig darlegen können, warum sie sich bewerben und was sie vom Praktikum erwarten. Praktika in verschiedenen Bereichen der Branche können sinnvoll sein. So erwirbt man unterschiedliche Praxiserfahrung.

Generation Praktikum >>>>>>>>>>>>>>>>>>

Nach der „Generation Golf" machte in den Medien die „Generation Praktikum" die Runde. Wie viele Praktika wo sinnvoll sind, hängt von den eigenen Plänen für die Zukunft ab. In der Jobbörse unter staufenbiel.de/jobboerse finden Nachwuchskräfte Praktikumsangebote interessanter Unternehmen.
<<<<<<<<<<<<<<<<<<<<<<<<<<<<<<<

>> Auslandserfahrungen

Global agierende Unternehmen suchen Mitarbeiter, die sich souverän auf internationalem Parkett bewegen. Ein Auslandsstudium oder -praktikum ist die Gelegenheit, globale Zusammenhänge und kulturelle Besonderheiten kennenzulernen. Als Einsteiger in internationalen Unternehmen ist neben Fachwissen auch interkulturelle Kompetenz gefragt. Die Zusammenarbeit mit ausländischen Kollegen oder Einsätze bei Tochterunternehmen in Übersee erfordern Soft Skills wie Mobilität und Flexibilität und selbstverständlich entsprechende Fremdsprachenkenntnisse.

Laut der Studie Staufenbiel JobTrends Deutschland 2011 erwarten 92 Prozent der befragten Unternehmen mit Bedarf an Ingenieuren Englischkenntnisse und knapp 60 Prozent Auslandserfahrung oder Auslandsaufenthalte als Zusatzqualifikation bei ihren Bewerbern. Für Studenten, die eine europäische oder amerikanische Hochschule kennenlernen möchten, ohne gleich für längere Zeit überzusiedeln, bieten sich Sommerprogramme an. Bei einem Aufenthalt von sechs bis acht Wochen können die Teilnehmer dort Fach- oder Sprachkurse belegen.

Auslandsstudium

Ein Pluspunkt in der Bewerbung kann ein Auslandsstudium oder Auslandssemester sein. Hierbei lernen Ingenieure über einen längeren Zeitraum eine andere Kultur, fremde Wirtschaftssysteme und Arbeitsweisen kennen – und das alles in einer fremden Sprache. Mit einem Auslandsstudium beweisen Bewerber, dass sie sich auf eine unbekannte Situation eingestellt und die neuen Aufgaben gemeistert haben. Sie sollten jedoch darauf achten, an einer renommierten Hochschule zu studieren.

Erste Anlaufstelle für die Organisation kann die eigene Hochschule sein. Viele arbeiten eng mit internationalen Universitäten zusammen. Allerdings ist der organisatorische Aufwand nicht zu unterschätzen: Im Vorfeld sind Fragen der Finanzierung, der Unterkunft, der Versicherungen und möglicherweise der Aufenthaltserlaubnis zu managen.

Diese Vorbereitungen fördern allerdings auch wichtige Qualifikationen wie Eigeninitiative, Organisations- und Improvisationsvermögen. Wer eine Studien- oder Abschlussarbeit im Ausland schreiben oder dort Prüfungen ablegen will, muss frühzeitig klären, ob sie von der Heimat-Hochschule anerkannt werden. Dies wurde durch die Umstellung auf Bachelor und Master nur zum Teil erleichtert. Informationen über Adressen und Fördermöglichkeiten für ein Auslandsstudium und für Auslandspraktika gibt der Deutsche Akademische Austauschdienst (DAAD) unter daad.de/ausland. Zusätzlich Wissenswertes gibt es vom Eures-Netzwerk unter ec.europa.eu/eures.

Das Erasmus-Programm der EU erleichtert die Organisation eines Auslandsstudiums erheblich. Erasmus-Studenten zahlen an der ausländischen Hochschule keine Studiengebühren und

erhalten Mobilitätszuschüsse von bis zu 200 Euro monatlich. Die Anerkennung von im Ausland erbrachten Leistungen ist jedoch häufig problematisch. Informationen darüber, welche Studiengänge an welcher Hochschule gefördert werden, geben die Akademischen Auslandsämter und internationalen Büros der Hochschulen.

Stipendien-Infos >>>>>>>>>>>>>>>>>>>>>>>

Viele Institutionen unterhalten eine Stiftung zur Förderung von Studienaufenthalten im Ausland. Gute Studienleistungen sind hier fast immer Voraussetzung für die Teilnahme. Bewerber für einen Einstiegsjob sollten ihren Unterlagen auf jeden Fall einen Nachweis des Stipendiums beifügen. Unter anderem bieten die folgenden Programme Stipendien an.
- Fulbright-Kommission für die USA: **fulbright.de**
- British Council für Großbritannien: **britishcouncil.de**
- Alexander von Humboldt-Stiftung mit weltweitem Netzwerk: **www.humboldt-foundation.de**
- Deutscher Akademischer Austauschdienst (DAAD) mit weltweitem Netzwerk: **daad.de/stipendien**
- Gesellschaft für internationale Zusammenarbeit (GIZ) mit weltweitem Netzwerk (vormals Inwent): **www.giz.de**

<<<<<<<<<<<<<<<<<<<<<<<<<<<<<<<<<<<

Auslandspraktikum

Eine attraktive Alternative oder sinnvolle Ergänzung zum Auslandsstudium sind Praktika jenseits der Grenze. Auch ehrenamtliche Tätigkeiten in Entwicklungsländern werden sehr gerne gesehen. Voraussetzung sind jeweils sehr gute Sprachkenntnisse – besonders wenn es um Fachbegriffe geht. Oft wird ein Auslandspraktikum mit der Anfertigung einer projekt- oder praxisbezogenen Abschlussarbeit verknüpft. Praktika im Ausland ermöglichen einen intensiven, wenn auch kurzen Einblick in fremde Berufs- und Geschäftswelten und verbessern die Sprachkenntnisse.

Zudem sollten Studenten ein Praktikum im Ausland nutzen, um ein internationales Netzwerk aufzubauen. Die globale Vernetzung erfordert mehr denn je internationale Kompetenz – sei es, weil der spätere Arbeitsplatz nicht in Deutschland ist oder weil man im Alltagsgeschäft in ständigem Kontakt mit internationalen Firmen steht.

Wie bekomme ich eine Praktikantenstelle im Ausland? Man kann auf eigene Faust suchen – etwa im Internet und in internationalen Zeitungen. Häufig lohnt sich auch eine Anfrage bei deutschen Firmen mit Tochterunternehmen im Ausland. Die Suche ist zwar aufwendig, aber sie beschert einem auch Pluspunkte bei den Personalentscheidern.

Working in Europe >>>>>>>>>>>>>>>>>>>>>>>

Attraktive Jobs von Unternehmen in ganz Europa und Informationen über die wirtschaftliche Entwicklung in den einzelnen Ländern gibt es unter **targetjobseurope.com**.

<<<<<<<<<<<<<<<<<<<<<<<<<<<<<<<<<<<

Studenten der Ingenieurwissenschaften können sich außerdem an die International Association for the Exchange of Students for Technical Experience (IAESTE) wenden. Die Studenteninitiative hilft bei der Beschaffung von Unterkunft und Arbeitserlaubnis, bei Visa-Formalitäten und bietet eine durchgehende Betreuung der Auslandspraktikanten. Eine ähnliche Unterstützung gibt es bei Aiesec. Nähere Infos gibt es bei den IAESTE- und Aiesec-Lokalkomitees und bei den Akademischen Auslandsämtern – alle drei Einrichtungen nehmen auch Bewerbungen entgegen.

Die richtigen Anlaufstellen beantworten aber nicht die Frage nach dem passenden Zielort. So sind Praktikumsstellen in den USA, Frankreich oder Australien sehr begehrt und entsprechend schwer zu bekommen. Ein Aufenthalt etwa in Osteuropa, in asiatischen Ländern oder in Südamerika ist dagegen immer noch ungewöhnlicher. Dabei sind gerade diese Länder für deutsche Firmen zunehmend wichtig.

Wollen Sie als unser Ingenieur die Zukunft gestalten?

Arbeiten Sie mit uns an der Entwicklung der Zukunft – und an Ihrer Karriere. Als führender Engineering-Dienstleister bieten wir bundesweit in allen Ingenieur-Bereichen beste Perspektiven für Berufseinsteiger und Berufserfahrene.

www.ee-ag.com/karriere

>> Abschlussarbeit

Gerade Personalverantwortliche großer Konzerne bekommen täglich viele Bewerbungen auf den Tisch. Bei der Vorauswahl fallen Kandidaten mit eher durchschnittlichen Noten deshalb schneller durch das Raster. Wenn es um die Besetzung von Spezialistenpositionen geht, können Spitzennoten in wichtigen Einzelfächern einen ansonsten durchschnittlichen Abschluss aber aufwerten. Die Abschlussnote ist trotz ihrer großen Bedeutung längst nicht das einzige Kriterium.

Erfahrene Personalleiter wissen, dass sie die Note immer differenziert betrachten müssen. Wer zwar formal kein überragendes Ergebnis vorweisen kann, aber trotzdem zu den besten zehn Prozent des Abschlussjahrgangs gehörte, sollte in seiner Bewerbung darauf hinweisen. Auch besondere Leistungen oder Projekte während des Studiums sollten unbedingt erwähnt werden. Dazu gehört etwa eine gute Abschlussarbeit, die praxisbezogen ist oder ein empirisch oder formal-theoretisch hohes Niveau erreicht. Das gilt vor allem dann, wenn die Arbeit in Zusammenhang mit der angestrebten Position steht.

Abschlussarbeit im Unternehmen

Eine firmenbetreute Abschlussarbeit sollte beides haben: wissenschaftlichen Anspruch und einen deutlichen Praxisbezug. Viele Unternehmen bieten Studenten an, Abschlussarbeiten als Projekte in der Firma zu erarbeiten. Sie eröffnen die Chance, sich für die erste Anstellung zu empfehlen.

Über eine Abschlussarbeit lassen sich wertvolle Kontakte herstellen – schließlich beschäftigt sich der künftige Ingenieur mit einem für das Unternehmen relevanten Thema. Bei der Recherche verbringt er einige Zeit im Unternehmen und lernt zahlreiche Arbeitsabläufe und Mitarbeiter kennen. Die enge Kooperation sorgt für wertvolle Einblicke in die Praxis – und macht die Arbeit damit für beide Seiten interessant. Mittelständische Firmen stehen Abschlussarbeiten im Unternehmen allerdings oft skeptisch gegenüber.

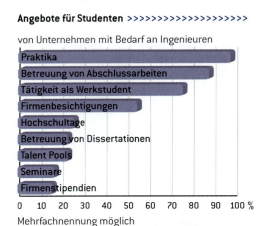

Angebote für Studenten >>>>>>>>>>>>>>>>>>>
von Unternehmen mit Bedarf an Ingenieuren

- Praktika
- Betreuung von Abschlussarbeiten
- Tätigkeit als Werkstudent
- Firmenbesichtigungen
- Hochschultage
- Betreuung von Dissertationen
- Talent Pools
- Seminare
- Firmenstipendien

0 10 20 30 40 50 60 70 80 90 100 %
Mehrfachnennung möglich

staufenbiel JobTrends Deutschland 2011

Das Thema der Abschlussarbeit wird meist von dem Unternehmen vorgegeben. Vor allem größere Firmen veröffentlichen mögliche Arbeiten auf ihrer Website. Wichtig für die Studenten ist, ein Thema zu finden, das sowohl den Ansprüchen der Hochschule genügt als auch den gewünschten Praxisbezug bietet. Sonst wird es schwierig, die Arbeit dem Lehrstuhl schmackhaft zu machen.

Der wissenschaftliche Anspruch stellt auch sicher, dass die Arbeit nicht ausschließlich auf die Bedürfnisse des Unternehmens zugeschnitten ist. Das liegt nicht nur im Interesse der Hochschule, sondern auch des Studenten. Denn falls der Einstieg bei dem betreuenden Unternehmen nicht gelingt, könnte es sonst problematisch werden, sich mit der Arbeit bei einem anderen Arbeitgeber zu bewerben. Zumindest auf entsprechende Fragen im Vorstellungsgespräch sollte der Kandidat dann vorbereitet sein.

Experteninterview: „Möglichkeit, sich zu empfehlen"

Christian Jenssen, Leiter Zentrales Personalmarketing des **Deutschen Zentrums für Luft- und Raumfahrt (DLR)**, beschreibt, wie eine Abschlussarbeit im Unternehmen den Berufseinstieg erleichtern kann.

Was ist der Vorteil einer Abschlussarbeit im Unternehmen?

Die Studenten können unmittelbar praxisbezogen arbeiten und ihr theoretisches Wissen anwenden. Ein weiterer Vorteil ist der Ausflug ins Arbeitsleben: Man nimmt Termine und Verpflichtungen wahr, trägt unter Umständen sogar Verantwortung im Team und lernt die Abläufe im Unternehmen kennen.

Wie finden Studenten Unternehmen, die Abschlussarbeiten anbieten?

Ein guter Weg sind Praktika und Exkursionen, bei denen man die Möglichkeiten für eine spätere Abschlussarbeit ausloten kann. Aktives Netzwerken ist bei der Suche ebenfalls nützlich. Häufig führt eine Initiativbewerbung zum Erfolg. Große Unternehmen stellen Themenangebote auch auf ihre Webseiten.

Wie stellen die Studenten fest, ob das Thema und das Unternehmen zu ihnen passen?

Studenten sollten sich im Lauf ihres Studiums überlegen, in welchem Bereich sie ihr Wissen später anwenden möchten. Über Kontakte und Netzwerke können sie wertvolle Informationen über Unternehmen sammeln, die in diesem Feld tätig sind. Ideal ist natürlich, wenn man das Unternehmen bereits persönlich kennt. Wer als Praktikant gut betreut wurde, hat beste Chancen, auch mit seiner Abschlussarbeit gut aufgehoben zu sein.

Was steht für die Unternehmen im Vordergrund: die eigenen Projekte oder der Test potenzieller Einsteiger?

Im Vordergrund steht immer das Thema oder die Forschungsaufgabe, von deren Lösung sich das Unternehmen etwas verspricht. Getestet werden die Studenten eher nebenbei, schließlich arbeitet man eng zusammen.

Worauf sollten Studenten während der Erstellung der Arbeit achten?

Ein detaillierter Arbeitsplan ist wichtig, um den Überblick über das Forschungsthema zu behalten. Bei aller Begeisterung für die Praxis, die im Unternehmen im Vordergrund steht, sollten Studenten die Theorie nicht vernachlässigen – denn die ist für die Universität wichtiger. Um von der Erfahrung der Betreuer zu profitieren, muss man ihre Hilfestellung und Tipps annehmen können. Und bei Unklarheiten sollte man sofort nachfragen.

Wie sollten Student, betreuender Lehrstuhl und Unternehmen zusammenarbeiten?

Die Studenten sind die Brücke zwischen Lehrstuhl und Unternehmen. Sie müssen alle Beteiligten einbinden und deren unterschiedliche Anforderungen berücksichtigen. Dafür braucht es Eigeninitiative und offenes Kommunizieren. Ein direkter Kontakt zwischen Unternehmensvertreter und Universität ist eher selten.

Führt eine Abschlussarbeit im Unternehmen automatisch zum ersten Job?

Es gibt keinen Automatismus. Der Einstieg über eine Abschlussarbeit ist aber eine hervorragende Möglichkeit, sich zu empfehlen: Wer gute Arbeit leistet, seine Ergebnisse vermitteln kann und sich in ein bestehendes Team einfügt, der kann diese Chance nutzen.

Welche persönlichen Tipps können Sie Bewerbern geben?

Sie sollten sich mit gängigen Softwaretools auskennen und sich schon mit Projektmanagement befasst haben. Außerdem sollte jeder Bewerber Eigeninitiative, Kreativität und Durchhaltevermögen mitbringen – eine Abschlussarbeit bekommt man nicht nachgetragen!

MAKE YOUR MARK IN SINGAPORE –
THE ENGINEERING HUB OF ASIA

Photo courtesy of the Singapore Tourism Board

Erwin Merijn Wouterson
Associate Principal Engineer
Aero-Mechanics Systems
Vestas Technology R&D Singapore

> "I learn how people from various parts of the world think and handle situations. It is definitely an enriching experience."

As an engineer in the Asia Pacific R&D centre of Vestas, the world's largest manufacturer of wind turbines, Erwin Merijn Wouterson, 32, is excited to be shaping Singapore's emerging alternative energy sector.

"I can apply knowledge gained from my PhD research in composite materials in an industry that is attracting a lot of interest," he said of the growing wind energy market in Asia.

Erwin, a Dutch, first began to look for opportunities in Singapore when he met his wife while on an internship here. In 2002 he accepted a scholarship from Singapore's Nanyang Technological University to do his PhD research in composite materials at the School of Material Science and Engineering. The impressive research setup was what convinced him. He realised he would have a definite advantage over his peers back home because here, "the latest equipment is available to research students, 24 hours a day."

Having visited universities and research institutes in Europe, US and Asia Pacific, he remains convinced that there are very few places offering the kind of resources found in Singaporean universities and research institutes.

"Research facilities in Singapore are simply world-class which allow researchers to deliver leading-edge technologies," he added.

For a young professional just starting out, Singapore offers invaluable exposure to different cultures and nationalities. In his office alone, there are 16 nationalities represented.

"I learn how people from various parts of the world think and handle situations. It is definitely an enriching experience," he said.

From the start, Erwin found it extremely easy to adapt to life in Singapore. Now the father of a 14-month-old toddler, he appreciates that the cost of living is low compared to Europe. One of the examples he cites is dining out. "In Singapore, $3 to $4 will buy you a simple dinner, but in Europe, for a similar price, you would have to cook it yourself."

In general, taxes are low too. Goods and services tax in Singapore is 7%, while income tax averages about 15%, both significantly less than in Holland.

He does work long hours, so a real perk of living here is the good housing facilities. The condominium where he lives has a swimming pool, playgrounds and tennis courts. "You only find that in hotels in Europe, so staying in a condominium puts me in a holiday mood," he said with a smile. "That is definitely a good feeling after a long day at work."

For more information, visit:
www.contactsingapore.sg

You can also contact our officers in Frankfurt:
raymond_tan@contactsingapore.sg
Or **julia_rasche@contactsingapore.sg**

THE DOT IS HOT

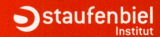

Erfolg ist kein Geheimnis!
Der Weg dahin auch nicht.

- professionelle Bewerbungs-Checks
- individuelle Karriereberatung
- ganztägige Assessment Center Trainings
- branchenspezifische Publikationen
- u.v.m…

>>> Jetzt kostenlos anmelden unter **staufenbiel.de/careerclub**

Special: Maschinen- und Anlagenbau

Maschinen- und Anlagenbau Special

>> Mensch und Maschine

Die Auftragsbücher sind gefüllt. Kräftige Zuwachsraten machen den Maschinenbau wieder zu einer Erfolgsbranche. Der Fachkräftemangel ist im Maschinenbau schon jetzt ein großes Thema – doch die Ansprüche an Nachwuchskräfte steigen. Denn die Branche ändert ihr Gesicht.

Ein Trend: Viele Unternehmen setzen ihre Technikspezialisten immer näher am Kunden ein. Der Anteil der hier eingesetzten Ingenieure steigt in der Branche kontinuierlich. Für Absolventen der Fachrichtung Maschinenbau bedeutet das: Technik ist nicht alles. Immer auch an den Kunden denken, lautet die Devise.

Schlüsselbranche für Deutschland

Mit rund 912 000 Beschäftigten in über 6 000 Unternehmen ist der Maschinen- und Anlagenbau eine der wichtigsten Branchen für die deutsche Wirtschaft. Maschinenbauingenieure werden von Automobilzulieferern, Werkzeugbauunternehmern und in der Medizintechnik genauso gesucht wie von Unternehmensberatungen, in der Solarbranche oder der Nahrungs- und Genussmittelindustrie.

Vor allem Maschinenbauingenieure, die Kenntnisse an den Schnittstellen zusammenwachsender Technologien erworben haben, sind gefragt. Fachkräfte benötigten heute Know-how, um Veränderungen professionell zu managen.

Wer Hightech-Produkte entwickeln, produzieren und vermarkten will, ist im Maschinenbau richtig. Ein Beispiel ist die Magnetschwebebahn Transrapid. Damit sie über ihre Trasse zum Flughafen von Schanghai schweben konnte, waren fundierte Kenntnisse in Maschinenbau und Verfahrenstechnik gefragt. Fachübergreifendes und vernetztes Denken, Handeln und Wissen – vor allem aus den Bereichen Informatik und Elektronik – gehören zu den Voraussetzungen für eine erfolgreiche Karriere.

Technisches Projektmanagement

Diese Komplexität zu bewältigen, schätzt auch Christian Großmann, mehrere Jahre Vorstandsmitglied der Studenten und Jungingenieure (SUJ) im Verein Deutscher Ingenieure: „Es ist die Verknüpfung und Integration der meisten Ingenieurdisziplinen in einem System." Großmann arbeitet nach seinem Mechatronik-Studium inzwischen als Entwicklungsingenieur beim Verbindungstechnikhersteller Phoenix Contact.

Im technischen Projektmanagement haben Maschinenbauingenieure die Möglichkeit, ins Detail einzutauchen. „Aus verschiedenen Fachgruppen durch Fachwissen und Kommunikation ein Ganzes zu formen, das außerdem wirtschaftlich arbeitet", ist auch für Großmann der besondere Reiz.

Forschung und Vertrieb

Künftige Maschinenbauer sollten frühzeitig lernen, den Anwender im Blick zu halten. Wie geschätzt diese Fähigkeit bei Unternehmen ist, zeigt die Statistik. Etwa zwei Drittel der im Maschinen- und Anlagenbau beschäftigten Ingenieure haben ein anwendungsorientiertes Studi-

Was können Sie bei uns als Ingenieur (m/w) auf keinen Fall entwickeln?

a) Großdieselmotoren

b) Einspritzsysteme

c) Notstromaggregate

d) Langeweile

Empower your Career

Neues schaffen. Weiter denken. Vorwärtskommen.

Aus faszinierenden Ideen machen unsere rund 9.000 Mitarbeiter kraftvolle Technik – vom 10.000-kW-Dieselmotor bis zum klimafreundlichen Blockheizkraftwerk. Mit den Marken MTU und MTU Onsite Energy ist Tognum einer der weltweit führenden Anbieter von Motoren, kompletten Antriebssystemen und dezentralen Energieanlagen. Innovative Einspritzsysteme von L'Orange vervollständigen unser Technologie-Portfolio rund um den Antrieb. Bewegen auch Sie mit uns die Welt!

Berufseinstieg, Traineeprogramm, Praktikum, Abschlussarbeit: Tognum bietet Ihnen alle Möglichkeiten. Informieren Sie sich näher über unsere Website oder auf unserer Facebook-Seite: www.facebook.com/tognum

Willkommen bei der Tognum AG in Friedrichshafen.
Wir freuen uns, von Ihnen zu hören.
Tognum AG • Personalmarketing • Regine Siemann • Maybachplatz 1 • 88045 Friedrichshafen
regine.siemann@tognum.com • Tel. 07541/90-6513

www.tognum.com

um an einer Fachhochschule absolviert, stellt der Verband Deutscher Maschinen- und Anlagenbau (VDMA) fest. Etwa jeder Dritte verfügt über einen Universitätsabschluss und ein eher forschungsorientiertes Profil.

Die Aufgabenschwerpunkte für Ingenieure im Maschinen- und Anlagenbau unterscheiden sich je nach Unternehmen und Fachzweig. Die Tätigkeiten liegen meist in den Bereichen Konstruktion, Forschung und Entwicklung, Vertrieb und Produktion.

Der Vorteil für Absolventen: Da in fast jedem Industriezweig mit Maschinen gearbeitet wird, sind Bewerber nicht auf eine Branche festgelegt. Die Einsatzgebiete für Maschinenbauer sind vielfältig. Auch in Ingenieurbüros, Consultingfirmen, bei Herstellern von Haushaltsgeräten oder Bauzulieferfirmen haben Absolventen Einstiegschancen.

Ingenieure als Führungskräfte

Vor allem in mittelständischen Unternehmen sind Führungs- und Managementqualitäten früh gefragt. Davon profitieren besonders technische Absolventen. Der Maschinen- und Anlagenbau ist und bleibt ihre Domäne. Und sie schaffen es bis nach oben. Fast zwei Drittel der Führungskräfte auf Geschäftsführungs- oder Vorstandsebene im Maschinen- und Anlagenbau haben Ingenieurwissenschaften studiert, so der VDMA.

Nicht nur Geschäftsführer werden gut bezahlt, schon beim Einstieg erzielen Ingenieure gute Gehälter. Laut VDI-Gehaltstest können Nachwuchsingenieure im Maschinen- und Anlagenbau mit Jahresgehältern zwischen 37 700 und 45 500 Euro rechnen. 50 Prozent der Einstiegsgehälter lagen bei der Auswertung des VDI innerhalb dieser Spanne (Median: 41 600 Euro).

Service immer wichtiger

Wie in den meisten anderen Industriebranchen wird auch im Maschinenbau der Service immer wichtiger. So müssen sich Einsteiger zunehmend der Anlagenprojektierung und Beratung widmen. Auch die Schulung von Kundenpersonal im Umgang mit den gelieferten, maßgeschneiderten Maschinen steht immer häufiger im Fokus. Ohne betriebswirtschaftliche und kommunikative Skills und fundierte IT-Kenntnisse lässt sich eine prozessorientierte Produktentwicklung, wie sie im Maschinenbau üblich ist, kaum noch erfolgreich steuern.

Tanja Schumann, Arbeitsmarktexpertin beim VDI, sagt sogar: „Soft Skills sind Hard Skills. Von Bedeutung sind die Soft Skills gerade für Führungsaufgaben, aber auch im internationalen Geschäft. Hier zählen besonders Kommunikationsfähigkeit, Team- und Präsentationsfähigkeit." Punkten können Absolventen beim Bewerbungsgespräch mit praktischen Erfahrungen und Fremdsprachenkenntnissen, so Schumann.

Zwei weitere wichtige Tipps, die ihm selbst weitergeholfen haben, gibt Christian Großmann: „Jeder Student sollte sich rechtzeitig ein Netzwerk aufbauen und nicht ausschließlich die Technik im Auge haben", empfiehlt er.

Jeder Fünfte ins Ausland

Laut VDMA ist rund ein Fünftel der Beschäftigten im Maschinenbau im Ausland tätig. Hinzu kommt die starke Exportorientierung der Branche. Für eine erfolgreiche Karriere ist verhandlungssicheres Englisch ein Muss. Das Beherrschen einer weiteren Fremdsprache ist von Vorteil. Weitere Pluspunkte sammelt, wer ein Auslandssemester oder -praktikum absolviert. Interkulturelle Kompetenz wird zu einem wichtigen Merkmal des global agierenden Ingenieurs.

Maschinen laufen wieder rund

Nach den Krisenjahren 2008 und 2009 laufen die Maschinen wieder rund. 2010 konnte der deutsche Maschinen- und Anlagenbau seine Produktion um 8,8 Prozent steigern, meldete der VDMA auf seiner Jahrespressekonferenz im Februar 2011. Der Branchenumsatz stieg auf 174 Milliarden Euro, nach 161 Milliarden Euro im Vorjahr.

Wir suchen die Besten.

Wir geben uns nicht mit zweitbesten Lösungen zufrieden. EUROPIPE steht für kompromisslose Qualität und zufriedene Kunden – gerade und auch dank unserer fähigen Mitarbeiter. Nicht umsonst umspannen unsere Großrohre als Pipelines heute mehr als zweimal die ganze Welt.

Sind Sie ehrgeizig, kompetent, interessiert und ein richtig netter Mensch? Dann möchten wir Sie kennen lernen!

Wir suchen engagierte Hochschulabsolventen mit gutem Abschluss, ausgeprägter Verantwortungsbereitschaft und Teamgeist. Fremdsprachenkenntnisse und Freude am Reisen sind unentbehrlich, ein Faible für Höchstleistungen absolut hilfreich.

Mit Training on the Job und einem gezielt auf Ihre Fähigkeiten zugeschnittenen Einarbeitungsprogramm bereiten wir Sie auf Ihre verantwortungsvollen Positionen und Führungsaufgaben vor.

Sie suchen den idealen Berufseinstieg?
Dann bewerben Sie sich jetzt:
EUROPIPE GmbH, Herrn Klaus-Peter Döltgen, Pilgerstraße 2, 45473 Mülheim an der Ruhr, career@europipe.com

- **Ingenieure (m/w) mit den Schwerpunkten**
  Maschinenbau I Werkstoffkunde / Werkstofftechnik
  Eisenhüttenkunde I Elektrotechnik

- **Wirtschaftsingenieure (m/w)**

- **Wirtschaftswissenschaftler (m/w) /**
  Diplom-Kaufleute (m/w) mit den Schwerpunkten
  Konzernrechnungslegung I Controlling I Rechnungswesen

- **Wirtschaftsinformatiker (m/w)**

Auch Praktikanten und Diplomanden bieten wir interessante Themen und Projekte. Wir freuen uns auf Ihre Unterlagen!

EUROPIPE GmbH · +49 208 9760 · www.europipe.com
An enterprise of the Dillinger Hütte and Salzgitter Mannesmann groups

Special: Maschinen- und Anlagenbau

Der Auftragseingang lag im Dezember 2010 44 Prozent über dem Ergebnis des Vorjahres. Dabei stieg das Inlandsgeschäft um 38 Prozent. Bei der Auslandsnachfrage gab es ein Plus von 46 Prozent, so der VDMA.

Teilbranchen wie Hütten- und Walzwerkseinrichtungen, Power Systems, Elektrische Automation oder Bergbaumaschinen konnten ihre ehemaligen Top-Levels teilweise bereits deutlich übertreffen, berichtete VDMA-Präsident Thomas Lindner. Dagegen erholen sich die Umsätze in den Bereichen Bau- und Baustoffmaschinen oder Druck- und Papiertechnik erst allmählich.

Für das Jahr 2011 rechnet der VDMA mit einem weiteren Wachstum der deutschen Maschinenproduktion von zehn Prozent und 20 000 zusätzlichen Arbeitsplätzen.

Weltmarktführer im Mittelstand

Trotz Weltmarkt und Hochtechnologie: Mittelständische Unternehmen prägen weiterhin den Maschinenbau. So haben laut VDMA knapp 90 Prozent der Unternehmen weniger als 250 Mitarbeiter, nur zwei Prozent mehr als 1 000 Angestellte. Vor allem im Süden Deutschlands haben Maschinenbauingenieure gute Chancen, interessante Stellen zu finden. Denn gerade hier sind viele kleine und mittlere Unternehmen angesiedelt, die auf ihren Spezialgebieten Weltmarktführer sind.

Ungebrochen ist der Trend zur Automatisierung. Trendbranchen wie die Medizintechnik oder junge Bereiche wie die Photovoltaik setzen auf Lösungen der Robotik und Automation. Das Stichwort heißt: Mechatronik. Der Begriff

Maschinenbau: Weltmarktführer Deutschland >>
In den folgenden Fachzweigen sind deutsche Maschinen- und Anlagenhersteller Weltmarktführer (Stand: 2008).

Maschinenbau-Fachzweig	Ausfuhr aller Länder (in Millionen Euro)	Anteil deutscher Unternehmen (in Prozent)
Fördertechnik	54 065	20,2
Antriebstechnik	46 693	25,5
Werkzeugmaschinen	40 281	20,4
Landtechnik	38 295	20,2
Nahrungsmittel- und Verpackungsmaschinen	28 333	28,4
Präzisionswerkzeuge	24 936	21,9
Verfahrenstechnische Maschinen/Apparate	24 764	18,6
Kompressoren, Druckluft-/Vakuumtechnik	24 257	18,0
Flüssigkeitspumpen	23 042	18,1
Druck- und Papiertechnik	19 684	32,0
Fluidtechnik (Energieübertragung)	17 194	32,4
Kunststoff- und Gummimaschinen	15 037	26,5
Textilmaschinen (ohne Trockner)	10 615	27,5
Holzbearbeitungsmaschinen	9 522	29,4
Industrieöfen/Brenner/Feuerungen	8 844	26,8
Prüfmaschinen	2 824	30,7
Waagen	2 304	26,9
Reinigungssysteme	1 234	32,3

Quelle: Statistisches Bundesamt/VDMA

EagleBurgmann
Rely on excellence

500 bar, 500 °C, 40.000 min^{-1}
Wir lieben Druck, Hitze und Geschwindigkeit

Wir suchen Nachwuchskräfte (m/w):

Vertriebsingenieure

Konstrukteure

Projektingenieure

Trainees

Je extremer die Einsatzbedingungen sind, desto eindrucksvoller können wir unser Know-how und die Leistungsfähigkeit unserer Produkte unter Beweis stellen. Als einer der weltweit führenden Anbieter industrieller Dichtungstechnologie sind wir ganz vorn mit dabei, wenn es um maßgeschneiderte Lösungen für die Branchen Öl & Gas, Raffinerie, Energie, Bergbau, Chemie, Pharma, Nahrung, Wasser, Papier, Marine, Aerospace und weitere Bereiche geht. Über 5.200 Mitarbeiter in mehr als 60 Tochterunternehmen sorgen täglich mit ihren Ideen, Lösungen und ihrem Engagement dafür, dass sich Kunden in aller Welt auf unsere Dichtungen verlassen können. EagleBurgmann ist ein Mitglied der Freudenberg-Gruppe.

Qualitätsbewusstsein, Teamgeist, Verantwortung und Motivation sind Werte, die Sie authentisch mittragen. Freiräume sind für Sie eine Herausforderung, die Sie engagiert und verantwortungsbewusst annehmen.

Trainees lernen unser Unternehmen mit einem individuell geplanten, 10-monatigen Einstiegsprogramm intensiv kennen und können sich systematisch auf ihre zukünftige Aufgabe vorbereiten.

Sie begeistern sich für Technik und haben noch viel vor? Dann freuen wir uns darauf, Sie kennen zu lernen!

Mehr Infos unter www.eagleburgmann.com

EagleBurgmann Germany GmbH & Co. KG
Abt. Human Resources + Legal, Äußere Sauerlacher Straße 6-10, 82515 Wolfratshausen
human.resources@de.eagleburgmann.com
www.eagleburgmann.com

ist nicht eindeutig definiert, gemeint ist das Zusammenwachsen von Informatik, Elektronik und Mechanik. Unternehmen aus allen Branchen investierten verstärkt in die Produktivität ihrer Anlagen, um weltweit wettbewerbsfähig zu bleiben und die Nachfrage aus dem In- und Ausland bewältigen zu können.

Wachstum mit Service-Robotern

Ein Sinnbild für die Automation sind Roboter – bestehend aus Maschine, Software und Dienstleistung. Durch zunehmende Funktionalität, neue Anwendungsgebiete, persönliche Assistenten und Service-Roboter ist der Robotikmarkt zu einer dynamischen Wachstumsbranche geworden, die für Ingenieure mit den Schwerpunkten Robotik oder Automatisierungstechnik spannende Aufgabenfelder bereithält.

Vorsprung durch E-Industrial Services

Doch es gibt auch Herausforderungen für die Branche, denn E-Business im Maschinenbau stellt die Beschaffung, den Vertrieb und die Kundenbeziehungen auf eine neue Ebene. Besonders wichtig für deutsche Maschinenbauer: Dienstleistungen rund um Maschinen und Großanlagen, die online realisiert werden können – E-Industrial Services genannt. Mit diesen Angeboten können sich die deutschen Maschinenbauer von Wettbewerbern auf dem Weltmarkt deutlich abheben. Wartung und Instandhaltung sollen neue Umsätze bringen. Die Anlagen werden von innovativen Unternehmen schon heute bis zum Ende ihrer Laufzeit begleitet. Diese enge Kundenbindung ist ein großer Vorteil der deutschen Maschinenbaufirmen auf den globalen Märkten.

Der Maschinenbau ist auch deshalb eine solch zentrale Branche, weil High-Tech-Industrien wie Luftfahrt, Elektronik oder Biotechnologie ohne ihn gar nicht denkbar wären. Auch der allgegenwärtige Computer wird mit Maschinen hergestellt. Die Fertigungstechnik für die Produktion von Flachbildschirmen mit organischen Leuchtdioden kommt aus dem Maschinenbau. Rund drei Viertel der Maschinenproduktion gehen zwar in die Industrie, aber immerhin jede zehnte Maschine wird vom Handel oder Dienstleistungsbereich bestellt.

Energieanlagen

Ein Wachstumsbereich ist nach wie vor der Energieanlagenbau. In vielen Bereichen sind deutsche Energieanlagenbauer mit innovativen Technologien Weltmarktführer. Ob in Großkraftwerken auf fossiler und nuklearer Basis, im Bereich der erneuerbaren Energien oder bis hin zu kleinen Energieanlagen wie Heizungen und Klimaanlagen – hier sind Maschinenbau-Absolventen gefragt, die gerne interdisziplinär arbeiten. Bei der Energieeffizienz geht es etwa um Druckluftanlagen und Energiespartechnologien. Ein weiteres Zukunftsthema wird die Elektromobiliät sein.

Trend-Thema Nachhaltigkeit

Künftig entwickeln Ingenieure neue Produktionssysteme zunehmend in innovativen Wertschöpfungsketten. Unterschiedliche Schlüsseltechnologien werden dabei eingebunden. Hier sind frische Ideen von Maschinenbau-Absolventen mit neuestem Know-how von der Hochschule gefragt. „Ein weiteres Trend-Thema in der Branche ist Nachhaltigkeit", sagt Marlies Schäfer, Sprecherin des VDMA. „Das heißt, neue innovative Produkte müssen ressourceneffizient, adaptiv und flexibel sein."

Auch die Arbeitswelten, in denen sich Maschinenbauingenieure bewegen, werden dynamischer und virtueller. Kosten, Qualität und Lieferzeit rücken noch stärker in den Vordergrund. Doch nicht nur der knapper werdende Nachwuchs, auch die älter werdenden Belegschaften stellen die Unternehmen der Branche vor große Herausforderungen. Alters- und alternsgerechte Produktionssysteme werden Wirklichkeit werden. Innovative Produktionssysteme der Zukunft müssen menschzentriert und lernfähig sein. Die Interaktion und Kooperation zwischen Mensch und Maschine rückt immer stärker in den Fokus.

Sie können's einfach nicht lassen!

Wo Sie auch gehen und stehen: Selbst an den ungewöhnlichsten Orten sind Sie am Planen und Messen – und auf der Suche nach der optimalen Lösung. Wir bei Lurgi haben für diese kleine Schwäche Verständnis: Denn bei uns trifft Ihre Leidenschaft auf eine faszinierend vielseitige Aufgabenwelt. Weil wir weltweit zu den innovativsten Technologie-Unternehmen rund um Anlagenbau und Verfahrenstechnik zählen – sagen unsere Kunden. Was uns auszeichnet: Nicht nur unsere Anlagen sind dafür da, dass am Ende etwas Wertvolles herauskommt. Auch unsere Personalpolitik ist darauf abgestimmt, den Menschen einen echten Mehrwert zu verschaffen. Was das bedeutet? Internationale Einsätze und Verantwortung über alle Projektphasen hinweg sind hier eng mit professionellen Vergütungssystemen und individuellem Fortkommen verschweißt. Kurzum: **Als Ingenieur (m/w) sollten Sie uns auf Ihrer Liste haben!**

Ihren kompletten Zukunftsplan finden Sie auf **www.lurgi.com**

Ein Unternehmen der Air Liquide Gruppe

Special: Maschinen- und Anlagenbau

Hartmut Rauen ist Mitglied der Hauptgeschäftsführung des **Verbands Deutscher Maschinen- und Anlagenbau (VDMA)**. Er studierte Maschinenbau an der RWTH Aachen.

Herr Rauen, der Maschinen- und Anlagenbau gilt als einer der Schlüsselbranchen der deutschen Wirtschaft. Wie kam er durch die Krise?

Die Krise hatte uns massiv getroffen. Aber seit Sommer 2009 bewegen wir uns in einem steilen Aufschwung. Die Situation ist in unseren Teilbranchen unterschiedlich: Einige sind über ihr ehemaliges Top-Niveau hinausgeschossen. Andere finden erst seit wenigen Monaten aus der Krise heraus oder haben sogar noch einen weiten Weg vor sich. Insgesamt bin ich aber für die weitere Entwicklung zuversichtlich.

Welche Folgen hatte die Wirtschaftskrise für die Beschäftigten?

Die Branche hat ein kleines Jobwunder vollbracht: Einerseits ist die Produktion im Krisenjahr 2009 um fast ein Viertel gesunken. Andererseits ging die Zahl der Beschäftigten in unseren Unternehmen nur um moderate 3,4 Prozent zurück. Gerade die Maschinenbauer haben ihre Stammbelegschaften auf Biegen und Brechen gehalten. Flexibilität auf betrieblicher Ebene und die Kurzarbeit haben dabei natürlich geholfen. Sehr erfreulich ist: Seit Mai 2010 wächst die Kernmannschaft wieder.

Ingenieure werden also weiterhin gesucht?

Ja natürlich. Ende 2010 waren allein im Maschinen- und Anlagenbau über 5 000 Stellen für Ingenieure zu besetzen. Der Ingenieurbedarf wird definitiv zunehmen, das hat die letzte VDMA-Ingenieurerhebung klar ergeben.

Welche Folgen hat der Ingenieurmangel für die Branche?

Mit knapp 170 000 Ingenieuren sind wir wichtigster Ingenieurarbeitgeber in Deutschland. 16 Prozent der Beschäftigten im Maschinen- und Anlagenbau sind Ingenieure. Das zeigt: Wenn nichts passiert, wird der Fachkräftemangel zum limitierenden Faktor in den Betrieben. Schon in ein paar Jahren kann das dramatisch sein.

Was tut die Branche dagegen?

Sie finden mannigfache Aktivitäten für die Fachkräftesicherung: Das beginnt mit dem betriebseigenen Kindergarten – Stichwort familienfreundliches Arbeiten –, geht über das Engagement in Schulen und Hochschulen und reicht bis zur Weiterbildung Älterer.

Wie sprechen Sie Nachwuchskräfte an?

Der VDMA ist an diversen Nachwuchsinitiativen wie TectoYou oder Think-Ing beteiligt. Außerdem haben wir ein Karriereportal im Internet, über das Diplomarbeiten und Praktika vermittelt werden.

Welche Fachrichtungen sind besonders gefragt?

Klar an erster Stelle liegen Maschinenbau und Verfahrenstechnik, gefolgt von Elektrotechnik und Wirtschaftsingenieurwesen. Wenn die Unternehmensbereiche als Maßstab genommen werden, dann sind Forschung, Entwicklung und Konstruktion vorne. Die Bereiche Vertrieb und Produktion folgen. Wachsenden Bedarf gibt es auch an Ingenieuren mit Auslandstätigkeiten.

Warum sollten sich Ingenieur-Absolventen für den Maschinen- und Anlagenbau entscheiden?

Weil die Zukunftsperspektive exzellent ist. Wir haben die Antworten auf die großen Fragen unserer Zeit, der Maschinen- und Anlagenbau wird deshalb mehr denn je gebraucht. Nehmen Sie die Elektromobilität: Auf eine intelligente Produktionstechnik wird es ankommen, sonst dürften die neuen Fahrzeuge kaum bezahlbar sein. Genauso ist es bei den Themen Umwelt und Energie: Auch hier ist der Maschinenbau „Enabler" mit seinen Technologien. Jeder Ingenieur-Absolvent hat bei uns die Chance, mit seiner ganzen Kreativität die Zukunft mitzugestalten. Auch die Aufstiegschancen sind gut: Über 60 Prozent der Geschäftsführungs- und Vorstandsmitglieder im Maschinen- und Anlagenbau sind Ingenieure.

Ihr Tipp für Ingenieur-Absolventen?

Der Maschinen- und Anlagenbau ist durch seine stark mittelständische Struktur geprägt. Rund 90 Prozent der Unternehmen haben weniger als 250 Beschäftigte. Diese Unternehmen sind vielfach „Hidden Champions", also technologisch oft in einem eng umgrenzten Bereich Weltspitze und machen dort die entscheidenden Produktivitäts- und Wettbewerbsfortschritte bei ihren Kunden erst möglich. Lassen Sie sich auf den industriellen Mittelstand ein, seien Sie neugierig und offen. Faszinierende Tätigkeiten und beste Karrierechancen sind Ihnen gewiss.

■ ■ ■ **DRUCK VEREDELUNG**   ■ ■ ■ **VERARBEITUNG**   ■ ■ ■ ■ **EXTRUSION**

Lassen Sie sich von uns einwickeln!

Seit über 140 Jahren sind flexible Verpackungen unsere Welt. Mit unserem einzigartigen Spektrum an Maschinen und Systemen zur Herstellung und Bedruckung von Folien-, Kunststoffgewebe- und Papierverpackungen sind wir seit Jahrzehnten Technologieführer – in über 130 Ländern der Erde. Unseren Erfolg verdanken wir vor allem unseren nahezu 2.000 Mitarbeiterinnen und Mitarbeitern, die mit großer Leidenschaft, Kreativität und Einsatzfreude unser Unternehmen kontinuierlich weiterentwickeln – und immer wieder zeigen, dass Tradition verbunden mit Innovation Fortschritt schafft.

Maschinen für flexible Verpackungen

WINDMÖLLER & HÖLSCHER

www.wuh-group.com

IDEEN AUS LEIDENSCHAFT

Die Bewerbung

>> Die Jobsuche

Eine Bewerbung braucht Zeit. Von der Stellenausschreibung bis zur Vertragsunterzeichnung und Einstellung können Monate vergehen. Studenten, bei denen das Examen in greifbarer Nähe ist, sollten deswegen schon vor den letzten Prüfungen ihre Bewerbungen auf den Weg bringen.

Wie geht es dann weiter? Viele Unternehmen bestätigen den Bewerbungseingang umgehend. Die ersten Vorstellungsgespräche finden meist drei bis sechs Wochen nach Erscheinen der Stellenanzeige statt – je nachdem, wie viele Bewerbungen eingegangen sind. Wer innerhalb dieses Zeitraums noch keine Antwort bekommen hat, sollte bei der Personalabteilung nachfragen.

Absage – und dann? >>>>>>>>>>>>>>>>>>>>>>

Bewerber, die nicht zu einem Vorstellungsgespräch eingeladen werden oder nach dem Gespräch eine Absage erhalten, sind natürlich enttäuscht. Vor allem, wenn dies häufiger passiert, ist es ratsam, zum Telefon zu greifen und mit dem Personalverantwortlichen zu klären, woran es gelegen hat.

Wer nach einer Absage nach einem Vorstellungsgespräch beim Unternehmen nachhaken möchte, sollte dies unmittelbar anschließend tun. Denn dann ist der Bewerber dem Personalentscheider noch im Gedächtnis und er kann hoffen, nicht mit einer Standardantwort abgespeist zu werden. Erfolgte die Absage allein aufgrund der Bewerbungsunterlagen, ist ein Gespräch schwieriger: Schon aus Zeitgründen wird ein Personalverantwortlicher nicht jede Absage individuell erläutern.

<<<<<<<<<<<<<<<<<<<<<<<<<<<<<<<<<

Bei der Jobsuche sollten sich Studenten und Absolventen nicht auf ein Medium beschränken. Sowohl Zeitungen, Zeitschriften und Karriere-Handbücher als auch das Internet und das eigene Netzwerk sind wertvolle Quellen. Für die Studie Staufenbiel JobTrends Deutschland 2011 wurden Unternehmen aller Größen und aus allen Branchen befragt, wie sie die verschiedenen Bewerbungswege einschätzen. Stellensuche und Bewerbung über das Internet sind heute Standard. In den vergangenen Jahren wanderten Teile der Stellenanzeigen zu den Jobbörsen und Stellenmärkten im Netz.

Aber auch die eigenen Internetauftritte nutzen die Unternehmen zur Rekrutierung ihres Nachwuchses. Fast alle größeren und auch viele mittelständische Unternehmen verfügen inzwischen über eigene Karriereseiten. Studenten und Hochschulabsolventen werden auf den Firmenwebseiten mit speziellen redaktionellen Angeboten umworben.

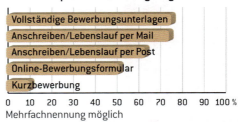

Art der akzeptierten Bewerbungswege >>>>>>>>

- Vollständige Bewerbungsunterlagen
- Anschreiben/Lebenslauf per Mail
- Anschreiben/Lebenslauf per Post
- Online-Bewerbungsformular
- Kurzbewerbung

0 10 20 30 40 50 60 70 80 90 100 %
Mehrfachnennung möglich

staufenbiel *JobTrends Deutschland* 2011

Bewerbungen per E-Mail sind inzwischen etabliert – auch wenn die klassische Bewerbungsmappe per Post noch nicht ausgedient hat. Online-Bewerbungen werden inzwischen von mehr Unternehmen akzeptiert als klassische Bewerbungen per Post, so die Ergebnisse der Studie Staufenbiel JobTrends Deutschland 2011. Gut die Hälfte der befragten Arbeitgeber gab an, ein Online-Bewerbungsformular zu bevorzugen. Der Vorteil für Personalentscheider bei dieser Variante: Sie erhalten Daten in standardisierter

Form und können alle relevanten Informationen nach den eigenen Schwerpunkten filtern und vergleichen. Kurzbewerbungen akzeptieren nur wenige Unternehmen.

Stellensuche in Printmedien
Neben Karriere-Handbüchern lohnt sich für Ingenieure ein Blick in Fachzeitschriften, die Veröffentlichungen der Fachverbände sowie die Wochenendausgaben der überregionalen Tageszeitungen wie die „Frankfurter Allgemeine Zeitung" (FAZ), die „Süddeutsche Zeitung" (SZ) oder „Die Welt". Wichtig für Ingenieure sind auch die wöchentlich erscheinenden „VDI-Nachrichten". In Vorlesungsverzeichnissen, an den Schwarzen Brettern der Fachbereiche und bei den Career Services der Hochschulen sind ebenfalls offene Stellen ausgeschrieben.

> **Web-Check: Stellenanzeigen analysieren** >>>>>>
> Mit der Checkliste zur Analyse von Stellenanzeigen lassen sich potenzielle Arbeitgeber schnell identifizieren. Sie ist zu finden unter **staufenbiel.de/ingenieure**.
> <<<<<<<<<<<<<<<<<<<<<<<<<<<<<<<<<<

Initiativbewerbung
Eine Initiativbewerbung ist alles andere als eine Blindbewerbung – auch wenn sie manchmal so genannt wird. Sie muss sehr gut vorbereitet werden. Gegenüber der Bewerbung auf eine Stellenausschreibung hat die Initiativbewerbung einige Vorteile:
- Sie wird von Unternehmen meistens positiv beurteilt, weil sie Motivation und Engagement beweist.
- Es gibt weniger Konkurrenz um die anvisierte Stelle.
- Initiativbewerber haben gerade bei kleineren und mittleren Unternehmen gute Chancen, denn diese erhalten weniger Bewerbungen als die bekannten Konzerne.

Das eigene Profil muss jedoch wirklich passen. Der erste Schritt ist, persönliche Vorlieben, Stärken und Schwächen zu bestimmen und ein Profil der Wunschposition zu entwerfen. Hierbei können Ausschreibungen vergleichbarer Jobs helfen, um später belegen zu können, dass man die Erwartungen erfüllt.

Im zweiten Schritt geht es um die Suche nach einem passenden Unternehmen und allen relevanten Informationen. In Job- und Karriereportalen im Internet lässt sich schnell feststellen, wer überhaupt Personal sucht. Auch wenn nicht der eigene Wunsch-Job dabei ist, weiß man schon mal, dass dieser Arbeitgeber prinzipiell einstellt.

Außerdem zeigen Informationen aus anderen Stellenanzeigen des Unternehmens, was dort erwartet wird. Zwar erhält der Bewerber hier kein Anforderungsprofil für die eigene gewünschte Position, aber manche Anforderungen gelten immer. Wenn ein Unternehmen etwa durchgehend internationale Erfahrungen fordert, wird das auch für die Position gelten, für die man sich initiativ bewerben möchte. Sinnvoll ist auch, vorab persönlichen Kontakt zu Mitarbeitern aus dem Unternehmen aufzunehmen – etwa über Social Networks im Internet.

Der dritte Schritt: Argumente zusammenstellen, warum man gerade in dieses Unternehmen und auf die Wunschposition passt. Denn davon muss der Arbeitgeber überzeugt werden.

Anschließend ist zu klären, an wen und in welcher Form die Bewerbung verschickt werden soll. Manche größere Firmen bieten spezielle Online-Formulare für Initiativbewerbungen an. Ist dies nicht der Fall, kann man sich wieder an den Hinweisen aus anderen Stellenanzeigen des Unternehmens orientieren oder – besser – in der Personalabteilung anrufen und folgende Punkte klären:
- An wen soll die Bewerbung adressiert werden?
- Bevorzugt das Unternehmen Kurzbewerbungen oder eine Bewerbungsmappe?
- Soll die Bewerbung per E-Mail oder per Post versandt werden?

Stellengesuch

Eine andere Möglichkeit, selbst aktiv zu werden, ist ein Stellengesuch. Wer eine Bewerbung in Kurzform aufgeben will, muss sich zunächst für das geeignete Medium entscheiden. In der Anzeige muss die fachliche und persönliche Qualifikation und das Berufsziel auf kleinem Raum kurz und präzise dargestellt werden.

Ob man sich für die Initiativbewerbung oder ein Stellengesuch entscheidet: Beide Bewerbungsformen haben den Vorteil, dass man sein Profil nicht dem Anforderungskatalog einer Stellenanzeige anpassen muss.

Personaldienstleister

Neben den klassischen Personalberatern haben sich verschiedene große und kleine Personaldienstleistungsunternehmen auf dem Markt etabliert. Die Spezialzeitarbeit macht etwa zehn Prozent aller Zeitarbeitskräfte aus. Sie ist im gewerblich-industriellen und im Dienstleistungssektor anzutreffen. Im gewerblich-industriellen Sektor werden die Zeitarbeitskräfte vor allem bei Ingenieurarbeiten eingesetzt. Im Dienstleistungssektor sind Zeitarbeitskräfte im Bereich von Management-, Finanz-, Informations- und Kommunikationsdienstleistungen sowie im Gesundheitswesen zu finden.

Auch wenn es nicht zur sofortigen Übernahme kommt, kann sich für Absolventen der Einsatz als Zeitarbeitnehmer lohnen. Immerhin können sie hier beweisen, dass sie mobil und flexibel sind und konstruktiv mit Veränderungen umgehen können. Im Vorfeld sollten Einsteiger die Personaldienstleistungsunternehmen genau vergleichen und die vertraglichen Regelungen gründlich studieren.

Networking

Kontaktpflege lohnt sich immer für einen erfolgreichen Jobeinstieg. Bereits während des Studiums können und sollten Studenten Networking betreiben. Der gute Draht zu seinem Professor, zu Betreuern von Praktika und zu anderen Kommilitonen kann sich später als wertvoll erweisen. Je mehr Menschen wissen, was man kann und was man will, desto besser.

Aber wie und wo baut man ein Netzwerk auf? Gute Chancen, persönliche Kontakte zu knüpfen haben Absolventen bei:
- Hochschul- und Fachmessen
- Recruitment-Veranstaltungen
- Firmenpräsentationen
- praxisorientierten Abschlussarbeiten
- Praktika
- Tätigkeit als Werkstudent.

Keine Karriere-Messe verpassen >>>>>>>>>>>>

Die Termine der wichtigsten Hochschulmessen und Recruitment-Veranstaltungen finden Sie im Internet unter **staufenbiel.de/kalender**.

<<<<<<<<<<<<<<<<<<<<<<<<<<<<<<<<<<

Hochschulmessen

Auf Hochschulmessen können sich Studenten, Absolventen und Personalmanager direkt kennenlernen. Die Unternehmen stellen sich vor und informieren über Anforderungsprofile, Tätigkeitsfelder, Einstiegs- und Entwicklungsmöglichkeiten, Praktika und praxisorientierte Diplomarbeiten – mit dem Ziel, die besten Nachwuchskräfte ins eigene Unternehmen zu holen.

Absolventen oder Studenten, die kurz vor dem Abschluss stehen, sollten Hochschulmessen auch dazu nutzen, sich einen Überblick über den aktuellen Stellenmarkt zu verschaffen. Da die frei zugänglichen Messen oft sehr voll sind, laden immer mehr Veranstalter parallel oder im Anschluss zu Workshops und Einzelgesprächen ein. Wer daran interessiert ist, sollte einen Termin vereinbaren und sich gut vorbereiten. Hier wird das erste Mal überprüft, ob der Kandidat in das Unternehmen passt. Organisiert werden Hochschulmessen von Studenteninitiativen oder professionellen Anbietern.

Bis 2020 soll der Anteil erneuerbarer Energien in Deutschland bei 20 % liegen.

Wann können Sie anfangen?

Nur mit Energie lässt sich Zukunft sichern.

Die Welt steht vor ihrer wahrscheinlich größten Herausforderung: Bis zur Mitte des Jahrhunderts wird sich der Energiebedarf der Menschen verdoppeln. Gleichzeitig gilt es jedoch, die CO_2-Emissionen zu halbieren. AREVA stellt sich dieser Aufgabe und bietet wegweisende Konzepte für die Energieversorgung. Als Wegbereiter für Technologien zur CO_2-freien Stromerzeugung führen wir aber nicht nur die Kernenergie in eine sichere Zukunft. Unsere Kompetenz in den Bereichen Wind, Biomasse, Photovoltaik und Wasserstoff erweitert den Zugang zu sauberen, sicheren und wirtschaftlichen Energieträgern.
Bewerben Sie sich online unter: www.karriere.areva.com.

Recruitment-Veranstaltungen

Im Unterschied zu Messen werden Bewerber bei Recruitment-Veranstaltungen auf ihre Qualifikation und Eignung geprüft, bevor sie mit Arbeitgebern zusammentreffen. Hier kommt es unter anderem auf Studiennoten, Auslandserfahrung und erste Berufserfahrung an. Manche Recruitment-Veranstaltungen dauern nur einen Abend, andere dagegen haben Workshop-Charakter und gehen über mehrere Tage. Die Workshops bestehen aus Unternehmens- und Bewerberpräsentationen, der Bearbeitung von Fallstudien und Bewerbungsgesprächen für konkrete Stellenangebote.

Viele Unternehmen setzen auch auf eigene Rekrutierungsveranstaltungen. Die Vorauswahl ist hier meistens streng. Wer eingeladen wird, hat deshalb gut Chancen, nach der Veranstaltung einen Arbeitsvertrag in der Tasche zu haben.

Fachmessen

Auch Besuche von Ausstellungen und Fachmessen bieten sich für die Jobsuche an. Broschüren oder Terminals informieren an den Ständen über Einstiegs- und Entwicklungsmöglichkeiten. Oft sind Mitarbeiter der Personalabteilung vor Ort und geben Auskunft über Einstellungsbedarf und Anforderungsprofile.

Häufig besteht auf Messen die Gelegenheit für ausführlichere Gespräche. Im Vorfeld sollten sich Besucher und Bewerber über interessante Unternehmen informieren, und zwar bevor sie einen Gesprächstermin vereinbaren. Aber auch spontan können Absolventen auf Ansprechpartner zugehen, wenn sie erst auf der Messe auf ein Unternehmen aufmerksam werden. Jobsuchende sollten genug Exemplare ihrer Bewerbungsunterlagen mit zur Messe nehmen, um sie dem Gesprächspartner falls gewünscht sofort überlassen zu können. Der hier geknüpfte persönliche Kontakt kann die Chancen einer Bewerbung unter Umständen entscheidend erhöhen.

Unternehmenspräsentationen

Wer sich genau über ein Unternehmen informieren will, sollte den Geschäftsbericht lesen oder an Betriebsbesichtigungen und Firmenpräsentationen teilnehmen. Vor Ort kann man sich einen ersten Eindruck von der Arbeitsorganisation, dem Betriebsklima und der Unternehmenskultur verschaffen. Da bei Firmenpräsentationen oft Mitarbeiter der Personalabteilung vertreten sind, lassen sich hier sehr gut erste persönliche Kontakte knüpfen. Über Termine der Firmenpräsentationen und -besichtigungen sowie Workshops informieren Unternehmen auf ihren Internetseiten.

Praktika und praxisnahe Abschlussarbeiten

Gute Einstellungschancen haben Absolventen, die ein Unternehmen bereits als Praktikant kennengelernt haben. Dasselbe gilt für Tätigkeiten als Werkstudent oder als freier Mitarbeiter und für Examenskandidaten, die eine praxisnahe Abschlussarbeit im Unternehmen schreiben. Der Arbeitgeber kann so potenzielle Nachwuchskräfte über einen längeren Zeitraum beobachten und kennenlernen. Auch der Praktikant kann anschließend viel besser beurteilen, ob dieses Unternehmen tatsächlich sein Wunscharbeitgeber ist.

Unternehmensdatenbank im Netz >>>>>>>>>>>

Das Karriereportal **staufenbiel.de** bietet eine Fülle aktueller Informationen zu Bewerbungsfragen sowie zur Studien- und Berufsplanung. Außerdem steht Bewerbern unter **staufenbiel.de/unternehmen** eine umfassende Unternehmensdatenbank zur Verfügung – mit zahlreichen Kontaktmöglichkeiten zu attraktiven Arbeitgebern.

<<<<<<<<<<<<<<<<<<<<<<<<<<<<<<<<<

Jobbörsen

Online-Jobbörsen liefern individuell zusammengestellte Informationen und ordnen die Jobangebote von Unternehmen nach einem Schlagwortsystem. Viele Stellenbörsen verfügen über eine Rubrik für Absolventen und Nachwuchs-

GOODYEAR DUNLOP
GERMANY

VON 0 AUF 200 – KARRIERE MIT VOLLGAS

Was haben eine berufliche Laufbahn und ein Autorennen gemeinsam? Wahrscheinlich mehr als Sie denken. Zu Beginn gilt es bei aller Motivation festen Halt zu bekommen, um durchstarten zu können. Den entscheidenden Vorsprung holen Sie sich durch die Weiterentwicklung in der Box. Und am Ende zählt, wer Runde um Runde besser wird.

Steigen Sie ein bei Goodyear Dunlop, einem Teil des weltweit führenden Reifenkonzerns Goodyear Tire & Rubber Company. In Deutschland können Sie an den Standorten Fulda, Fürstenwalde, Hanau, Köln, Philippsburg, Riesa und Wittlich Gas geben. Woher Sie auch kommen, welchen Studienabschluss Sie mitbringen und wohin Sie wollen – Goodyear Dunlop macht Ihren Karriere-Weg zum Ziel. Studierende, die noch an der Startlinie stehen, bekommen mit einem Praktikum oder einer bei uns verfassten Abschlussarbeit das „Go!" für ihre Karriere. Nach dem Hochschulabschluss kann gleich die nächste Kurve kommen: Unser europäisches Traineeprogramm, bietet Ihnen die Chance, Fahrt aufzunehmen und zu beschleunigen. Oder Sie nutzen unsere vielseitigen Startplätze für Direkteinsteiger und wechseln dann mit uns auf die Überholspur. In jedem Fall gilt: Von Null auf Karriere in Bestzeit!

Kupplung treten, Gang rein – und los geht's auf

www.goodyear-dunlop.de

kräfte oder ein entsprechendes Selektionskriterium. Die Mehrheit der Jobbörsen veröffentlicht Angebote, die ausschließlich über das Internet ausgeschrieben werden.

Karriereseiten der Unternehmen

Neben allgemeinen Firmeninformationen finden Bewerber auf den Webseiten von Unternehmen häufig aktuelle Stellenangebote sowie Informationen zu Praktika, praxisbezogenen Abschlussarbeiten und Einstiegsprogrammen. Zum Teil sind Interviews oder Erfahrungsberichte von Nachwuchskräften zu lesen, oder es werden Planspiele angeboten. Viele mittelständische und fast alle größeren Unternehmen verfügen über eigene Jobbörsen. Häufig können die Interessenten dort direkt einen Bewerber-Fragebogen ausfüllen und abschicken.

> **Web-Check: Wege zum Job** >>>>>>>>>>>>>>
> Alle Wege zum Job genutzt? Mit der Checkliste unter **staufenbiel.de/ingenieure** wird keiner vergessen.
> <<<<<<<<<<<<<<<<<<<<<<<<<<<<<<<<<

Die Bewerbung vorbereiten

Je früher, desto besser. Etwa ein halbes Jahr vor Studienabschluss sollte der Startschuss für die Bewerbungsphase fallen. Die schriftliche Bewerbung ist von zentraler Bedeutung, um das Interesse eines Arbeitgebers zu wecken. In kurzer, prägnanter Form muss der Kandidat das Unternehmen davon überzeugen, dass er zur offenen Stelle und zum Unternehmen passt.

Nimmt ein Personalentscheider die Unterlagen eines Bewerbers in die Hand, erwartet er, dass relevante Informationen schnell erkennbar und vollständig dargestellt werden. Anschreiben und Lebenslauf müssen bei jeder Bewerbung individuell gestaltet sein. Bewerber, die inhaltlich Bezüge zum Unternehmen und zur jeweiligen Aufgabe herstellen, signalisieren ernsthaftes Interesse und eine gute Vorbereitung. Selbstverständlich müssen die Bewerbungsunterlagen vollständig sein. Zu einer vollständigen Bewerbung gehören:

- individuelles Anschreiben (etwa eine Seite)
- tabellarischer Lebenslauf
- Foto
- Abitur-/Arbeits-/Lehr-/Praktikumszeugnisse
- Hochschulzeugnis und Notenspiegel
- Zertifikate über Zusatzqualifikationen (zum Beispiel Sprach- oder Computerkenntnisse).

Gleichbehandlungsgesetz und Bewerbung

Durch das Allgemeine Gleichbehandlungsgesetz (AGG) aus dem Jahr 2006 dürfen Faktoren wie Alter, Geschlecht oder Rasse bei der Beurteilung keine Rolle mehr spielen. So ist auch im „Europass-Lebenslauf" der EU kein Foto in der Bewerbung mehr vorgesehen. Bislang hat sich die anonymisierte Bewerbung in Deutschland und Europa noch nicht durchgesetzt. Um auf der sicheren Seite zu sein, können Bewerber sich vorab beim Unternehmen informieren, welche Variante bevorzugt wird. Im Zweifelsfall empfiehlt sich, die Bewerbung weiter mit einem Foto zu versehen.

>> Das Anschreiben

Die ersten Sätze des Anschreibens entscheiden darüber, ob sich der Leser die weiteren Unterlagen überhaupt noch ansieht. Trotzdem machen viele den Fehler, einfach den Lebenslauf mit anderen Worten wiederzugeben. Der Bewerber muss im Anschreiben den Personalentscheider davon überzeugen, dass er geeigneter ist als die Mitbewerber und genau die Fähigkeiten hat, die dem Unternehmen weiterhelfen. Um das zu vermitteln, sollte der Bewerber versuchen, die Welt mit den Augen des Adressaten zu sehen.

Für welche Firmen-Philosophie ein Unternehmen steht, zeigt häufig ein Blick auf die Homepage des Unternehmens. Auskunft gibt auch der aktuelle Geschäftsbericht. Für den Personalchef sind folgende Fragen zentral:

Das Herz unserer Software schlägt in Ihrem Automobil

Entwickeln Sie mit an zukünftigen Trends der Automotive-Software. Spannende Themen und prickelnde Aufgaben in Navigation, Multimedia, Sprachsteuerung, Steuergeräte-Entwicklung, Bildbearbeitung und Fahrerassistenzsystemen für Studenten, Ingenieure, Projektleiter und Team-Manager (alle Positionen m/w). Stellen Sie sich der Herausforderung. Wachsen Sie mit unserem Unternehmen.

Wir bieten Praktika, Werkstudententätigen, Diplomarbeits- und Promotionsstellen für Studenten/-innen der Fachrichtungen

- Elektrotechnik
- Informatik
- Mathematik
- Technomathematik
- Physik

Sollten Sie Interesse haben, besuchen Sie unsere Job-Homepage:

http://jobs.automotive.elektrobit.com

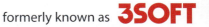

- Warum interessiert sich der Bewerber für die Stelle?
- Passt er zum Unternehmen?
- Bringt er wichtige Qualifikationen mit, die über das Anforderungsprofil für die Stelle hinausgehen?
- Bringt der Bewerber dem Unternehmen einen Zusatznutzen?

Anonyme Bewerbung >>>>>>>>>>>>>>>>>>>

Was in den USA zur Bewerbungspraxis wie selbstverständlich dazu gehört, wird in Deutschland aktuell in einem Pilotprojekt der Antidiskriminierungsstelle getestet. Durch die anonyme Bewerbung sollen Unternehmen Bewerber künftig ausschließlich nach Qualifikation und Leistung beurteilen und auswählen. Alter, Herkunft, Geschlecht, Religion sollen bei der Entscheidung für oder gegen einen Bewerber keine Rolle mehr spielen. An dem Projekt beteiligen sich etwa die Deutsche Post, die Deutsche Telekom und Procter & Gamble. Ob die anonyme Bewerbung zum Standard wird, bleibt abzuwarten.

<<<<<<<<<<<<<<<<<<<<<<<<<<<<<<<<<

Persönliche Anrede

Eine erfolgreiche Bewerbung muss ansprechend und formal richtig aufgebaut sein. Wichtig ist, auf maximal einer Seite zu überzeugen. Wenn der Adressat namentlich bekannt ist, sollte man ihn im Adressfeld und in der Briefanrede persönlich ansprechen. Zu beachten sind dabei Titel und natürlich die richtige Schreibweise des Namens.

Einleitung

Der Einstieg ist wichtig und Floskeln tabu. Die Einleitung des Anschreibens muss knapp und sachbezogen sein. Hier können sich Bewerber auf das Stellenangebot oder auf ein Gespräch beziehen, das zur Bewerbung geführt hat. Die ersten Zeilen des Schreibens entscheiden darüber, ob der Empfänger interessiert weiterliest oder den Rest nur noch überfliegt.

Hauptteil

Der Bewerber muss das Anschreiben exakt formulieren und seine Fähigkeiten auf den Punkt bringen. Das Unternehmen will aktuell eine Stelle besetzen. Deswegen sind die aktuellen Fähigkeiten des Bewerbers interessant – und zwar die Kompetenzen, die in der Anzeige gefordert werden. Was in der Anzeige als Erstes genannt wird, ist dem Arbeitgeber am wichtigsten. Kann der Kandidat hier punkten – am besten mit konkreten Projekten –, sollte er konkret auf diese Anforderungen eingehen.

Das gilt nicht nur für fachbezogene Fähigkeiten. Die in der Anzeige angesprochenen Soft Skills sollten im Anschreiben ebenfalls zur Sprache kommen. Wichtig ist, nicht nur zu behaupten, dass man über sie verfügt, sondern nach Möglichkeit zu beschreiben, wie und warum man sie in der Vergangenheit bereits eingesetzt hat. Optimal ist, wenn es gelingt, die fachlichen Anforderungen direkt mit den vorhandenen Soft Skills zu verbinden.

Relevant für das Unternehmen ist außerdem die Angabe, wann und mit welchem Abschluss der Bewerber zur Verfügung steht. Wenn nicht ausdrücklich in der Anzeige gefordert, gehört bei Berufseinsteigern die Angabe der Gehaltsvorstellung nicht in das Anschreiben. Sonst entsteht leicht der Eindruck, dass das Hauptaugenmerk des Bewerbers auf dem Verdienst liegt – und nicht auf der Übernahme einer interessanten Aufgabe.

Einstiegsgehälter und Gehaltstest >>>>>>>>>>

Oft werden Bewerber schon im Inserat gebeten, ihre Gehaltsvorstellungen anzugeben. Einen Anhaltspunkt, welcher Betrag realistisch ist, gibt die Studie Staufenbiel JobTrends Deutschland 2011, die unter **staufenbiel.de/jobtrends** kostenfrei heruntergeladen werden kann. Weitere Infos und Tipps für Gehaltsverhandlungen gibt es im Kapitel „Das Einstiegsgehalt" und unter **staufenbiel.de/gehaelter**.

<<<<<<<<<<<<<<<<<<<<<<<<<<<<<<<<<

Schlussteil

Ein freundlicher Abschluss verbunden mit dem Wunsch, mehr innerhalb eines Vorstellungsgesprächs zu berichten, rundet ein gelungenes Anschreiben ab. Es wird mit vollständigem Vor-

Ingenieur/-in bei GLOBALFOUNDRIES Dresden - Exzellente Perspektiven in Europas größter Halbleiter-Fabrik

GLOBALFOUNDRIES Fab 1 in Dresden ist mit mehr als 3.000 hoch qualifizierten Ingenieuren, Technikern und Spezialisten einer der weltweit erfolgreichsten Standorte für die Entwicklung und Produktion von technologisch führenden Halbleiterprodukten auf 300mm Silizium-Wafern.

Im Rahmen der Expansion an unseren Standorten Dresden, Singapur und New York wird Fab 1 bis zum Jahr 2012 zum größten Halbleiterwerk Europas mit Reinraumflächen von mehr als 50.000 qm ausgebaut.

GLOBALFOUNDRIES bietet mehr als 300 Berufseinsteigern und erfahrenen Fachkräften einzigartige fachliche und berufliche Perspektiven in der faszinierenden Welt der Halbleiterindustrie.

Für unser internationales Arbeitsumfeld suchen wir Top-Absolventen (m/w) der Fachrichtungen

- Elektrotechnik
- Mikrosystemtechnik
- Mikroelektronik
- Materialwissenschaften
- Automatisierungstechnik
- Wirtschaftsingenieurwesen
- Wirtschaftswissenschaften
- Physik
- Maschinenbau
- Verfahrenstechnik
- Informatik
- Mathematik
- Chemie

Detaillierte Stellenausschreibungen aller offenen Positionen finden Sie auf www.globalfoundries-jobs.de.

Treffen Sie uns auf den Staufenbiel Absolventenkongressen in Stuttgart, Hamburg und Berlin!

www.globalfoundries.com

Ein Angebot von
staufenbiel Institut

Wir bringen Sie zum Master.

Der Online-Kompass für Ihren Aufstieg:
Die MBA- & Master-Kursdatenbank

Das Standardwerk:
Staufenbiel *Das MBA-Studium*

>>> Mehr Infos unter **mba-master.de**

und Zunamen unterschrieben. Als Anlage werden die weiteren Bestandteile der Bewerbung genannt, die aus Platzgründen auch nebeneinander aufgeführt werden können.

> **Web-Check: Anschreiben vollständig?** >>>>>>>>
>
> Beim Anschreiben alles richtig gemacht? In der Checkliste unter **staufenbiel.de/ingenieure** stehen die wichtigsten Punkte.
>
> <<<<<<<<<<<<<<<<<<<<<<<<<<<<<<<<

>> Der Lebenslauf

Das Wichtigste am Lebenslauf ist der rote Faden. Auch der Lebenslauf sollte auf die jeweilige Position ausgerichtet sein. Die erste Frage, die sich Bewerber hier stellen müssen, lautet: Was erwartet der Leser? Die Antwort: alle relevanten Informationen über Lebens-, Studien- und Berufsweg. Die Angaben sollten möglichst einen Bezug zur angestrebten Position haben. Hierzu gehören vor allem einschlägige Qualifikationen und Erfahrungen.

Manchmal kann es sinnvoll sein, bestimmte Qualifikationen, die nicht zur Position passen, nicht ausdrücklich aufzuführen. Das darf natürlich nicht dazu führen, die Unwahrheit zu sagen. Hier zahlt es sich aus, wenn man aus einem großen Vorrat an Kenntnissen und Praxiserfahrungen schöpfen kann. Dann ist es auch möglich, einen passgenauen Lebenslauf für die jeweilige Bewerbung zu schneidern. Die einzelnen Zeitabschnitte sind lückenlos aufzuführen, möglichst mit Monatsangaben (zum Beispiel 06/08 bis 12/09). Wichtig ist neben inhaltlichen Gesichtspunkten ein übersichtliches Design, denn das nimmt der Leser als Erstes wahr.

Nicht schummeln

Eventuelle Lücken im Lebenslauf durch Schummeln aufzufüllen, birgt ein Risiko. Denn gefälschte Dokumente oder falsche Angaben über vermeintliche Qualifikationen können Konsequenzen haben und zur Kündigung führen. Wer statt Monatsangaben lediglich Jahreszahlen aufzählt, steht schnell im Verdacht, Lücken kaschieren zu wollen. Bewerber sollten aber durchaus Kompetenzen betonen, die dem Profil der Stelle entsprechen. Nur sollte der Kandidat auf entsprechende Fragen vorbereitet sein: Wer im Lebenslauf angibt: „Englisch verhandlungssicher", muss damit rechnen, dass Teile des Bewerbungsgesprächs auf Englisch geführt werden.

Überhaupt ist der Lebenslauf das zentrale Dokument der Bewerbung: Es ist die Grundlage für das Vorstellungsgespräch. Der Bewerber kann hier beeinflussen, welche Inhalte später eventuell im Gespräch erörtert werden. Dieser Trumpf lässt sich ausspielen, indem man bestimmte Aspekte so interessant im Lebenslauf darstellt, dass der Personalentscheider einfach nachfragen muss. Sind Anschreiben und Lebenslauf fertiggestellt, müssen die weiteren Unterlagen chronologisch geordnet – und eventuell nach der Gliederung des Lebenslaufes unterteilt werden. Die aktuellsten Unterlagen liegen oben.

Die wichtigsten Anlagen

Bei Absolventen ist das Abschlusszeugnis das zentrale Dokument. Ist es zum Zeitpunkt der Bewerbung noch nicht ausgestellt, muss der Kandidat den letzten Zwischenabschluss belegen, etwa durch das Bachelor-Zeugnis. Um dem Leser einen Überblick über die aktuellen Leistungen zu geben, sollte man einen Notenspiegel beilegen. Das wirkt übersichtlicher als mehrere kopierte Scheine. Auch Studienschwerpunkte können so hervorgehoben werden.

Wer Zusatzqualifikationen nachweisen kann, sollte entsprechende Dokumente beifügen – besonders, wenn die Leistungen im Zusammenhang mit der angestrebten Position stehen. Das gilt für eine Berufsausbildung und andere Praxiserfahrungen, Computer- oder Sprachkenntnisse, Teilnahme an Weiterbildungsveran-

Auf den Antrieb kommt es an.
Der Rest ist Nebensache.

Denn wegweisende Ideen brauchen Menschen, die sie nach vorne bringen. Mit Ehrgeiz und Leidenschaft bis ins Ziel und darüber hinaus – ob bei der Optimierung vorhandener oder der Entwicklung neuer Technologien. Genau so ist MAHLE. Als weltweit führender Hersteller von Komponenten und Systemen für den Verbrennungsmotor und dessen Peripherie entwickeln und fertigen wir gemeinsam mit rund 45.000 Mitarbeitern zukunftsorientierte Lösungen für unsere namhaften Kunden. Und das an über 100 Produktionsstandorten sowie in acht Forschungs- und Entwicklungszentren seit Jahren erfolgreich. Heute sind wir in jedem zweiten Fahrzeug weltweit zu finden. Unsere hervorragende Marktposition kommt auch Ihnen zugute: Wir bieten Ihnen ein Umfeld, das von kurzen Entscheidungswegen und viel Freiraum lebt – aber vor allem die Leistung eines jeden Einzelnen zu schätzen weiß. Ergreifen Sie Ihre Chance, und prägen Sie die Zukunft mit Ihrem Antrieb.

www.jobs.mahle.com

Driven by performance

staltungen oder eigene Veröffentlichungen. Ans Ende des Lebenslaufs gehört die Unterschrift mit Vor- und Zuname, Ort und Datum.

Muster-Lebenslauf >>>>>>>>>>>>>>>>>>>>>>

Eine Lebenslauf-Vorlage gibt es unter **staufenbiel.de/bewerbung** zum Download.
<<<<<<<<<<<<<<<<<<<<<<<<<<<<<

>> Die dritte Seite

Durch seine relativ starre Form bietet der Lebenslauf manchmal nicht genügend Platz, das persönliche Qualifikationsprofil ausreichend darzustellen. Um besondere Pluspunkte, bisherige Erfolge und berufliche Ziele stärker in den Vordergrund zu rücken, kann es sinnvoll sein, die Bewerbungsunterlagen um ein Qualifikationsprofil zu ergänzen.

Dies geschieht in Anlehnung an das amerikanische Resümee, das solche Punkte stärker in den Vordergrund rückt. Es kommt vor allem für Bewerber infrage, die schon über Berufserfahrung verfügen. Das sogenannte dritte Blatt sollte eine Seite nicht überschreiten und ist dann empfehlenswert, wenn es den Lebenslauf sinnvoll ergänzt. Die Kernaussagen müssen allerdings im Lebenslauf stehen.

Bei spezifischen technischen Qualifikationen oder besonders weit reichenden Kenntnissen, die im Lebenslauf nicht deutlich genug zur Sprache kommen können, ist eine dritte Seite sinnvoll. Ebenso, wenn es in der Bewerbung in erster Linie um persönliche Stärken geht, die im Lebenslauf untergehen. Wer etwa schon in mehreren Projekten mitgearbeitet hat, kann an dieser Stelle eine Projektübersicht anfügen. Das kann in Form einer Aufstellung geschehen, in der der Bewerber zuerst das Projekt, dann die eigene Rolle darin und schließlich die eingesetzten Kenntnisse und den Zeitraum nennt.

Interessante Fragen für eine dritte Seite >>>>>>>>

- Welche relevanten Abschlüsse kann ich für die Position vorweisen?
- Was zeichnet mich persönlich aus?
- Was zeichnet mich fachlich aus?
- Bei welchen namhaften Unternehmen habe ich Praktika absolviert?
- Mit welchen interkulturellen Erfahrungen kann ich punkten?

<<<<<<<<<<<<<<<<<<<<<<<<<<<<<<<<<<

>> Referenzen und Empfehlungsschreiben

Referenzen und Empfehlungsschreiben können Türen öffnen, die sonst verschlossen blieben. Anders als im angloamerikanischen Raum nutzen sie hierzulande aber nur wenige Bewerber. Im Gegensatz zu Zeugnissen werden sie nicht von Personalverantwortlichen, sondern von einzelnen Personen ausgestellt. Wichtig ist, dass es neutrale Personen sind, die sich über den Bewerber äußern. Eine solche Meinung zählt dank eines beruflichen oder sozialen Status.

Absolventen sollten überlegen, wer sie aus der praktischen Arbeit oder aus der Universität kennt und weiterempfehlen würde. Infrage kommen etwa Vorgesetzte aus Praktika, Semesterjobs oder auch Ehrenämtern, genauso wie Hochschulprofessoren und Dozenten.

Der gute Name

Ein Empfehlungsschreiben muss keinen formalen Kriterien genügen. Es enthält auch keine verschlüsselten Formulierungen wie ein Zeugnis. Der Referenzgeber bürgt mit seinem Namen für die andere Person. Ein Briefkopf mit Namen, Kontaktadresse und persönlichem Rang sind deswegen nötig. Es sollte deutlich werden, in welchem Zusammenhang der Referenzgeber den Bewerber kennengelernt hat. Der Fürsprecher äußert sich zu persönlichen Qualitäten, zur Arbeitsweise, zum Verhalten bei der Einzelar-

The Biofore Company UPM

UPM führt die Bio- und Forstindustrie in eine neue, nachhaltige und von Innovationen geprägte Zukunft. Unsere Produkte werden aus erneuerbaren Rohstoffen hergestellt und sind wiederverwertbar. Der Konzern besteht aus drei Business Groups: Energy & Pulp, Paper und Engineered Materials. Das Unternehmen beschäftigt rund 23.000 Mitarbeiter und betreibt Produktionsstätten in 15 Ländern. Im Jahr 2009 verzeichnete der Konzern einen Umsatz von 7,7 Mrd. Euro. Die Aktien von UPM werden an der Wertpapierbörse in Helsinki notiert.
UPM – The Biofore Company – **www.upmbiofore.com** & **www.upm.com**

Starten Sie durch mit UPM!

Sie lieben die Herausforderung und wollen durchstarten? Sie arbeiten gerne in einem Umfeld, in dem Initiative und gegenseitiges Vertrauen gefragt sind? Dann kommen Sie zu UPM, wo gemeinsamer Erfolg eine wichtige Rolle spielt. Wir bieten Ihnen die Möglichkeit, Praktika im In- und Ausland durchzuführen oder Ihre Abschlussarbeit bei uns anzufertigen. Auch der Direkteinstieg ist möglich.

Wir suchen Studenten und Absolventen ingenieurwissenschaftlicher und kaufmännischer Fachrichtungen für unsere sechs Produktionsstandorte im deutschsprachigen Raum.

Spitzenleistungen basieren auf kompetenten und hoch motivierten Mitarbeitern. Wir bieten interessante berufliche Perspektiven bei einer leistungsgerechten Vergütung, wobei uns die persönliche Weiterentwicklung und Zufriedenheit unserer Mitarbeiter am Herzen liegen.

Lernen Sie uns kennen, indem Sie uns im Internet unter www.upm.com besuchen. Gerne sind wir bei Fragen auch persönlich für Sie da.

UPM
Recruitment – Central Europe
Margret Hegemann
Telefon +49 4963 401 1979
recruitment.ce@upm.com

www.upm.com

beit und in der Gruppe – und das möglichst individuell und in der Ich-Form. Am Ende eines Empfehlungsschreibens sollte eine Gesamtwürdigung stehen.

Folgende Fragen können in einem Empfehlungsschreiben thematisiert werden:
- Wann hat man miteinander gearbeitet?
- In welchem Verhältnis stehen der Bewerber und der Referenzgeber miteinander?
- Welche Aufgaben hat der Bewerber erfüllt?
- Welche fachlichen und persönlichen Stärken hat er bewiesen?
- Zu welchen Zielen hat der Bewerber beigetragen?

Nicht vergessen! >>>>>>>>>>>>>>>>>>>>>>>

Wer die E-Mail-Adresse oder die Telefonnummer von Referenzgebern in der Bewerbung aufführt, darf nicht vergessen, sie darüber zu informieren. Sonst wird der Angerufene vermutlich keine Auskunft geben, und eine wertvolle Empfehlung geht verloren.

<<<<<<<<<<<<<<<<<<<<<<<<<<<<<<<<<<

In der Bewerbungsmappe gehören Referenzen und Empfehlungsschreiben hinter Diplom-, Bachelor- oder Master-Zeugnis. Falls ein Referenzgeber kein spezielles Schreiben ausstellen möchte, aber gerne bereit ist, per E-Mail oder telefonisch Auskunft zu geben, sollte man die E-Mail-Adresse oder Telefonnummer angeben. Zu viele Personen oder Schreiben sollten nicht angeben werden – sonst erweckt der Bewerber den Eindruck, er hätte Fürsprache nötig.

Wichtig ist, dass sich der Referenzgeber im Falle einer Nachfrage wirklich wohlwollend und positiv äußert. Keine Referenz ist im Zweifel besser als eine zurückhaltende.

>> Internationale Bewerbung

Andere Länder, andere Sitten – das gilt auch für die Bewerbung und die Bewerbungsmappe. Die englischsprachige Bewerbungsmappe besteht nur aus zwei Teilen, dem Anschreiben (britisch: covering letter, amerikanisch: cover letter) und dem Lebenslauf (britisch: CV, amerikanisch: resume). Namen und Kontakte der Referenzgeber werden schon im CV erwähnt, Zeugnisse auf Anfrage nachgereicht.

Angst vor der Fremdsprache muss niemand haben: Gerade im englischsprachigen Raum sind einfache, kurze Formulierungen gefragt. Auch der Umfang ist im Vergleich zu einer Bewerbung in Deutschland knapp. Eine Seite für das Anschreiben und zwei Seiten für den Lebenslauf genügen. In Großbritannien werden Bewerber meist über private Agenturen rekrutiert. Am einfachsten ist, sich vor Ort direkt an einen Vermittler zu wenden.

Stärken hervorheben

Anders als bei deutschsprachigen Bewerbungen legen angloamerikanische Personalchefs Wert auf die deutliche Hervorhebung (etwa durch Fettdruck oder Unterstreichung) von Übereinstimmungen zwischen der angestrebten Stelle und dem eigenen Ausbildungsweg im Resume. Hierbei werden die aktuellsten Daten an erster Stelle genannt. Falsche Bescheidenheit hilft hier nicht weiter. Außerdem ist es in den USA und in Großbritannien schon länger Standard, dass kein Bewerbungsfoto beigefügt wird. Auch Angaben zum Geburtsort stoßen auf Unverständnis.

Englischer Muster-Lebenslauf >>>>>>>>>>>>

Ein englischer Muster-Lebenslauf ist unter **staufenbiel.de/bewerbung** zu finden.

<<<<<<<<<<<<<<<<<<<<<<<<<<<<<<<<<<<<

Der wichtigste Unterschied zwischen Bewerbungen in Deutschland und im angelsächsischen Raum ist das aktive Verhalten des Bewerbers. Er muss sich immer wieder ins Gedächtnis des Personalentscheiders bringen. Während des gesamten Bewerbungsprozesses erkundigt er sich auf bestimmte und höfliche Art nach dem Stand der Dinge. Zurückhaltendes Warten auf eine Einla-

Visionäre mit Weitblick gesucht

Innovative Köpfe legen Wert auf eine gute Ausbildung. Carl Zeiss auch.
Bildung ist der erste Schritt zu einer erfolgreichen Bewerbung.
www.zeiss.de/karriere

We make it visible.

dung oder eine Absage wird eher als Desinteresse gewertet. Hat man es zum Vorstellungsgespräch geschafft, liegt es in der Pflicht des Bewerbers, sich anschließend in einem „Thank you letter" etwa für die gute Gesprächsatmosphäre zu bedanken.

Englischsprachige Bewerbung: Was ist anders? >>

- Die Bewerbung wird weder gebunden noch braucht sie eine Mappe.
- Angaben zum Familienstand gehören nicht in den Lebenslauf.
- Das Geburtsdatum und die Nationalität werden nicht genannt. In Großbritannien sind diese Angaben freiwillig.
- Hochschul- und Arbeitszeugnisse bleiben draußen.
- Auch ein Foto wird nicht benötigt.
- Gehaltsvorstellungen werden nur von Job Agencies verlangt.

<<<<<<<<<<<<<<<<<<<<<<<<<<<<<<

In Frankreich kommt es dagegen häufig auf Allgemeinbildung und Charakter des Bewerbers an. Daher sollte man sich hier auf andere Auswahlmethoden einstellen. Zu Interviews und Assessment Centern kommen weitere Tests hinzu: vor allem Persönlichkeits-, Intelligenz- und Leistungstests. Darüber hinaus werden biografische Fragebogen eingesetzt, um sich ein besseres Bild vom Bewerber machen zu können.

Europass-Lebenslauf >>>>>>>>>>>>>>>>>>>

Den Europass-Lebenslauf der EU gibt es ist unter **europass-info.de** zum Download.

<<<<<<<<<<<<<<<<<<<<<<<<<<<<<<

>> Die Online-Bewerbung

Die Online-Bewerbung wird immer beliebter: Drei Viertel der Unternehmen bevorzugen laut der Studie Staufenbiel JobTrends Deutschland 2011 eine Bewerbung per E-Mail. Ob ein Unternehmen auf Bewerbungsformen via E-Mail oder Online-Bewerbungsformular eingestellt ist, lässt sich mit einem Blick auf die Webseite klären. Wird für das Versenden von Bewerbungen weder eine E-Mail-Funktion noch ein Online-Bewerbungsformular angeboten, sollte die klassische Bewerbung auf den Postweg gebracht werden.

Bewerbung per E-Mail

Auch wenn es sich um ein schnelles Medium handelt: Ein gut formuliertes, fehlerfreies Anschreiben muss in E-Mails so selbstverständlich sein wie bei der klassischen Bewerbung. Bewerber sollten online dieselben Regeln befolgen wie bei dem Anschreiben der Papier-Bewerbung. Immer wieder kommt es vor, dass Bewerbungen per E-Mail nicht an einen konkreten Ansprechpartner, sondern an Sammeladressen wie info@xyz.de gesendet werden. Besser ist, vorab den richtigen Ansprechpartner zu recherchieren, etwa durch einen Telefonanruf beim Unternehmen. Wichtig ist außerdem, dass aus der Betreffzeile hervorgeht, dass es sich um eine Bewerbung handelt. Die eigene E-Mail-Adresse sollte aussagekräftig und seriös sein.

Auch beim Format der Anhänge ist einiges zu beachten: Für das Versenden der Unterlagen eignen sich die Formate Word und PDF. Die Dateien im Anhang müssen genauso geordnet werden wie in der klassischen Bewerbungsmappe. Zeugnisse, Zertifikate und weitere Unterlagen werden am besten jeweils in ein PDF gepackt, um den Personalentscheidern zu ersparen, sich durch zig Anhänge zu klicken. Die Anhänge sollten nicht größer als zwei Megabyte sein.

Wer verhindern will, dass der Text der E-Mail beim Adressaten anders ankommt, als man ihn formatiert hat, verwendet am besten das Textformat und setzt abgesehen von Absätzen keine weiteren Zeilenumbrüche.

Online-Formulare

Manche Unternehmen bieten auf ihren Karriereseiten Bewerbungsformulare an. Interessierte

Die Welt braucht Zeichen.
Und Menschen, die sie setzen.

Diese Menschen finden Sie bei uns. Sie prägen die Zukunft mit sicheren und nachhaltigen Lösungen im Spannungsfeld von Mensch, Umwelt und Technik. Eindrucksvoll – an über 490 Standorten in 61 Ländern. Hoch qualifiziert – als Ingenieure, Naturwissenschaftler, Wirtschaftswissenschaftler, Ärzte oder Informatiker und Pädagogen. Wir trauen Ihnen zu, dass auch Sie bei uns ganz viel erreichen werden als

Zukunftsdesigner (w/m)

Sie sind hoch motiviert und wollen an Aufgaben und Herausforderungen wachsen. Genau richtig, denn Sie haben ein klares Ziel: mehr Verantwortung. Und dabei unterstützen wir Sie langfristig mit attraktiven Weiterbildungsprogrammen und Coachings.
Willkommen im Team derer, die auch im Job sichtbare Spuren hinterlassen.
design your future – www.tuv.com/jobs · www.facebook.com/tuevkarriere

Die Bewerbung

sollten sie auf jeden Fall nutzen, da hierauf die Prozesse im Unternehmen ausgerichtet sind. Manchmal verleiten diese Formblätter zu einem lapidaren Umgang. Doch selbstverständlich sollte man das Online-Formular genauso gründlich und gewissenhaft bearbeiten wie eine Bewerbung auf Papier. Häufig stellen diese aber nur begrenzten Raum zur Verfügung, sodass sich der Bewerber seine Formulierungen umso gründlicher überlegen muss.

Bewerber-Datenbanken

Eine weitere Möglichkeit der Online-Bewerbung ist der Eintrag in eine Bewerber-Datenbank. Hiermit erreicht man eine Vielzahl von Arbeitgebern. Denn Personal suchende Unternehmen oder – je nach Geschäftsmodell – Datenbankanbieter vergleichen regelmäßig die gespeicherten persönlichen Profile mit den vorliegenden Anforderungsprofilen von zu besetzenden Stellen. Werden übereinstimmende Profile gefunden, nimmt der Anbieter oder das rekrutierende Unternehmen Kontakt zu den Kandidaten auf.

Web-Check: Bewerbung per Video >>>>>>>>>>

Ein Bewerbungsvideo ist in Deutschland noch eine Randerscheinung. In den USA und Großbritannien aber schon weiter verbreitet. Ein Video kann die Angaben auf der eigenen Homepage ergänzen oder direkt an Unternehmen geschickt werden. Geeignet sind sie für Jobs, bei denen es auf Charisma und Ausstrahlung ankommt, und für Tätigkeiten mit vielen Kundenkontakten. Eine Checkliste für das Erstellen eines Bewerbungsvideos gibt es unter staufenbiel.de/ingenieure.
<<<<<<<<<<<<<<<<<<<<<<<<<<<<<<

>> Bewerbung 2.0

Die Bedeutung der Business- und Social-Media-Netzwerke steigt kontinuierlich. Xing, Facebook, StudiVZ oder Twitter können sich über immens steigende Mitgliederzahlen freuen. Und immer mehr Personalverantwortliche entdecken das Thema für sich. Das spiegelt sich auch in der Studie Staufenbiel JobTrends Deutschland 2011 wider. Zwei Drittel der befragten Unternehmen nutzen demnach bereits Social-Media-Dienste.

Dabei dienen die sozialen Netzwerke vor allem dem Employer Branding und der Stellenausschreibung. Nur jedes zehnte Unternehmen sucht in den sozialen Netzwerken nach Bewerberinfomationen. Die meistgenutzten Netzwerke sind Xing, Facebook und Twitter.

Richtig genutzt, bieten sich Vorteile für Bewerber und Unternehmen gleichermaßen. War das Netz früher noch stärker auf Recherche und das Versenden von E-Mails ausgelegt, wandelt sich seine Rolle durch das Social Web. Immer mehr geht es nun auch darum, eigene Inhalte online zu stellen und Netzwerke aufzubauen. Zwar handelt es sich um private Netzwerke, doch für das Berufsleben interessante und hilfreiche Kontakte lassen sich dennoch knüpfen.

Studenten und Absolventenhaben haben hier die Möglichkeit, sich Arbeitgebern zu präsentieren oder sich in Foren für Ingenieure über relevante Themen zu informieren. Dabei gilt, wie immer im Web: Gut abwägen, welche Informationen und Inhalte man online stellt und wer darauf Zugriff hat.

Eigene Homepage

Eine gelungene Selbstpräsentation und der Aufbau von geschäftlichen Kontakten und Netzwerken können Türen zu attraktiven Jobs öffnen. Das Profil kann in einem Online-Netzwerk oder auf einer eigenen Website veröffentlicht werden. Aber auch die eigene Homepage sollte in einem Netzwerk gut sichtbar verlinkt sein, damit es die gewünschte Wirkung erzielt.

Doch gleich, wo das Profil veröffentlicht wird – auf die Erstellung des Profils sollten Absolventen so viel Sorgfalt verwenden wie beim Anschreiben in der Bewerbung. Unternehmen und Personaler erwarten eine seriöse Darstellung des Bewerbers.

Online Reputation Management

Wichtig ist wichtig, das eigene Online-Profil gezielt mit relevanten Daten zu füllen und so auf eine positive Online-Reputation hinzuarbeiten. Wer im Netz Fotos von sich selbst entdeckt, die auf lange zurückliegenden, feuchtfröhlichen Feiern aufgenommen wurden, weiß: Das Internet vergisst nichts. Und auch manche Personaler nutzen das Web dazu, Informationen über Bewerber und Absolventen zu recherchieren. Daher sollte man gut darauf achten, welche Inhalte man über sich preisgibt.

Online Reputation Management ist gefragt: Wer sich selbst googelt, kann eine Bestandsaufnahme davon machen, was im Netz aktuell über ihn zu finden ist. Sollte sich dazwischen die eine oder andere Peinlichkeit verstecken, gibt es Möglichkeiten, diese Inhalte zu entfernen. Das funktioniert etwa, indem man den Betreiber oder Urheber der Webseite selbst bittet, den Eintrag zu entfernen. Auch ein externer Dienstleister kann den Online-Ruf überwachen und aufpolieren. Das kann allerdings teuer werden.

Online-Reputation >>>>>>>>>>>>>>>>>>>>>>

Wie überprüfen Unternehmen die Online-Reputation von Bewerbern?

- Den Namen googeln
- Zielgerichtete Suche in sozialen Netzwerken
- Wir überprüfen die Online-Reputation nicht

0   10   20   30   40   50   60   70   80   90   100 %
Mehrfachnennung möglich

staufenbiel *JobTrends Deutschland* **2011**

Virtuelle Visitenkarte

In Business-Netzwerken können sich Absolventen interessanten Arbeitgebern empfehlen. Ein seriöses Profil und ein mit Sorgfalt erstellter Lebenslauf ergeben die virtuelle Visitenkarte. Auf sie kann außerdem verweisen, wer auf Recruiting-Veranstaltungen und Hochschulmessen Kontakte zu Arbeitgebern knüpfen möchte.

Der nächste Schritt, um das Bewerber-Profil im Netz zu schärfen, kann die Aktivität in Gruppen, Blogs und Foren für Ingenieure sein. Hier bietet sich nicht nur die Möglichkeit, weitere Kontakte zu knüpfen, sondern sich auch über die für die Branche interessanten Themen zu informieren und auszutauschen. Auch die aktive, sachliche Beteiligung an Diskussionen kann die Aufmerksamkeit von Personalern wecken.

Am Online-Image basteln >>>>>>>>>>>>>>>>>>

Tipps, wie das Internet nicht zur Karrierefalle wird, gibt es unter staufenbiel.de/karrieremagazin.
<<<<<<<<<<<<<<<<<<<<<<<<<<<<<<<<<<

Die Bewerbung

>> Das Vorstellungsgespräch

Die erste Hürde ist geschafft. Der Personalverantwortliche ist bereits von der fachlichen Qualifikation des Bewerbers überzeugt, im Vorstellungsgespräch geht es nun um das gegenseitige Kennenlernen. Das Bewerbungsinterview ist als Informationsaustausch zu verstehen und sollte als echter Dialog geführt werden. Es geht um eine wichtige Entscheidung, die mit einigen Risiken verbunden ist. Das gilt für das Unternehmen wie für den Bewerber.

Der Personalentscheider versucht herauszufinden, ob der Bewerber fachlich und persönlich in das Unternehmen passt. Der Bewerber wiederum erhält weitere Informationen zu der zu besetzenden Position und Einblick in die Unternehmenskultur. Ganz konkret erlebt er etwa den vorherrschenden Umgangston, die Kleiderordnung oder die Räumlichkeiten. Jedes Vorstellungsgespräch hat einen individuellen Charakter und wird von den verschiedensten Faktoren beeinflusst.

Welches Outfit ist angemessen? >>>>>>>>>>>

Zur guten Vorbereitung gehören auch Überlegungen über das richtige Outfit. Die Kleidung muss einen gepflegten Eindruck hinterlassen und man muss sich darin wohl fühlen. Die Wahl hängt selbstverständlich auch davon ab, bei welchem Unternehmen ein Kandidat sich vorstellt und für welche Stelle er sich bewirbt. Einen guten Anhaltspunkt bieten Mitarbeiter, die bereits in einer vergleichbaren Position arbeiten.
<<<<<<<<<<<<<<<<<<<<<<<<<<<<<<<<<<<<<<<<

Ein Standard im Bewerbungsgespräch ist das Erläutern des eigenen Lebenslaufs. Dieser sollte flüssig wiedergegeben werden können und mit den Angaben in der Bewerbungsmappe übereinstimmen. Es ist sinnvoll, eine Kurz- und eine Langfassung (maximal 20 Minuten) einzuüben. Außerdem sind im Vorstellungsgespräch Fragen üblich, die das Unternehmen, seine Märkte und Produkte betreffen. Wer während des Gesprächs sein Interesse an Auslandseinsätzen betont, sollte über internationale Aktivitäten des Unternehmens Bescheid wissen.

Körpersprache lügt nicht >>>>>>>>>>>>>>>>>

Im Vorstellungsgespräch müssen Kandidaten nicht nur verbal überzeugen. Personalverantwortliche achten auch auf die Körpersprache. Denn die Art, wie man steht, sitzt oder geht, ist die ureigenste Visitenkarte. Bleibt der Kandidat schüchtern in der Türschwelle stehen, erweckt er den Eindruck, am liebsten gleich wieder flüchten zu wollen. Spielt er während des gesamten Gesprächs nervös mit dem Kugelschreiber, wird dies ebenfalls negativ bewertet. Sitzt der Bewerber hingegen aufrecht und schaut seinem Gesprächspartner in die Augen, wirkt er selbstbewusst und angenehm. Am besten beobachten Bewerber mal ganz bewusst, wie sie in welchen Situationen reagieren. So werden die eigenen Macken offensichtlich – und man kann lernen, damit umzugehen.
<<<<<<<<<<<<<<<<<<<<<<<<<<<<<<<<<<<<<<<<

Das Vorstellungsgespräch vorbereiten

Neben den Informationen zum Unternehmen gehört zur Vorbereitung auf das Vorstellungsgespräch auch, dass die Bewerber sich Gedanken über die ausgeschriebene Stelle machen und eine präzise Vorstellung von der Position entwickeln. Es ist sinnvoll, noch einmal zu prüfen, welche Unterlagen an das Unternehmen geschickt wurden. Auch die eigenen Zielvorstellungen sollte man sich nochmals vor Augen führen.

Web-Check: Lexikon der Körpersprache >>>>>>>>

Was verrät Körpersprache? Das Lexikon der Körpersprache gibt die Antwort. Zu finden ist es bei den Checklisten unter **staufenbiel.de/ingenieure**.
<<<<<<<<<<<<<<<<<<<<<<<<<<<<<<<<<<<<<<<<

Während des Interviews sollten Bewerber darauf achten, nicht zu viel, aber auch nicht zu wenig zu reden. Beides ist für den Gesprächspartner anstrengend und nicht überzeugend. Es gibt allerdings keine Mustervorlagen für Vorstellungsgespräche. Manchmal werden standardisierte Interviewleitfäden verwendet, meist entwickeln sich die

Gespräche jedoch frei nach einem vorbereiteten Fragenkatalog. Der Lebenslauf des Bewerbers bietet oft die Grundlage des Dialogs. Wie ausführlich er referiert werden soll, signalisieren meistens die Gesprächspartner. Weitere Themen sind:

- bisheriger Werdegang (Schule, Studium, Praktika)
- Gründe für die Berufswahl
- Motive für die Bewerbung
- fachliche Schwerpunkte
- Aktivitäten im außeruniversitären Bereich
- praktische Tätigkeiten
- Einstellung zu Arbeit, Erfolg, Leistung
- Mobilität
- zwischenmenschliche Beziehungen
- Stärken/Schwächen
- Zukunftspläne, Interesse an Weiterbildung
- Gehaltsvorstellungen.

Im Gespräch sollte der Bewerber auf Fragen zum bisherigen Werdegang und den damit verbundenen Entscheidungen vorbereitet sein. Die Frage, welche Ziele er sich für die Zukunft vorgenommen hat, darf ihn ebenso wenig überraschen. Den Personalchef interessiert auch, was er von der Position erwartet und damit verbindet. Oft wird der Interessent aufgefordert, das Thema seiner Abschlussarbeit und die Aufgaben der absolvierten Praktika oder sein Engagement im außeruniversitären Bereich zu erläutern. Und gerade international agierende Unternehmen führen ein Teil des Vorstellungsgesprächs oft auf Englisch.

Stressfragen

Manche Personaler wollen die Kritikfähigkeit und Stressbelastungen eines Bewerbers im Vorstellungsgespräch testen und wenden sogenannte Stressfragen an. Beispiele hierfür sind:

- Was spricht gegen Sie als Bewerber?
- Woher kommen die Lücken in Ihrem Lebenslauf?
- Was sind Ihre Schwächen?
- Wie lange sind Sie schon auf Jobsuche?
- Wieso sollten wir gerade Sie einstellen?

Es gibt noch wesentlich mehr unangenehme Fragen, aber sie haben alle eins gemeinsam: Der Kandidat soll ein wenig aus dem Konzept gebracht werden. Aber darauf kann er sich vorbereiten. Am besten trainiert er zu Hause passende Antworten. Denn je besser die Vorbereitung, desto geringer der Stresspegel.

Insgesamt möchte der Arbeitgeber durch das Gespräch die Teamorientierung, Kontaktfähigkeit und Einsatzbereitschaft des Bewerbers besser einschätzen. Auch über Qualitäten wie den sprachlichen Ausdruck oder das Konzentrations- und Differenzierungsvermögen gibt das Interview Aufschluss. Für den Bewerber ist wichtig, einen genauen Eindruck vom Unternehmen und der zukünftigen Aufgabe zu gewinnen. Wer im Gespräch durch seine Fragen ernsthaftes Interesse vermittelt, sammelt Pluspunkte.

Mögliche Fragen des Bewerbers >>>>>>>>>>>>

- Wie ist die Abteilung organisiert, in der die Stelle angesiedelt ist?
- Wie sieht das künftige Aufgabengebiet konkret aus?
- Welche Verantwortung und welche Entscheidungsbefugnisse sind damit verbunden?
- Wie ist die künftige Position in die Führungsstruktur des Unternehmens eingebunden?
- Wie sehen die Arbeitsbedingungen und die Anforderungen des Arbeitsplatzes aus?
- Wie ist es im Unternehmen um die Personalentwicklung bestellt?

<<<<<<<<<<<<<<<<<<<<<<<<<<<<<<<<<<<<<

Häufig müssen Bewerber zwei Gespräche führen: eines mit der Personal- und eines mit der Fachabteilung. Bei der Studie Staufenbiel JobTrends Deutschland 2011 gaben 83 Prozent der befragten Unternehmen an, Bewerbergespräche mit der Fach- und der Personalabteilung zu führen. Oft finden beide Gespräche am gleichen Tag statt.

Beim Interview mit der Personalabteilung geht es in erster Linie um die persönliche Qualifikation. Hier werden Themen wie Arbeitsvertrag, Gehalt und Einstiegsposition behandelt. Aus der Fachabteilung führt der spätere Vorgesetzte das

Gespräch. Ihn interessieren vor allem die fachliche und auch die persönliche Qualifikation. Deshalb sollten Bewerber auch auf Detailfragen, zum Beispiel zur Abschlussarbeit, vorbereitet sein.

Art des Auswahlverfahrens >>>>>>>>>>>>>>>

- Bewerbergespräch mit der Fach- und Personalabt.
- Telefoninterview
- Strukturiertes Interview
- Assessment Center (AC)
- Bewerbergespräch nur mit der Fachabteilung
- Fallstudien
- Bewerbertag/Workshop
- Persönlichkeitstests
- Sonstige

0 10 20 30 40 50 60 70 80 90 100 %
Mehrfachnennung möglich

staufenbiel JobTrends Deutschland 2011

Die Gespräche können mehrere Stunden dauern. Werden zusätzlich Testverfahren oder ein Assessment Center eingesetzt, muss man mit ein bis zwei Tagen rechnen. Bei der Anreise zum Vorstellungsgespräch sollten Kandidaten reichlich Zeit einplanen. Denn Unpünktlichkeit bringt Minuspunkte.

Selbstverständlich darf auch der Bewerber erwarten, dass sein Gesprächspartner pünktlich erscheint. Die Art und Weise, wie ein Unternehmen die Kandidaten empfängt und mit ihnen umgeht (etwa bei der Erstattung der Reisekosten), sagt viel über die Arbeitsatmosphäre in der Firma aus.

Die im Rahmen der Studie Staufenbiel JobTrends Deutschland 2011 befragten Unternehmen erhielten im Jahr 2010 über 191 000 Bewerbungen von Absolventen aller Fachbereiche. Die Unterlagen von etwa 21 000 Bewerbern überzeugten und führten zu einer Einladung zum Vorstellungsgespräch. Damit nimmt etwa jeder zehnte Kandidat die erste Hürde des Bewerbungsprozesses. Fast jeder fünfte der eingeladenen Bewerber war im Vorstellungsgespräch erfolgreich und erhielt daraufhin einen Arbeitsvertrag.

Webflimmern auf staufenbiel.de >>>>>>>>>>>>

Was wichtig im Bewerbungsprozess ist, zeigen unsere Videocasts. Anschauen können Sie sie unter **staufenbiel.de/vodcasts**.
<<<<<<<<<<<<<<<<<<<<<<<<<<<<<<<<<<<<<<

>> Das Assessment Center

Assessment Center (AC) sind bei den Unternehmen nach wie vor ein beliebtes Auswahlinstrument – wenn auch die Relevanz bei der Personalauswahl von Ingenieuren in den letzten Jahren abgenommen hat.

Das Assessment Center ist eine Kombination verschiedener Verhaltens- und Arbeitsproben und unterscheidet sich von herkömmlichen Testverfahren und Vorstellungsgesprächen. Typische Elemente sind:

- Gruppenarbeit: Es werden häufig Aufgaben in Gruppen von sechs bis zwölf Teilnehmern bearbeitet.
- Beobachtung: Drei bis sechs Beobachter schätzen die Leistungen der Teilnehmer ein.
- Übungen: Die Übungen sind meist praxisnah und entsprechen den Anforderungen der jeweiligen Stelle.
- Problemlösungsfähigkeit: Von den Teilnehmern werden konkrete Problemlösungen verlangt. Es zählt, was man tut, und nicht, was man tun würde, wenn...
- Verhalten: Die Beobachter registrieren Verhaltenshäufigkeiten. Wer sich zurückhält und passiv ist, kann im AC nicht punkten.
- Information: Den Auftakt bilden oft Firmenpräsentationen und Informationen über Anfangs- und Zielpositionen sowie die speziellen Einarbeitungsmaßnahmen.

Mehrere Beobachter

Unternehmen entscheiden sich unter anderem für die Durchführung eines Assessment Centers, um Bewerber besser miteinander vergleichen zu können. Ziel ist, die Kandidaten in Situationen zu beobachten, die die Anforderungen der künftigen Aufgabe so gut wie möglich abbilden. Natürlich steht auch das bessere Kennenlernen im Vordergrund, um entscheiden zu können, ob der Bewerber ins Team passt. Auch Führungs- und Konfliktfähigkeit sowie der Umgang mit Stresssituationen werden getestet. Um eine möglichst objektive Entscheidung treffen zu können, sind meist mehrere Beobachter anwesend.

Jobangebote

Das Karriere-Handbuch Staufenbiel *Ingenieure* 2011 enthält zahlreiche spannende Stellenangebote von renommierten Unternehmen für Absolventen. Wir empfehlen, zunächst telefonisch Kontakt mit interessanten Arbeitgebern aufzunehmen. Beziehen Sie sich bei Ihrer Bewerbung immer auf die Anzeigen in diesem Buch. Viel Erfolg bei der Bewerbung!

Der Auswahlprozess durch ein Assessment Center hat nicht nur für das Unternehmen Vorteile. Auch der Bewerber kann profitieren. Der Vorteil für ihn ist, dass seine Einstellung nicht allein vom Vorstellungsgespräch abhängt. Er hat die Chance, sich in verschiedenen Situationen zu präsentieren und kann einen direkten Vergleich zu seinen Mitbewerbern ziehen.

Was wird getestet?

Im Assessment Center prüfen Unternehmen ihre Bewerber auf Arbeitsökonomie, Kreativität und Durchsetzungsfähigkeit. Um das herauszufinden, nehmen die Kandidaten an unterschiedlichen Übungen teil, die jeweils 15 bis 90 Minuten dauern. Wichtige Merkmale werden mehrmals beurteilt, sodass eine schwächere Teilleistung in anderen Übungen relativiert werden kann. Am Ende jedes Assessment Centers bewerten alle Beobachter gemeinsam die einzelnen Kandidaten.

Bei Fallstudien geht es etwa um Originalität, Kreativität und analytisches Denken. Präsentationen dienen dazu, herauszufinden, wie sich Bewerber ausdrücken und ob sie in der Lage sind, Themen systematisch darzustellen. Um fachliche Qualifikationen zu überprüfen, stehen Planspiele und Präsentationen oft in engem Zusammenhang mit der zu vergebenden Stelle. Deshalb sind häufig auch Vertreter der Fachabteilungen als Beobachter dabei.

Assessment-Center-Quiz

Das Karriereportal **staufenbiel.de** bietet eine Fülle aktueller Informationen zu Fragen der Bewerbung. Im Assessment-Center-Quiz unter **staufenbiel.de/assessmentcenter** können Bewerber ihr Wissen testen. In der Rubrik „Online-Assessment-Center" gibt es Tipps zum E-Assessment.

Vorbereitung auf das Assessment Center

Assessment Center unterscheiden sich je nach Unternehmen und Stelle. Aus diesem Grund gibt es keine Standardlösung für die Vorbereitung. Bewerber sollten jedoch auf keinen Fall unvorbereitet teilnehmen. Wer einige Tipps befolgt, kann dem AC mit Selbstvertrauen entgegensehen.

Oft sind die Ergebnisse des ersten Assessment Centers bei vielen Kandidaten nicht die besten. Dies kann unterschiedliche Gründe haben. Viele Bewerber sind von der ungewohnten Aufgabenstruktur und Zielsetzung der einzelnen Übungstypen überrascht. Dazu kommt die Nervosität; manche Kandidaten sind dann nicht mehr in der Lage, klare Gedanken zu fassen und sich natürlich zu geben.

Beim zweiten Assessment Center sind die meisten Bewerber schon gelassener. Oft variieren die Ergebnisse zwischen der ersten und zweiten Teilnahme an einem AC am stärksten. Bei weiteren Teilnahmen ändern sich die Ergebnisse nur noch marginal – es sei denn, es erfolgte ein spezielles Training in den Bereichen, in denen der Kandidat Schwächen gezeigt hat.

Unternehmen sind daran interessiert, eine möglichst faire und transparente Beurteilung der Kandidaten zu erreichen. Deswegen versuchen sie, den Teilnehmern die erste Nervosität und Unsicherheit zu nehmen. Wer zu einem AC eingeladen wird, kann sich ohnehin bereits zu den Top-Bewerbern zählen und den Aufgaben voller Selbstvertrauen entgegensehen.

AC: Telefonisch informieren >>>>>>>>>>>>>

Wenn die Einladung zum Assessment Center keine Informationen über Ablauf, Übungen und Zielsetzungen enthält, lohnt es sich, in der Personalabteilung nachzufragen. Viele Firmen verschicken Merkblätter oder geben telefonisch Auskunft.

<<<<<<<<<<<<<<<<<<<<<<<<<<<<<<<<<

Genauso wichtig wie die Vorbereitung auf Übungen und Zielsetzungen ist, die zu besetzende Stelle zu analysieren. Im Optimalfall stellen Unternehmen die einzelnen Aufgaben im Hinblick auf die zu besetzende Position und das damit verbundene Anforderungsprofil zusammen. Kandidaten, die sich gut über die Firmenstruktur informiert haben, sind deshalb im Vorteil.

Welche Übungen zum Einsatz kommen, hängt außerdem davon ab, ob ein Gruppenauswahlverfahren oder ein Einzel-Assessment durchgeführt wird. Nachwuchskräfte können tendenziell eher mit einem Gruppenauswahlverfahren rechnen. Will man sich auf ein Assessment Center vorbereiten, ist es hilfreich, verschiedene Übungen in einer interdisziplinären Gruppe durchzuspielen. Wenn etwa bei einem Probevortrag der Übung „Persönliche Vorstellung" Schwachstellen auftreten, ist ein Rhetorikkurs empfehlenswert.

Web-Check: Soft Skills im AC >>>>>>>>>>>>>>

Die Checkliste unter **staufenbiel.de/ingenieure** zeigt, wie man im Assessment Center seine Soft Skills unter Beweis stellt.

<<<<<<<<<<<<<<<<<<<<<<<<<<<<<<<<<

>> Der Arbeitsvertrag

Grundsätzlich gibt es drei Varianten für den Arbeitsvertrag: den Anstellungsvertrag auf Probe sowie den unbefristeten oder befristeten Arbeitsvertrag jeweils mit der Möglichkeit einer Probezeit. Die Mindestanforderungen für alle Vereinbarungen ergeben sich aus EU-Verordnungen, nationalen Gesetzen und Tarifverträgen. Das Gehaltsgefüge ist meist in Tarifverträgen festgehalten. Manteltarifverträge regeln Arbeitszeit, Urlaub oder Sonderleistungen. Alles, was davon zu Ungunsten der Arbeitnehmerseite abweicht, ist ungültig. So beträgt in Deutschland der Anspruch auf Urlaub mindestens 24 Tage im Jahr (bezogen auf die Sechs-Tage-Woche).

Das gilt für alle Beschäftigte nach deutschem Recht. Hierzu zählen auch Personen, die zwar einen Vertrag nach deutschem Recht haben, jedoch ins Ausland entsendet werden. Vorrang haben die Vereinbarungen mit den Arbeitgebern, die für die Arbeitnehmer günstiger ausfallen.

Der Anstellungsvertrag auf Probe

Der Anstellungsvertrag auf Probe gilt normalerweise bis zum Ende der vereinbarten Erprobungszeit. Anschließend muss ein neuer – meist ist es ein unbefristeter – Arbeitsvertrag geschlossen werden.

Wann gilt der Kündigungsschutz? >>>>>>>>>>>>

Auch ohne Probezeit kann die Arbeitgeberseite in den ersten sechs Monaten der Beschäftigung kündigen, da das Kündigungsschutzgesetz noch nicht anwendbar ist. Die Kündigung muss fristgerecht und in jedem Fall schriftlich erfolgen. Ein Betriebsrat ist in jedem Fall anzuhören – auch bei einer Kündigung in der Probezeit.

<<<<<<<<<<<<<<<<<<<<<<<<<<<<<<<<<

Unbefristeter Arbeitsvertrag mit Probezeit

Ein unbefristeter Arbeitsvertrag enthält meist eine Probezeit von drei oder sechs Monaten. In dieser Zeit können beide Seiten ohne Angabe von Gründen kündigen. Eine Verlängerung der

Probezeit von drei auf maximal sechs Monate ist möglich. Die Kündigungsfrist beträgt in der Probezeit meist vier Wochen zum Monatsende. Die gesetzliche Frist während der Probezeit liegt bei zwei Wochen. Nach der Probezeit geht das Arbeitsverhältnis ohne neuen Vertrag in eine unbefristete Anstellung über, sofern die Probezeit nicht vertraglich verlängert wurde.

Kündigung bei Krankheit >>>>>>>>>>>>>>>>>>

Bei einer Kündigung in der Probezeit und gleichzeitiger Krankheit muss die Arbeitgeberseite ausnahmsweise die Kündigungsgründe angeben, da sonst vermutet wird, dass die Kündigung nur wegen der Krankheit erfolgt.

<<<<<<<<<<<<<<<<<<<<<<<<<<<<<<<<<

Befristeter Arbeitsvertrag

Neue Stellen können laut Teilzeit- und Befristungsgesetz bis zu zwei Jahre befristet und innerhalb dieser Zeit dreimal verlängert werden. In den ersten vier Jahren nach Unternehmensgründung ist sogar eine sachgrundlose Befristung von bis zu vier Jahren zulässig. Die Möglichkeit der Befristung nehmen immer mehr Unternehmen wahr. Das gilt für alle Branchen und Hierarchie-Ebenen. Die Arbeitgeber können sich so flexibler den Bedingungen des Marktes anpassen. Außerdem sind sie interessiert, das neue Personal über einen längeren Zeitraum zu beobachten und sich ohne Komplikationen von ihm trennen zu können, falls es die Erwartungen nicht erfüllt.

Befristete Arbeitsverträge sind entweder zeit- oder sachgrundbefristet. Die zeitlich befristete Variante wird auf einen Endtermin abgeschlossen und endet ohne gesonderte Kündigung. Bei der Zweckbefristung ist die Dauer der Anstellung nicht kalendermäßig bestimmt, sondern hängt vom Eintreten eines bestimmten Ereignisses ab – etwa von der Rückkehr eines langfristig erkrankten Mitarbeiters. Hier kann die Befristung durchaus länger als zwei Jahre dauern. Auch die Zahl der Verlängerungen ist nicht begrenzt.

Sieht der Vertrag während der Befristung nicht ausdrücklich eine Kündigungsmöglichkeit vor, kann der Vertrag während der Befristung nur einvernehmlich oder aus wichtigem Grund beendet werden.

Inhalte des Arbeitsvertrags

Im Arbeitsvertrag einigen sich die Vertragsparteien über gegenseitige Rechte und Pflichten. Grundsätzlich kann alles im Arbeitsvertrag festgehalten werden, was sich auf das künftige Arbeitsverhältnis bezieht. Im Arbeitsvertrag sind mindestens die folgenden Angaben festzuhalten. Ein Verweis auf einen Tarifvertrag ist dabei zulässig.
- Name und Anschrift der Vertragspartner
- Art der Tätigkeit und Aufgabengebiet
- Arbeitsort
- Eintrittstermin
- bei befristeten Verträgen: vorhersehbare Dauer des Arbeitsverhältnisses
- Probezeit
- Zusammensetzung und Höhe des Arbeitsentgelts und Fälligkeit
- Arbeitszeit
- Urlaubsregelung
- Kündigungsfristen
- Nebenleistungen und Nebentätigkeiten.

Name und Anschrift der Vertragspartner

Die Namen der Vertragsparteien müssen eindeutig genannt werden. Sonst kann es bei möglichen Auseinandersetzungen unter Umständen zu Schwierigkeiten kommen. Gerade bei Großunternehmen kommt es auf die genaue Firmierung an. Die vollständige Anschrift der Vertragspartner und der Arbeitsort sollten ebenfalls angegeben werden.

Art der Tätigkeit und Aufgabengebiet

Ein weiterer wesentlicher Bestandteil des Arbeitsvertrags ist die Beschreibung der Tätigkeit und des Aufgabengebiets. Auch die Tätigkeitsbezeichnung, die Stellung in der betrieblichen Hierarchie sowie Regelungen zu Handlungsvollmacht und

Prokura sollten im Vertrag aufgeführt sein. Je enger die Tätigkeit beschrieben wird, desto weniger Spielraum hat ein Unternehmen, den Beschäftigten auch andere Aufgaben zu übertragen.

Häufig sind im Vertrag Formulierungen festgehalten wie: „Wir behalten uns vor, Ihnen auch im Rahmen Ihrer Vorbildung und Kenntnisse eine andere Tätigkeit zu übertragen und das Aufgabengebiet und die Unterstellung aus organisatorischen Gründen zu ändern." Eine solche Aufgabenänderung oder Versetzung bedarf der Mitbestimmung des Betriebsrats, sofern es sich nicht um leitende Angestellte handelt. Häufig wird die Standardformulierung eingeschränkt durch den Zusatz: „Sollte mit der Änderung ein Wohnortwechsel verbunden sein, bedarf die Versetzung Ihrer Zustimmung."

Der Eintrittstermin

Auch der Eintrittstermin mit konkretem Datum wird im Arbeitsvertrag festgehalten. Oft kann ein Eintrittstermin zum Zeitpunkt des Vertragsabschlusses noch nicht eindeutig festgelegt werden – wenn zum Beispiel die Examensprüfung noch nicht abgelegt ist. Hier heißt es oft: „Als Eintrittstermin wurde der 01.04. oder früher vereinbart" oder „Eintrittstermin ist der 01.04., spätestens jedoch am 01.07. nimmt Herr/Frau X seine/ihre Tätigkeit auf."

Das Gehalt

Der Arbeitsvertrag legt außerdem die Höhe der Bezüge und den Auszahlungsmodus fest. Vereinbarungen zu Gehalt, Urlaubs- und Weihnachtsgeld sowie zu vermögenswirksamen Leistungen (VL) oder einer betrieblichen Altersversorgung (bAV) werden in Tarifverträgen geregelt, wenn der Arbeitgeber Mitglied eines Arbeitgeberverbands ist. Leistungen, die nicht tarifvertraglich geregelt sind (etwa Aktienoptionen), müssen explizit aufgeführt werden.

Wenn die Vertragspartner nicht tariflich gebunden sind, kann die Gültigkeit des Tarifvertrags vereinbart werden. In Wirtschaftszweigen ohne Tarifverträge sind individuelle Regelungen im Vertrag festzulegen. Gibt es keine gesonderte Vereinbarung, beträgt die Gehaltsfortzahlung im Krankheitsfall insgesamt sechs Wochen (gesetzliche Regelung). Bei außertariflicher Einstufung ist es üblich, ein Jahreseinkommen im Arbeitsvertrag festzuschreiben: „Frau/Herr A erhält ein Jahresgehalt von 48 000 Euro, das in zwölf gleichen Teilbeträgen in Höhe von 4 000 Euro am Ende des jeweiligen Monats ausgezahlt wird." Oft wird nach der Probezeit ein höheres Gehalt in Aussicht gestellt – dies und auch der künftige Betrag sollten vermerkt sein.

Vergütung von Dienstreisen? >>>>>>>>>>>>>

Nehmen Beschäftigte auswärtige Termine wahr, ist nur die übliche Arbeitszeit zu vergüten. Dementsprechend sollten zu Dienstreisen klare Regelungen aufgenommen werden.

<<<<<<<<<<<<<<<<<<<<<<<<<<<<<<<

Die Arbeitszeit

Die wöchentliche Arbeitszeit richtet sich meist nach tarifvertraglichen Bestimmungen oder der Festschreibung im individuellen Vertrag. Man sollte darauf achten, dass auch Regelungen für Mehrarbeit und angeordnete Überstunden und deren Vergütung festgehalten werden. Außertariflich entlohnte Arbeitnehmer werden für Überstunden meist nicht oder nur eingeschränkt extra bezahlt. Es muss jedoch aus dem Vertrag erkennbar sein, wie viel Mehrarbeit maximal mit dem Gehalt abgedeckt ist.

Kosten für Weiterbildung >>>>>>>>>>>>>>

Oft übernimmt der Arbeitgeber Kosten der Weiterbildung. Klauseln, mit denen er einen Teil der Kosten zurückverlangen kann, wenn der Arbeitnehmer ausscheidet, sind nur wirksam, wenn sie eindeutig und angemessen sind.

<<<<<<<<<<<<<<<<<<<<<<<<<<<<<<<

Die Urlaubsregelung

Der Urlaubsanspruch ist meist tarifvertraglich geregelt. Die Urlaubstage sollten in Arbeitstagen (nicht Werktagen) angegeben werden. Je nach Alter und Tarifbereich oder Branchenzugehörigkeit sind 27 bis 30 Arbeitstage im Jahr üblich. Falls es keine tarifliche Regelung gibt, sollte das Thema Urlaub im Vertrag behandelt werden.

Kündigungsfristen und Nebentätigkeiten

Sind die Kündigungsfristen nicht im Arbeitsvertrag geregelt, dann gelten (falls für das Arbeitsverhältnis kein Tarifvertrag gilt) gesetzliche Fristen. Die gesetzliche Kündigungsfrist beträgt in den ersten zwei Jahren vier Wochen zur Mitte oder zum Ende eines Kalendermonats. Mit längerer Betriebszugehörigkeit verlängert sich auch die Kündigungsfrist für die Arbeitgeberseite. Üblich ist, dass die Verlängerung der Kündigungsfrist vertraglich auch für die Arbeitnehmerseite festgelegt wird.

Nebentätigkeiten muss das Unternehmen ausdrücklich genehmigen. Das gilt auch für Veröffentlichungen und Vorträge. Die Arbeitgeberseite kann nach der Rechtsprechung die Zustimmung nur verweigern, wenn durch die Nebentätigkeit die Arbeitsleistung beeinträchtigt oder das Arbeitszeitgesetz verletzt wird.

Viele Verträge sehen eine Schweigepflicht über betriebliche Geheimnisse vor – auch nach dem Ausscheiden. Eine im Vertrag geschlossene Wettbewerbsvereinbarung darf nur Gültigkeitsdauer, Anwendungsbereich und Gegenstand enthalten. Sonst ist sie ungültig.

> **Einstellungsuntersuchung** >>>>>>>>>>>>>>>
>
> Die Verpflichtung, sich vor oder während des Arbeitsverhältnisses untersuchen zu lassen, darf nur so weit gehen, wie es für die spezielle Position erforderlich ist.
> <<<<<<<<<<<<<<<<<<<<<<<<<<<<<<<

>> Das Arbeitszeugnis – Zeugnissprache

Jeder Arbeitnehmer hat Anspruch auf ein Zeugnis. Minimum ist das sogenannte einfache Zeugnis. Es enthält die persönlichen Angaben, Anstellungsort und Funktion sowie die genaue Darstellung des Arbeitsgebiets, der Aufgaben und der Entwicklung innerhalb des Unternehmens.

Das qualifizierte Zeugnis ist wesentlich aussagekräftiger und verschafft eventuell die entscheidenden Pluspunkte. Es bewertet die Arbeitsleistung und Arbeitsweise, Fachwissen und Engagement, Loyalität und je nach Position auch die Führungsqualitäten. Selbstverständlich sollte es sauber, ordentlich und auf Geschäftspapier geschrieben sein.

> **Praktikumszeugnis** >>>>>>>>>>>>>>>>>>>>>
>
> Auch Praktikanten haben Anspruch auf ein Zeugnis. Ein qualifiziertes Zeugnis hinterlässt bei der späteren Bewerbung einen besseren Eindruck als eine einfache Praktikumsbescheinigung.
> <<<<<<<<<<<<<<<<<<<<<<<<<<<<<<<<<<<

Das Zeugnis soll wahrheitsgemäß und wohlwollend sein. Soweit das Gesetz. In der Praxis hat sich jedoch gezeigt, dass manches Zeugnis ein Stolperstein für die weitere Karriere sein kann. Denn es hat sich eine Zeugnissprache entwickelt, die hinter einem vermeintlichen Lob Kritik versteckt.

Fehlt im Zeugnis eine wichtige Angabe, wird die Lücke im Zweifel gegen den Arbeitnehmer ausgelegt. Keine Aussagen über die Arbeitsweise bedeuten etwa, dass man eine ungenügende Leistung lieber gar nicht erst erwähnt.

Wichtig ist außerdem der korrekte Aufbau des Zeugnisses. In die Einleitung gehören: Name, Vorname, akademischer Grad sowie eventuelle betriebliche Titel, die die Position des Mitarbeiters kennzeichnen. Eine kurze Beschreibung des Unternehmens kann ebenfalls sinnvoll sein.

Aufgabenbeschreibung

Der Leser muss sich ein exaktes Bild machen können, welche genauen Tätigkeiten der Bewerber während seiner Anstellung ausgeübt hat. Hat er bereits Führungsaufgaben übernommen, müssen auch sie detailliert dargestellt sein. Hierher gehören die hierarchische Einstufung und die genaue Beschreibung des Verantwortungsbereichs. Je größer der Verantwortungsbereich gewesen ist, desto umfangreicher sollte dieser beschrieben sein. Nicht zu vergessen sind auch Angaben über die Dauer von einzelnen Tätigkeiten, denn sie zeigen, wie schnell jemand innerhalb des Unternehmens aufgestiegen ist.

Die Beurteilung der Leistung enthält im Einzelnen das Fachwissen, die Arbeitsweise und die Arbeitserfolge. Dieser Teil des Zeugnisses ist das Herzstück – hier entscheidet der Arbeitgeber, welche Tätigkeiten er wie erwähnt. Wahrheit und Wohlwollen kommen hier besonders zum Tragen. Viele Handbücher geben Auskunft über die angeblichen Geheim-Codes, mit denen sich Personalverantwortliche untereinander verständigen.

Quiz: Knacken Sie den Zeugniscode >>>>>>>>>

Kennen Sie die geheime Zeugnissprache? Testen Sie Ihr Wissen im Quiz auf staufenbiel.de (Rubrik „Ratgeber & Service", „Arbeitsrecht").

<<<<<<<<<<<<<<<<<<<<<<<<<<<<<

Keine Lücken

Wichtig ist außerdem, dass Selbstverständlichkeiten nicht überbetont, Aussagen nicht eingeschränkt oder Angaben nicht ganz weggelassen werden. Im Zweifel heißt das: Hier hat es Unstimmigkeiten mit dem Arbeitgeber gegeben. Werden Nebentätigkeiten überbetont oder vorangestellt, verbirgt sich dahinter, dass der Mitarbeiter mit den wichtigeren Hauptaufgaben überfordert war.

Warum ein Arbeitsverhältnis gekündigt wurde, muss nur im Zeugnis stehen, wenn der Arbeitnehmer dies ausdrücklich möchte. Kündigt er selbst, hat er Anspruch darauf, dass das auch erwähnt wird.

Wie gut ein Zeugnis tatsächlich ist, zeigt sich erst im Zusammenhang mit der Schlussformulierung. Die Gesamtbewertung sinkt deutlich, wenn kein Bedauern über den Weggang formuliert ist. Eine wohlwollende, positive Schlussformulierung ist: „Wir bedauern sein Ausscheiden, danken für die geleistete Arbeit und wünschen ihm alles Gute für die berufliche Zukunft."

Die Schlussformulierung und die Einzelbeurteilungen ergeben erst das Gesamtbild. Beide müssen stimmig und ohne Widersprüche sein.

Zeugnisformulierungen >>>>>>>>>>>>>>>>

Leistung
- „Sie hat die ihr übertragenen Leistungen stets zu unserer vollsten Zufriedenheit ausgeführt" = sehr gut
- „Sie hat die ihr übertragenen Leistungen stets zu unserer vollen Zufriedenheit ausgeführt" = gut
- „Sie hat die ihr übertragenen Leistungen zu unserer Zufriedenheit ausgeführt" = befriedigend

Verhalten
- „Im Umgang mit Vorgesetzten und Mitarbeitern war sie stets zuvorkommend, freundlich und korrekt" = eine in jeder Hinsicht angenehme Mitarbeiterin
- „Im Umgang mit Vorgesetzten und Mitarbeitern war sie stets freundlich und korrekt" = ein freundlicher und korrekter Mitarbeiter
- „Im Umgang mit Vorgesetzten und Mitarbeitern war sie korrekt" = eine korrekte Mitarbeiterin, die aber nicht beliebt war
- „Das Verhalten war ohne Tadel" = eine unangenehme Mitarbeiterin

Schlussformulierung
- „Sie verlässt uns auf eigenen Wusch, was wir sehr bedauern" = Der Arbeitgeber hätte diese Mitarbeiterin gerne behalten
- „Sie verlässt uns auf eigenen Wunsch" = Diese Mitarbeiterin hinterlässt keine größere Lücke
- „Sie verlässt uns in gegenseitigem Einvernehmen" = Ihr wurde gekündigt oder der Arbeitgeber ist zumindest froh, dass sie gekündigt hat.

<<<<<<<<<<<<<<<<<<<<<<<<<<<<<

Experteninterview: „Den Menschen kennenlernen"

Christa Buchwald, Sr. Manager HR Business Partner bei **GLOBALFOUNDRIES**, erklärt, wie Ingenieure im Vorstellungsgespräch überzeugen können und was Unternehmen von ihnen erfahren möchten.

Wie sollten Ingenieurabsolventen sich auf ein Vorstellungsgespräch vorbereiten?

Bei der Vorbereitung eines Bewerbungsgesprächs sollte man sich an erster Stelle die beiden folgenden Fragen stellen: „Welche meiner Fähigkeiten kann ich in die ausgeschriebene Position besonders gut einbringen?" und „Was kann und möchte ich dabei noch lernen?". In unseren Interviews erfragen wir zunächst einmal die technischen Fachkompetenzen. Uns interessiert aber genauso, wie der Kandidat es versteht, seine Ingenieurkompetenz konkret in Problemlösungen einzubringen, wie viel interkulturelle Kompetenz er besitzt und welcher Lerntyp er ist. Wir wollen auch den Menschen kennenlernen, der in diesem Ingenieur steckt.

Was sind die typischen Phasen eines Vorstellungsgesprächs?

Der Bewerber soll Gelegenheit haben, im Verlauf des Gesprächs sein künftiges Arbeitsumfeld und die Beteiligten kennenzulernen. Zunächst werden sich alle Gesprächspartner vorstellen. Wir erwarten, dass der Kandidat Aussagen zu seinem Lebenslauf machen kann, und werden spezielle Fähigkeiten oder Interessen intensiver hinterfragen. So machen wir uns ein umfassendes und realistisches Bild von unserem Bewerber. Ein Teil des Gesprächs findet meist in englischer Sprache statt, da Englischkenntnisse in einem globalen Unternehmen unerlässlich sind. Uns kommt es weniger auf perfekte Grammatik oder Aussprache an, sondern mehr auf den Mut, in der Fremdsprache zu kommunizieren. Um dem Bewerber abschließend genügend Raum für eigene Fragen zu geben, achten wir darauf, im Vorstellungsgespräch nicht zu viel selbst zu reden. Dabei legen wir großen Wert auf Authentizität. Einstudierte Auftritte entsprechen nicht unseren Vorstellungen.

Was kommt bei Vorstellungsgesprächen mit Ingenieuren besonders häufig zur Sprache?

Gespräche mit jungen Nachwuchsingenieuren verlaufen natürlich anders als Interviews mit erfahrenen Fachkräften. Generell gilt, dass wir die von uns eingesetzten Technologien ausführlich vorstellen und mit gezielten Detailfragen das Wissen und die Erfahrungen des Kandidaten ermitteln. Wir stellen aber auch Fragen zur Interaktion und Teamarbeit, um herauszufinden, ob der Kandidat für die aktuell zu besetzende Stelle wirklich der Richtige ist.

Welche Fragen sollten Ingenieure stellen?

Ingenieure fragen häufig nach technischen Details, etwa nach der Verwendung bestimmter Programme oder Verfahren. Aber jede Frage, die ein Kandidat stellt, ist ein Ausdruck seiner individuellen Persönlichkeit und seines Interesses am Unternehmen und der Aufgabe. Uns würde zum Beispiel erstaunen, wenn ein Bewerber nicht nach dem globalen Kontext unseres Unternehmens fragt.

Wie können Bewerber auf Stressfragen reagieren?

Stress ist Teil des Arbeitslebens eines jeden Ingenieurs. Um sich in einem Bewerbungsgespräch realen Arbeitssituationen anzunähern, sind Stressfragen ein hilfreiches Mittel. Die beste Reaktion darauf ist, sich authentisch zu verhalten.

Wann sollten Bewerber nach dem Gespräch telefonisch nachhaken?

Bei positivem Ausgang informieren wir unsere Bewerber recht zügig über das Ergebnis des Gesprächs. Oftmals erwägen wir, einen vielversprechenden Kandidaten in unseren Bewerberpool aufzunehmen, um auch andere infrage kommende Stellen zu prüfen. Das kann dann auch schon mal länger dauern. Nachfragen sollten aufgrund der Vielzahl der Bewerbungen immer per E-Mail erfolgen.

Chemie und Pharma
Special

>> Rasantes Comeback

Die Chemieanlagen laufen wieder auf vollen Touren, meldete der Verband der Chemischen Industrie (VCI) bereits Mitte des Jahres 2010. Mit elf Prozent erzielte die chemische Industrie 2010 den stärksten Produktionszuwachs seit 1976, so der VCI. Ein rasantes Comeback bescheinigte Verbandspräsident Ulrich Lehner der Branche.

Das hat seine Gründe. Die Chemie ist Lieferant vieler Vorprodukte für andere Industriezweige. Die Konjunktur bekommt die chemische Industrie deshalb regelmäßig früh zu spüren – so auch den aktuellen Aufschwung. Für das Jahr 2011 erwartet der VCI ein weiteres Wachstum, aber nicht mehr mit der Dynamik des Vorjahrs. Der Branchenverband sagt voraus, dass die Produktion um 2,5 Prozent und der Umsatz um vier Prozent steigen wird. Die Zahl der Arbeitsplätze in der Branche ging im Verlauf des Jahres 2010 um 0,5 Prozent auf 414 200 Beschäftigte zurück.

Arzneimittel, Waschmittel, Lacke

Mehr als 2 000 Unternehmen werden zur chemischen Industrie gezählt. Dazu gehören klassische große Pharmakonzerne, ebenso wie Pharmadienstleister, Unternehmen aus dem Bereich der Biotechnologie, der pflanzlichen Arzneimittel und der Homöopathie. Auch Hersteller von bauchemischen Erzeugnissen, Arzneimitteln, Ferrolegierungen, Körperpflegeprodukten, Waschmitteln, Kunststoffen und Lacken werden zur chemischen Industrie gezählt.

Das öffentliche Bild der chemischen und pharmazeutischen Industrie wird von einigen börsennotierten Konzernen geprägt. Tatsächlich ist aber sowohl die pharmazeutische Industrie als auch die Chemiebranche weitgehend mittelständisch geprägt. 90 Prozent der Unternehmen haben weniger als 500 Mitarbeiter. Sie erwirtschaften ein Drittel des Umsatzes in der Branche und jeder dritte Chemiemitarbeiter ist hier beschäftigt.

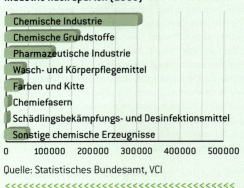

Beschäftigte in der chemisch-pharmazeutischen Industrie nach Sparten (2009)
Quelle: Statistisches Bundesamt, VCI

Branche mit Zukunft

Auf lange Sicht gesehen ist speziell die Pharmaindustrie immer noch eine Branche mit sehr guten Zukunftsaussichten – so das Ergebnis der Studie „Deutschlands Zukunftsbranchen", die der Verband Forschender Arzneimittelhersteller (VFA) im Jahr 2009 beim Institut der deutschen Wirtschaft Köln (IW) in Auftrag gab.

Neben der Medizin-, Mess-, Steuer- und Regeltechnik und dem Maschinenbau zählt die Pharmaindustrie zu den Branchen, die am stärksten von den technologischen und gesellschaftlichen Veränderungen profitieren und die besten Wachstumsperspektiven haben. Grund

LANXESS — Energizing Chemistry

Chemistry is passion at work.

LANXESS macht Reifen grüner, Wasser sauberer, Beton bunter, Golfbälle schneller, Medizin sicherer und noch vieles mehr. Als einer der führenden Spezialchemie-Konzerne entwickeln und produzieren wir Hightech-Kunststoffe, Hochleistungs-Kautschuke, Zwischenprodukte und Spezialchemikalien. Mit fast 15.000 Mitarbeitern sind wir auf der ganzen Welt präsent. Gehören Sie dazu!

Wir suchen neugierige

Hochschulabsolventen m/w

Chemiker — die bei spannenden Projekten und globalen Herausforderungen voll und ganz in ihrem Element sind.

Ingenieure — die ihre Karriere mit derselben Präzision planen wie die anspruchsvollen Aufgaben, die bei uns auf sie warten.

Wirtschafts-wissenschaftler — die global denken und lokal handeln. Und zwar bei uns.

www.karriere-lanxess.de

ist der Wunsch nach höherer Lebensqualität und besserer medizinischer Versorgung. Das macht die Branche zu einem globalen und innovativen Arbeitsfeld mit zahlreichen neuen Forschungsansätzen.

Innovation und Forschung

Die Branche zählt zu den forschungsintensivsten der Wirtschaft. Denn bestehende Produkte müssen verbessert werden. Neue Erkenntnisse aus Pharmazie, Chemie, Medizin und Biowissenschaften werden in neue Produkte umgesetzt. Hieraus ergeben sich außergewöhnliche Chancen – für Patienten und Unternehmen.

Die Rahmenbedingungen für Innovation in der pharmazeutischen Industrie sind besonders vielfältig und komplex. Dazu zählen Fragen der Finanzierung von Aufwendungen in der Fertigung und Entwicklung, die regulatorischen Anforderungen an die pharmazeutische Entwicklung, Fragen des gewerblichen Rechtsschutzes und die Rahmenbedingungen für die Refinanzierung der Forschungsaufwendungen am Markt.

Abnehmer in vielen Branchen

Die Chemie gilt nach wie vor als Innovationsmotor. Ihre Ideen und Lösungen werden in vielen anderen Branchen gebraucht. Die Produktpaletten ändern sich ständig. Die Abnehmer der Vorprodukte in der Industrie sind etwa die Kunststoffverarbeitung, die Automobil- oder die Bauindustrie. Der wichtigste Kunde ist allerdings die Chemie selbst.

Hoch automatisierter Bereich

In der chemischen Industrie gibt es zahlreiche Angebote für Naturwissenschaftler, aber auch Ingenieure sind gefragt. Das gilt besonders für die Pharmaindustrie. Es handelt sich um eine Massenproduktion mit sehr langen Innovationszyklen. Speziell die Biotechnologie ist ein hoch automatisierter Bereich geworden. Ingenieure profitieren davon.

Sie sind besonders in den verfahrenstechnischen Bereichen gefragt. Hier kommt es zunehmend auf Qualifikationen im Umweltschutz, in der Bio- und Nanotechnologie an. Die Nachfrage nach Ingenieuren, die sich an den Schnittstellen zwischen Verfahrenstechnik, Maschinenbau, IT/Bioinformatik, Biologie und Prozessdatenverarbeitung bewegen können, ist in der Branche relativ stabil.

Je nach Unternehmensschwerpunkt sind auch Elektrotechniker, Mechatroniker, Pharma-, Kunststoff- und Werkstofftechniker gefragt. Die gewünschten Zusatzqualifikationen hängen vom Einsatzbereich der Ingenieure ab. In produktionsnahen Positionen sind Kenntnisse in Prozesstechnologie, Projektmanagement und Instandhaltung gerne gesehen. Langfristig wird der Industriezweig für Ingenieure eine noch größere Bedeutung erlangen.

Hohe Anforderungen, guter Verdienst

In der Pharmaindustrie bringen Kenntnisse der Good Manufacturing Practice (GMP) Pluspunkte. Außerdem sollten Ingenieure eine hohe Praxis- und Kundenorientierung und Interesse an betriebs- und naturwissenschaftlichen Fragen mitbringen. Vor allem große Unternehmen bevorzugen Absolventen und Young Professionals, die eine Tätigkeit als Werkstudent oder Praktika in der Branche vorweisen können. Bewerber, die im Ausland studiert oder dort ein Praktikum absolviert haben, haben in der global tätigen Branche besonders gute Einstiegschancen.

Wegen der starken Exportorientierung gelten in der chemischen Industrie gute Sprachkenntnisse als Voraussetzung für einen schnellen Aufstieg. Der wird dann auch gut honoriert. Laut Lohnspiegel des Wirtschafts- und Sozialwissenschaftlichen Instituts in der Hans-Böckler-Stiftung (WSI) gehören Chemieingenieure – nach Elektronik- und Fernmeldeingenieuren sowie Maschinenbauingenieuren – zu den drei Ingenieurberufsgruppen mit dem höchsten Einkommen.

Special: Chemie und Pharma

Stephan Gilow ist Geschäftsführer des **Verbands angestellter Akademiker und leitender Angestellter der chemischen Industrie (VAA)**. Dort ist er unter anderem für die Koordinierung der Hochschulpolitik zuständig.

Herr Gilow, die UN hat 2011 zum Internationalen Jahr der Chemie ausgerufen. Was ist für Berufseinsteiger das Spannende an der Welt der Chemie?

Die Chemie deckt eine Menge spannender und absolut zukunftsträchtiger Aufgabenbereiche ab. Denken Sie nur an den ganzen Themenkomplex Klimaschutz, Ressourcenschonung und Energieeffizienz: Ohne Lösungsansätze der Chemie geht hier fast gar nichts. Gerade für Berufseinsteiger bietet sie überdurchschnittlich gute berufliche Perspektiven. Hier kann aus einem qualifizierten und topmotivierten Berufseinsteiger innerhalb weniger Jahre eine junge Führungskraft werden. Es gibt auch kaum eine Industriebranche mit besseren langfristigen Verdienstmöglichkeiten.

Ist 2011 auch ein gutes Jahr für Absolventen?

Es ist sicherlich ein wesentlich besseres Jahr als noch 2008 oder 2009. Mittlerweile sind die Unternehmen in Sachen Auftragsauslastung und Produktion fast auf dem Vorkrisenniveau angelangt, das wirklich recht hoch war. Grundsätzlich stehen guten und qualifizierten jungen Bewerbern die Türen in der Chemie offen. Oft können sich die Absolventen die Angebote aussuchen, wenn sie sich frühzeitig um ihre Karriereplanung kümmern – also bereits während des Studiums.

Welche Sparten sind besonders gut aus der Krise gekommen?

Die Chemieindustrie hat sich bei der Beschäftigung um einiges besser gehalten als etwa das verarbeitende Gewerbe. So ist die Pharmabranche fast gar nicht von der Krise tangiert worden. Viele Kosmetik- und Waschmittelhersteller sind ebenfalls gut durch die Krise gekommen. Auch diverse Zulieferer für die Automobilindustrie sind wieder gut im Geschäft, etwa Lack- und Schaumstoffproduzenten.

Die Chemie- und Pharmabranche verbinden viele vor allem mit den Naturwissenschaften. Welche Aufgaben gibt es für Ingenieure?

In der Chemie kommt das gesamte ingenieurwissenschaftliche Spektrum zur Entfaltung. Geschätzt werden Chemie- und Maschinenbauingenieure. Besonders gefragt sind Verfahrenstechniker – die werden in der Chemie immer gebraucht. Zudem haben größere Unternehmen eigene Fachabteilungen für Mess- und Regelungstechnik, Elektrotechnik, Anwendungstechnik oder Bautechnik.

Welchen Studienabschluss sollten Ingenieure mitbringen?

Hier gilt der Diplom-Ingenieur noch als das Nonplusultra, im Idealfall ergänzt durch eine Promotion. Sie ist bei den Ingenieuren aber nicht so wichtig wie etwa bei den Chemikern oder Biochemikern. Wo es das Diplom wegen der Bologna-Reformen nicht mehr gibt, sollte es zumindest der Master sein. Bachelor-Absolventen haben es leider noch ziemlich schwer. Das kann und muss sich natürlich ändern, aber so ist die gegenwärtige Situation.

Wie stark ist die chemische Industrie vom Fachkräftemangel betroffen?

Der Fachkräftemangel ist zwar bereits an manchen Stellen erkennbar, aber er schlägt noch nicht voll durch. Zurzeit reden wir eher über ein Zukunftsproblem, das aber definitiv kommen wird, gerade in den sogenannten MINT-Fächern. Wirklich ernst wird es in den nächsten zehn bis fünfzehn Jahren.

Wie kann die Branche reagieren?

In den Planungen der Unternehmen spielt der demografische Wandel bereits eine große Rolle. In der nächsten Dekade treten unzählige Baby-Boomer in den Ruhestand. Dadurch entstehen Lücken, die nicht allein durch Restrukturierungen, Standortwechsel oder Personalabbau gefüllt werden können. Gerade bei den Hochqualifizierten braucht die Chemie dringend Nachwuchs, und zwar schon heute, damit die Lücken von morgen möglichst klein bleiben.

Der VAA bietet Weiterbildungen für Führungskräfte an. Was macht einen Ingenieur zur Führungskraft?

Führungskraft zu sein bedeutet, mehr Verantwortung für das Unternehmen und die eigenen Mitarbeiter zu übernehmen. Zugleich muss sie über die nötigen sozialen Kompetenzen verfügen. Führen heißt kommunizieren. Es reicht nicht, ein exzellenter Ingenieur oder Betriebswirt zu sein, wenn man nicht in der Lage ist, Entscheidungen zu treffen und diese in der richtigen Art und Weise zu kommunizieren. Führungskraft ist ein eigener Beruf, der erlernt werden muss.

Die Soft Skills

>> Was sind Soft Skills?

Eigeninitiative, Teamgeist und Kommunikationsfähigkeit – typische Anforderungen, die in Stellenausschreibungen für Ingenieure nicht mehr fehlen. Das spiegeln auch die Ergebnisse der Studie Staufenbiel JobTrends Deutschland 2011 wider.

Soft Skills sind vor allem deshalb wichtig, weil Ingenieure schon lange nicht mehr allein vor sich hin tüfteln. Sie arbeiten im Team und nehmen beratende Funktionen ein. Eine intensive und nachhaltige Kommunikation im Team und in der Zusammenarbeit mit Partnern und Kunden ist unverzichtbar. Untersuchungen zeigen, dass der Arbeitsanteil mit sozialen Bezügen wie der Informationsaustausch bei Sitzungen oder Beratungen einen großen Teil der Ingenieurarbeit ausmacht.

Hinzu kommt, dass sich das Arbeitsleben durch die Internationalisierung der Wirtschaft stark gewandelt hat. Soft Skills sind nun stärker gefragt, da immer mehr Menschen unterschiedlicher Herkunft miteinander in Kontakt treten und zusammenarbeiten.

Soziale Kompetenz zu erwerben, ist jedoch oft gar nicht so schwierig, wie viele denken. Denn jeder Hochschulabsolvent eignet sich während des Studiums Soft Skills an, die man meist erst auf den zweiten Blick erkennt: So trainieren Studenten beim Besuch von Seminaren durch Referate ihre Präsentations- und Kritikfähigkeit und gewinnen als Zuhörer die Fähigkeit zu konstruktiver Diskussion. Auch wenn die Bedeutung der Soft Skills immer weiter zunimmt, sollte man eines nicht vergessen: Die Grundlage für einen erfolgreichen Karrierestart ist fachliche Qualifikation.

Welche Skills für welchen Job? >>>>>>>>>>>>>

Für Ingenieure, die wissen wollen, welche Soft Skills in bestimmten Einsatzfeldern gefragt sind, lohnt sich ein Blick auf staufenbiel.de/ingenieure.
<<<<<<<<<<<<<<<<<<<<<<<<<<<<<<<<<<<

Soft Skills: Die wichtigsten Fragen

- **Analytische und konzeptionelle Fähigkeiten:** Erfassen Sie schnell die wesentlichen Aspekte in Diskussionen und Vorlagen? Ist Ihre Denkweise klar strukturiert?
- **Teamfähigkeit:** Wie tragen Sie kontroverse Diskussionen aus? Sind Sie um Ausgleich bemüht und versuchen Sie, verschiedene Meinungen zu integrieren? Bereiten Sie sich auf Prüfungen auch in Lerngruppen vor?
- **Kommunikationsfähigkeit:** Macht es Ihnen Spaß, Referate zu halten und Präsentationen durchzuführen? Können Sie auf Ihre Mitmenschen gut eingehen? Können Sie auch Körpersprache und andere Signale deuten?
- **Eigeninitiative:** Wie verlief Ihre Studienwahl? Haben Sie sich selbst informiert oder den Aufwand dafür anderen überlassen? Haben Sie sich während des Studiums selbst um ein Praktikum bemüht?
- **Flexibilität:** Können Sie sich auf veränderte Umstände schnell einstellen? Wie reagieren Sie zum Beispiel, wenn ein Meeting kurzfristig (vor-)verlegt wird?
- **Überzeugungskraft:** Haben Sie schon einmal festgestellt, dass sich Freunde und Kommilitonen häufig Ihren Ideen und Auffassungen anschließen? Und wenn ja: Haben Sie überzeugt oder nur überredet?
- **Mobilität:** Würden Sie während des Studiums auch die Hochschule wechseln? Würden Sie für ein Praktikum ins Ausland gehen?

- Kundenorientierung: Macht es Ihnen Spaß, Menschen zu beraten und bei Entscheidungen behilflich zu sein? Ist es Ihnen möglich, die Bedürfnisse verschiedener Kunden zu erkennen und auf sie einzugehen?
- Zielstrebigkeit: Wie haben Sie Ihr Studium geplant? Nach welchen Kriterien haben Sie Ihre Wahlfächer zusammengestellt und das Thema für die Abschlussarbeit gefunden?
- Belastbarkeit: Wie reagieren Sie auf Stress? Bleiben Sie immer ausgeglichen und ruhig?
- Begeisterungsfähigkeit: Wie motivieren Sie sich für Routineaufgaben? Und wie lange hält Ihr Elan an, wenn Sie etwas Neues anfangen?

Trainings: Career Service Center helfen >>>>>>>>

Wer bereits im Studium wichtige Soft Skills stärken will, dem hilft der regelmäßige Blick in den Veranstaltungskalender der Career Service Center der Hochschulen. Sie bieten Seminare, Trainings und Vorträge an, um Studenten und Absolventen auf den Einstieg ins Jobleben vorzubereiten. Aktuelle Infos gibt es online, in den Semester-Programmen der Career Service Center und an Schwarzen Brettern.

>> Analytische und konzeptionelle Fähigkeiten

Ingenieure beschäftigen sich mit Prozessen und Unternehmenszahlen, sie kooperieren mit Kollegen und Kunden. Ohne analytische und konzeptionelle Fähigkeiten geht es im Arbeitsalltag nicht. Der Vorteil: In vielen ingenieurwissenschaftlichen Fächern mit mathematischem und statistischem Anteil brauchen Nachwuchsingenieure analytisches Können bereits im Studium.

Wie im Studium erwerben?

Wer wesentliche Aspekte in komplexen Texten und Diskussionen schnell erfassen kann, erfüllt bereits ein wichtiges Merkmal analytischer und konzeptioneller Fähigkeiten. Angehende Ingenieure beschäftigen sich bereits während des Studiums mit Fächern wie Simulationsverfahren, Funktionstheorie oder numerische Mathematik. Eine klar strukturierte Denkweise erleichtert hierbei das Verständnis der Materie. Außerdem eignen sich Referate und die Examensarbeit sehr gut, um analytische und systematische Fähigkeiten zu trainieren.

Wie in der Bewerbung darstellen?

Examens- und Doktorarbeiten sowie Praktika-Aufgaben sind häufig mit Analysearbeiten verbunden. Schon in der schriftlichen Bewerbung kann ein Hinweis auf entsprechende Arbeiten analytische Fähigkeiten belegen. Bewerber müssen zudem damit rechnen, dass der Gesprächspartner im Vorstellungsgespräch die Examensarbeit anspricht.

Wie im Job anwenden und ausbauen?

In der Probezeit merkt man schnell, ob man in der Lage ist, analytisch und systematisch zu arbeiten. Denn je stärker diese Fähigkeiten bereits vorhanden sind, desto kürzer ist die Einarbeitungsphase bei neuen Themen und Projekten. Ein weiterer Vorteil: Der Neueinsteiger kann das eigene Wissen schnell und nutzbringend in das Unternehmen einbringen.

>> Durchsetzungsvermögen

Durchsetzungsstärke und Überzeugungskraft sind vor allem bei Ingenieuren im Vertrieb oder im Einkauf wichtig. In erster Linie ist die Ausstrahlung des Verhandelnden oder des Redners entscheidend. Faktoren wie die äußere Erscheinung, Rhetorik, Stimme und Körpersprache beeinflussen diese. Nach wissenschaftlichen Erkenntnissen macht der Inhalt einer Aussage nur sieben Prozent der Wirkung eines Menschen aus. Die Wahrnehmung eines anderen Menschen bestimmt zu 40 Prozent der Klang seiner Stimme und zu 53 Prozent der Körper und die äußere Erscheinung.

Wie im Studium erwerben?
Durchsetzungsfähigkeit lässt sich an der Hochschule und in vielen alltäglichen Situationen trainieren. Überall, wo es verschiedene Meinungen gibt, ist Durchsetzungskraft gefragt. Ziel ist es, die eigenen Interessen und Standpunkte auch gegen mögliche Widerstände der anderen Gruppenmitglieder zu behaupten. Wer die anderen mit Argumenten in Diskussionen überzeugt und nicht nur überredet, hat gute Karten. Sicheres und sympathisches Auftreten und eine schnelle Auffassungsgabe bringen zusätzlich deutliche Vorteile.

Wie in der Bewerbung darstellen?
Durchsetzungsstärke kann ein Bewerber bereits im Anschreiben vermitteln. Schließlich ist er selbst davon überzeugt, dass er der ideale Bewerber für die ausgeschriebene Position ist. Im Vorstellungsgespräch ist vor allem die Körperhaltung besonders wichtig. Ein ausweichender Blick und ein schwacher Händedruck zeugen etwa von Unsicherheit.

Wie im Job anwenden und ausbauen?
Generell gilt: Überall, wo Meetings stattfinden, sind Überzeugungskraft und Durchsetzungsstärke gefragt. Wichtig ist Überzeugungsstärke bei Ingenieuren, die eine Führungsposition anstreben. Wer delegiert und motiviert, muss auch in der Lage sein, Mitarbeiter vom Sinn und der Notwendigkeit einer Aufgabe zu überzeugen.

>> Interkulturelle Kompetenz

Im Zuge der Globalisierung arbeiten Ingenieure häufig in Projektgruppen mit Teilnehmern aus vielen Nationen. Zu interkultureller Kompetenz zählen jedoch nicht nur Fremdsprachenkenntnisse und das Wissen über jeweilige Kulturen. Wichtige Eigenschaften sind unter anderem Integrationsbereitschaft, soziale Sensibilität und Anpassungsvermögen.

Wie im Studium erwerben?
Um Denk- und Verhaltensweisen anderer Kulturkreise zu verstehen, ist ein Auslandsstudium oder -praktikum eine sichere Investition. Da immer mehr Unternehmen ihre Teams interdisziplinär und international zusammensetzen, lohnt es sich für jeden Ingenieur, über den fachlichen Horizont hinaus zu lernen. Gute Englischkenntnisse sind heute im Job ohnehin selbstverständlich, weitere Fremdsprachen ebenfalls von Vorteil.

Wie in der Bewerbung darstellen?
Ein Auslandsstudium oder -semester betont der Bewerber unbedingt in den Bewerbungsunterlagen und belegt dies mit den entsprechenden Dokumenten. Dasselbe gilt für ein Praktikum im Ausland. Der richtige Zeitpunkt, um diese Erfahrungen zu beschreiben, ist das Anschreiben oder spätestens der Lebenslauf – das gilt besonders für Bewerbungen bei Global Playern.

Wie im Job anwenden und ausbauen?
Viele Unternehmen bieten Mitarbeitern die Möglichkeit, einige Zeit im Ausland zu arbeiten. Wer sich für einen Auslandseinsatz bewirbt, sollte sich aber nicht allein auf seine

Ein Angebot von

Jobs vor Deiner Haustür:

Absolventenkongress Baden-Württemberg — 9. Juni 2011, Kultur- & Kongresszentrum Liederhalle, Stuttgart

Absolventenkongress Norddeutschland — 30. Juni 2011, Handelskammer Hamburg

Absolventenkongress Berlin — 6. Juli 2011, Axel-Springer-Passage und Ullstein-Halle, Berlin

>>> Alle Infos unter **absolventenkongress.de/regio**

Fremdsprachenkenntnisse verlassen. Wichtig ist, dass man sich mithilfe von Literatur oder Kursen auf das entsprechende Land und seine Besonderheiten vorbereitet. Je nach Aufgabenschwerpunkt sind spezielle Seminare zu Themen wie „Internationale Projektarbeit" oder „Internationalität von Firmen in globalen Märkten" empfehlenswert.

> **Web-Check: Soft Skills zeigen** >>>>>>>>>>>>
>
> Soft Skills im Assessment Center präsentieren – wie es geht, erläutert die Checkliste auf **staufenbiel.de/ingenieure**.

>> Kommunikationsvermögen

Die Fähigkeit zu kommunizieren, Ideen auszutauschen und anderen die eigene Meinung verständlich zu vermitteln oder sie davon zu überzeugen, ist für den Erfolg unerlässlich. Aber selbst hervorragende kommunikative Kompetenz kann nicht verhindern, dass im Unternehmensalltag Konflikte auftreten. Um diese Konflikte zu lösen, müssen Nachwuchsingenieure schon im Studium lernen, in kontroversen Diskussionen zielorientiert zu argumentieren, mit Kritik sachlich umzugehen und eventuelle Missverständnisse zwischen Gesprächspartnern frühzeitig zu erkennen und abzubauen.

Wie im Studium erwerben?
Im Studium lösen Studenten häufig Aufgaben in Gruppenarbeit. Die Disziplin und Selbstorganisation jedes Einzelnen sind hierbei genauso wichtig wie Kommunikations- und Konfliktfähigkeit. Stellt die Gruppe ihr Ergebnis vor, ergibt sich meist eine rege Diskussion. Die Beantwortung von Rückfragen oder auch die Übernahme der Diskussionsleitung trainiert hierbei Kommunikationsstärke.

Wie in der Bewerbung darstellen?
Die Mitarbeit an interdisziplinären Projekten sollte in der Bewerbung zur Sprache kommen. Auch die Teilnahme an einem Rhetorikseminar der Hochschule sollte der Bewerber im Lebenslauf aufführen und mit der Teilnahmebestätigung belegen. Im Vorstellungsgespräch achten Personalentscheider besonders darauf, ob und wie der Bewerber den ersten Kontakt aktiv mitgestaltet. Während des anschließenden Gesprächs sollte er Blickkontakt halten, sich möglichst präzise ausdrücken, seinen Gesprächspartner nicht unterbrechen und Sprachfloskeln vermeiden.

Wie im Job anwenden und ausbauen?
Auch im Job kann der Ingenieur seine Kommunikationsfähigkeit weiter ausbauen, indem er von sich aus Sachverhalte präsentiert und Vorträge hält, zum Beispiel in Gesprächen mit Kollegen und Kunden. Bietet der Arbeitgeber eine Kommunikationsschulung an, sollte man diese Gelegenheit in jedem Fall wahrnehmen.

>> Kreativität

Neue und kreative Ideen sind die Grundvoraussetzung für Erfolg versprechende Innovationen. Wer kreativ ist, schafft Neues und besticht durch seinen Einfallsreichtum. Der Begriff Kreativität umfasst Eigenschaften wie: Problemlösungsvermögen, Innovationsfähigkeit und Flexibilität. Doch nicht die Anzahl der Ideen sondern ihre Umsetzbarkeit macht Kreativität aus. Funktioniert eine Idee nicht, ist sie für den Markt auch nicht relevant.

Wie im Studium erwerben?
Bereits im Studium bieten sich für Ingenieure zahlreiche Möglichkeiten, kreativ zu arbeiten. Maschinenbauingenieure zeichnen sich dadurch aus, naturwissenschaftliches und technologisches

Wissen zu innovativen Lösungen zusammenzuführen. Hier sind Kreativität und Integrationsvermögen gefragt. Eine typische Kreativitätstechnik ist das Brainstorming, das Studenten gut miteinander üben können. Hierbei müssen die Gruppenmitglieder spontan Ideen zu einem bestimmten Sachverhalt äußern. Erst später diskutiert, verwirft oder entwickelt sie die Gruppe weiter.

Wie in der Bewerbung darstellen?
Nicht alle Menschen sind gleichermaßen kreativ. Doch in Seminaren können sie Kreativitätstechniken erlernen. Am Ende des Seminars sollte man sich die erfolgreiche Teilnahme bescheinigen lassen und diese, wenn das Unternehmen Kreativität in der Stellenausschreibung fordert, den Bewerbungsunterlagen beifügen.

Wie im Job anwenden und ausbauen?
Auch wenn sich Arbeitgeber von Nachwuchskräften frischen Wind erhoffen, sollten Einsteiger in Brainstorming- oder Diskussionsrunden nicht einfach drauflosreden. Besser informieren sie sich vorab über Produkte und Prozesse, um nicht die eigene Fachkompetenz in Frage zu stellen. Schnell kann ein neuer Vorschlag als Kritik an dem Bestehenden verstanden werden. Diplomatisches Vorgehen ist hier gefragt.

>> Motivationsvermögen und Führungskompetenz

Schnell setzen Unternehmen Berufseinsteiger in kleineren Projekten als Verantwortliche ein, denn vor allem beratende Ingenieure müssen zunehmend über Führungskompetenz und Motivationsvermögen verfügen. Gute Führungskräfte zeichnen sich dadurch aus, wie sie ihr Team motivieren und auf ein Ziel hinführen. Wichtig ist auch, sich selbst motivieren zu können. Der erste Schritt zu einer erfolgreichen Eigenmotivation ist die Selbstwahrnehmung. Denn nur wer die eigenen Stärken kennt, kann sie zielorientiert einsetzen.

Wie im Studium erwerben?
Um sich Führungskompetenz und Motivationsfähigkeit anzueignen, sollten Studenten während des Studiums jede Trainingsmöglichkeit nutzen. Gerade (Selbst-) Motivation ist im Studium wichtig. Führungskompetenz lässt sich immer dort erwerben, wo in Gruppen gearbeitet wird. Eine gute Möglichkeit bietet die Rolle eines (Teil-)Projektleiters im Projektstudium.

Wie in der Bewerbung darstellen?
Raum für die Darstellung von erster Führungskompetenz und Motivationsfähigkeit bietet vor allem der Lebenslauf. Hat der Absolvent eine Jugendmannschaft im Basketball betreut und das Team zu überdurchschnittlichen Leistungen angespornt, sollte er dies selbstverständlich erwähnen.

Auch der Hinweis auf zusätzliches Engagement in und außerhalb der Hochschule, das auf Führungspotenzial schließen lässt, sollte nicht fehlen. Und bei einem Assessment Center bietet sich die Möglichkeit, seine Führungsstärke unter Beweis zu stellen (siehe hierzu auch das Kapitel „Das Assessment Center").

Wie im Job anwenden und ausbauen?
Für Führungsaufgaben bevorzugen Unternehmen häufig Fachleute, die ein Produkt herstellen und es auch verstehen. Engagierten Nachwuchsingenieuren bieten sie in solchen Fällen meist Weiterbildungsmöglichkeiten an. Wer im Job Führungsaufgaben übernimmt, sollte darauf achten, verständnis- und respektvoll mit den Kollegen umzugehen. Denn nur wer sein Team versteht und offen mit ihm kommuniziert, kann es auf die richtige Weise motivieren.

Die Soft Skills

>> Teamfähigkeit

Teamarbeit ist Dreh- und Angelpunkt jedes Unternehmens. Mitarbeiter aus verschiedenen Abteilungen müssen effektiv zusammen arbeiten können. Daher fordert fast jedes Unternehmen von den Bewerbern Teamfähigkeit. Über die Leistung einer Gruppe entscheiden unter anderem die Gruppengröße und ihre Zusammensetzung. Ausschlaggebend für den Erfolg sind die Sozialkompetenzen der einzelnen Teammitglieder und des Teamleiters.

Wie im Studium erwerben?
Teamfähigkeit können Studenten im Studium bei Gruppenarbeiten trainieren. Hier kommt es darauf an, gemeinsam ein Ziel zu verfolgen und zu erreichen. Eine weitere Möglichkeit bietet der Sport. Gerade in Teamsportarten ist es entscheidend, den eigenen sportlichen Ehrgeiz mit den Zielen des gesamten Teams zu vereinen. Auch die Mitarbeit an einem Projekt in einer studentischen Organisation zeugt von Teamfähigkeit.

Wie in der Bewerbung darstellen?
Die Stationen im Lebenslauf, die Teamarbeit dokumentieren, darf der Bewerber auf keinen Fall vernachlässigen. Hat er seine Examensarbeit in Zusammenarbeit mit anderen Kommilitonen geschrieben oder sich neben dem Studium in einem Verein engagiert und dort ein Team geleitet, sollte er das in der Bewerbung anführen. Auch im Vorstellungsgespräch wird das Thema Teamfähigkeit häufig direkt angesprochen.

Wie im Job anwenden und ausbauen?
Schon in der Probezeit müssen Nachwuchsingenieure ihre Teamfähigkeit unter Beweis stellen, denn häufig arbeiten sie in Projektteams. Hier ist es wichtig, mit den Kollegen zu kommunizieren, um an relevante Informationen zu gelangen. Angaben zu den Projekten sind dabei genauso bedeutend wie Aussagen zum sozialen und machtpolitischen Umfeld des Unternehmens.

>> Unternehmerisches Denken und Handeln

Unternehmerisches Denken und Handeln fordern viele Stellenangebote. Das gilt vor allem für Firmen mit flachen Hierarchien. Damit sie konkurrenzfähig bleiben können, muss jeder Mitarbeiter an der Weiterentwicklung arbeiten.

Wie im Studium erwerben?
Diese Zusatzqualifikation kann man nur schwierig an der Universität erlernen. Es spielt eine wichtige Rolle, ob der Absolvent sich mit einem Unternehmen, der Philosophie und den Produkten identifiziert. Nur wer sich darin wiederfindet, bewältigt seine Aufgaben mit vollem Engagement.

Wie in der Bewerbung darstellen?
Wer sich während des Studiums in einer Studenteninitiative engagiert, kann unternehmerisches Denken und Handeln belegen. Sei es die Organisation einer Kontaktmesse oder einer Veranstaltung mit Fachvorträgen – beide bieten Gelegenheiten, um Fragen zum unternehmerischen Denken und Handeln direkt mit Unternehmensvertretern zu erörtern.

Wie im Job anwenden und ausbauen?
Für eine Führungskraft bedeutet unternehmerisches Denken unter anderem, Tätigkeiten nach dem Unternehmensinteresse so effektiv wie möglich zu organisieren. Um den Erfolg der Firma zu garantieren, ist es wichtig, sich mit ihr identifizieren zu können.

Experteninterview:
„Das Berufsbild hat sich gewandelt"

Beate Czieszowic, Referentin International Employer Branding & Media bei der **ZF Friedrichshafen AG**, erläutert, weshalb Soft Skills für Ingenieure wichtig sind und wie sie trainiert werden können.

Welche Soft Skills sollte ein Bewerber mitbringen?

Soft Skills lassen sich in drei Bereiche unterteilen: die sozialen Kompetenzen, die die Fähigkeiten im Umgang mit anderen Menschen beinhalten, die Methodenkompetenz, die es ermöglicht, Problemstellungen strukturiert anzugehen, sowie die Persönlichkeitskompetenz, wozu unter anderem das Verhalten und Auftreten gehören. Neben gutem Fachwissen macht vor allem die Kombination aus sozialer, Methoden- und Persönlichkeitskompetenz einen guten Bewerber aus.

Wie kann man diese Skills frühzeitig erwerben?

Soft Skills erwerben wir, indem wir mit anderen Menschen zusammenleben und kommunizieren. Dabei entwickeln wir die Fähigkeit, uns mit diesen Menschen – unabhängig von Alter, Herkunft und Bildungsstand – verantwortungsbewusst auseinanderzusetzen und uns gruppen- und beziehungsorientiert zu verhalten. Soft Skills werden bereits im Studium weiterentwickelt und gerade im ersten Job jeden Tag aufs Neue trainiert.

Warum sind Soft Skills für Ingenieure so wichtig?

Das Berufsbild von Ingenieuren hat sich in den vergangenen Jahren sehr gewandelt. Sie müssen heute nicht nur über das Technik-Know-how mit anspruchsvollem Wissen über die Software verfügen, sondern diese Kenntnisse mit den Anforderungen des Vertriebs, des Service oder des Marketings verknüpfen können. Deshalb ist es wichtig, neben der Fachkompetenz über bestimmte Soft Skills zu verfügen, die es ermöglichen, Probleme und Anliegen der Auftraggeber sowie der Teammitglieder zu verstehen. Darauf aufbauend sind moderne Ingenieure in der Lage, fachgemäße Entscheidungen zu treffen.

Wie prüfen Sie, ob Bewerber die Soft Skills mitbringen?

Zum einen im klassischen Vorstellungsgespräch, in dem erfahrene Personaler mit geschickten Fragestellungen auch die Soft Skills einschätzen können. Zum anderen bei der Einstellung von Trainees. Hier nutzen wir häufig ein eintägiges Assessment Center, um mit gezielten Übungen die notwendigen Soft Skills zu prüfen.

Welche Soft Skills sind in Ihrer Branche besonders wichtig?

Moderne Arbeitsformen wie Team- und Projektarbeit sowie eine zunehmende Serviceorientierung verlangen nach umfassenden sozialen Kompetenzen, etwa Kommunikationsfähigkeit und Geschick im Umgang mit Kunden, Geschäftspartnern und Kollegen. Change-Prozesse erfordern Flexibilität, Selbstbewusstsein und Konfliktfähigkeit. Gerade hier sind Fähigkeiten im zwischenmenschlichen Bereich und im Umgang mit sich selbst von größter Bedeutung.

Welche persönlichen Tipps können Sie Bewerbern geben?

Soft Skills basieren auf persönlicher Erfahrung und Überzeugung. Deshalb ist es oft schwer, sie durch traditionelle Schulungen zu vermitteln. Dennoch bilden Workshops oder Seminare – etwa in Rhetorik, Präsentationstechnik, Kommunikationstechnik – eine gute Plattform zur individuellen Weiterentwicklung. Auch soziales Engagement hilft, persönliche Skills zu erproben und zu festigen. Auch Selbstreflexion ist eine gute Methode, um Soft Skills zu identifizieren. Versuchen Sie die eigenen Emotionen wahrzunehmen, sich ihrer Wirkung bewusst zu sein und persönliche Stärken und Schwächen realistisch einzuschätzen. Scheuen Sie sich nicht, hierzu das Feedback von Familie, Studien- oder Arbeitskollegen und Freunden einzuholen.

Special: Ingenieurinnen

Ingenieurinnen
Special

>> Vorbilder gesucht

Knapp 384 000 Ingenieurstudenten zählte der Verein Deutscher Ingenieur (VDI) zuletzt in seinem „Monitor-Ing". Nur ein Fünftel davon waren Frauen. Damit blieb die Quote innerhalb des vergangenen Jahrzehnts fast unverändert – trotz aller Bemühungen wie des 2001 ins Leben gerufenen Girls' Day, der junge Frauen für technische Berufe begeistern soll. Auch bei den Erstsemestern blieb der Anteil der Studentinnen in den ingenieurwissenschaftlichen Fächern in den vergangenen zehn Jahren konstant niedrig.

Frauen wollen Technik

Ganz anders sieht es aus, wenn es um den Kauf von Produkten geht. Dann interessieren Frauen sich sehr wohl für Technik. So wird mehr als ein Drittel der privaten Pkw in Deutschland von Frauen gehalten. Das belegen die Zahlen des Kraftfahrtbundesamtes.

„Mitte der 1980er-Jahre wurden gerade mal 16 Prozent der privaten Pkw von Frauen gehalten. Der Anteil der weiblichen Pkw-Halter ist seitdem stetig angestiegen", stellt Doris Kortus-Schultes fest, die das Kompetenzzentrum „Frau und Auto" an der Hochschule Niederrhein leitet. „In nicht allzu ferner Zeit werden wir erleben, dass beim Pkw-Besitz ein ausgeglichenes Verhältnis zwischen den Geschlechtern erreicht wird", so Kortus-Schultes weiter.

Weiblicher Blick

Das sollte dazu führen, dass Autos auch zunehmend von Frauen gebaut werden. Doch weit gefehlt. In den Entwicklungs- und Konstruktionsabteilungen der Automobilhersteller sind Frauen immer noch unterrepräsentiert – und damit auch der weibliche Blick auf die Technik.

Aber was für Autos wünschen Frauen sich überhaupt? Dazu Kortus-Schultes: „Frauen wollen keine Fahrzeuge mit dem Etikett Frauen-Autos, sondern Autos, die ihrer Lebenssituation entsprechen. Die unabhängige, berufstätige Mittdreißigerin mag genauso schicke, schnelle Autos wie ihr männliches Pendant."

Der Unterschied zu den oft auf technische Leistungsmerkmale fixierten Männern: „Frauen nutzen ihre Autos mehr aus dem Leben heraus. Sie wechseln häufiger ihre Rollen zwischen Beruf und Familie und wünschen sich deshalb zum Beispiel mehr Ablageflächen und strapazierfähigere Autos, auch in der Mittel- und Oberklasse", so die Professorin.

Frauen in Ingenieurberufen >>>>>>>>>>>>>>>>

Nur 14 Prozent aller sozialversicherungspflichtig arbeitenden Ingenieure in Deutschland sind weiblich, ermittelte die Bundesagentur für Arbeit (BA). Besonders attraktiv ist für Frauen offenbar der Beruf der Agraringenieurin: Hier stellen sie immerhin 32 Prozent aller Ingenieure. Bei den Chemieingenieuren sind es 28 Prozent, bei der Berufsgruppe der Architekten und Bauingenieure 26 Prozent. Am Ende der Skala stehen die Fachrichtungen Maschinen- und Fahrzeugbau und die Elektrotechnik mit jeweils sechs Prozent Ingenieurinnen, so die BA.

<<<<<<<<<<<<<<<<<<<<<<<<<<<<<<<<<<

Vielfalt nutzen

Es ist also nicht allein der Fachkräftemangel, der die Forderung nach mehr Frauen in Ingenieurberufen lauter werden lässt. „Wer die Bedürfnis-

Special: Ingenieurinnen

se von Frauen ignoriert, lässt einen großen Markt brachliegen", stellt Kortus-Schultes fest. Dabei gilt Diversität, also die Nutzung unterschiedlicher Kulturen im Unternehmen, inzwischen als Wettbewerbsvorteil.

Eine Studie der Vereinten Nationen belegt, dass US-Unternehmen mit hoher Frauenquote eine um 42 Prozent höhere Umsatzrendite haben als rein männlich geführte. Denn die Zusammenarbeit unter den Kollegen ist meist anders, wenn mehr Frauen im Team sind. Frauen gelten als kommunikationsfähiger und handeln oft teamorientierter. In einer vernetzten Wirtschaft ist das ein wichtiger Vorteil.

Die Ingenieurlücke bleibt

Im Januar 2011 taxierte der VDI den Fachkräftemangel bei Ingenieuren auf 49 100 Personen. Verschärft wird die Situation dadurch, dass bis zum Jahr 2022 in Deutschland mehr als 500 000 Ingenieure in Rente gehen werden, wie das Institut der deutschen Wirtschaft Köln (IW) errechnete. Das ist die Hälfte aller Techniker, die in Deutschland als Ingenieure arbeiten. Das Problem: Pro Jahr schließen nur etwa 40 000 Ingenieure ihr Studium ab. Sie ersetzen damit nicht einmal die Zahl jährlich ausscheidender Mitarbeiter.
Die Konsequenz: Vorhandene Bildungspotenziale müssen stärker genutzt werden. Dazu gehören Studenten aus dem Ausland, denen der deutsche Arbeitsmarkt oft nicht attraktiv genug erscheint, und ältere Ingenieure, die ins Berufsleben (wieder) eingegliedert werden müssen – und vor allem junge Frauen, die technische Berufe noch scheuen.

Dünne Luft

Trotz aller Initiativen sind Frauen in den Ingenieurberufen nach wie vor deutlich in der Minderheit. Vielen erscheinen die Berufe nicht attraktiv, denn in der Männerdomäne Technik haben sie es nicht immer leicht. In manchen Abteilungen versuchen die Männerriegen, ihre etablierten Spielregeln aufrechtzuerhalten. In solchen Fällen ist die Unterstützung der Personalverantwortlichen gefragt, die in diesem Punkt oft weiter sind als ihre männlichen Mitarbeiter – und bei den Ingenieurinnen ein dickes Fell und Durchsetzungsvermögen.

Dünn wird die Luft vor allem, wenn es weiter nach oben gehen soll. Noch immer erreichen Frauen aus den MINT-Fächern seltener eine Leitungsposition als Männer. Und selbst wenn ihnen das gelingt, brauchen sie dafür mehr Zeit.

Ingenieurinnen verdienen weniger

Auch in Sachen Gehalt stehen Ingenieurinnen schlechter da. Laut Lohnspiegel des Wirtschafts- und Sozialwissenschaftlichen Instituts (WSI) in der Hans-Böckler-Stiftung verdienen sie im Durchschnitt 17 Prozent weniger als ihre männlichen Kollegen.

Es muss sich also etwas tun, um Frauen für Ingenieurberufe zu gewinnen. Überzeugungsarbeit gehört dazu. Der VDI hat zusammen mit weiteren Partnern das Projekt „MINT Role Models" ins Leben gerufen, um junge Frauen für Naturwissenschaften und Technik zu begeistern. Hier berichten erfolgreiche Ingenieurinnen auf Vorträgen, in Workshops oder im Internet von ihrem Werdegang und machen jungen Frauen Mut, in männerdominierte Studiengänge und Berufe einzusteigen.

MINT Role Models

Informationen zum Projekt und Berichte von „Role Models" aus den MINT-Fächern gibt es im Internet unter mintrolemodels.de.

Besser netzwerken

Doch sämtliche Appelle nutzen wenig, wenn Frauen nicht selbst aktiv werden. Frauen müssen besser netzwerken. Denn es fällt ihnen oft schwer, Netzwerke für die eigene Karriere einzusetzen. Sie empfinden das als Vetternwirtschaft und wollen lieber durch Leistung überzeugen. Skrupel, die männliche Kollegen häufig nicht kennen.

ZF dankt allen Kunden für die nette Verpackung! Mal sehen, was für Sie drin ist?!

Dann zeigen wir Ihnen einmal, was ein Fahrzeug Spannendes in sich birgt: die Antriebs- und Fahrwerktechnik nämlich. Und die stammt bei vielen bekannten Marken von ZF, einem der weltweit größten Zulieferer der Branche. Was das für Sie als Ingenieur/-in bedeutet? Bei uns entwickeln Sie schon heute die Technik für die Fahrzeuge von morgen: in einem Team von 60.000 Kolleginnen und Kollegen, das als Innovationspartner und Problemlöser anspruchsvoller Kunden den Ruf eines Technologieführers genießt. Erleben Sie ein erfolgreiches Stiftungsunternehmen, das Ihre Leistung anerkennt und in dem interessante Aufgaben und Eigenverantwortung zum Tagesgeschäft gehören.

Arbeiten Sie sich zu uns vor auf:

www.zf.com

Antriebs- und Fahrwerktechnik

Special: Ingenieurinnen

Britta Kietzmann ist Projektingenieurin beim Flugzeugzulieferer **Dasell**, einem Unternehmen der Diehl-Gruppe. Sie studierte an der Ingenieurschule für Maschinenbau Wildau.

Frau Kietzmann, Sie arbeiten bei einem Zulieferer der Luftfahrtindustrie. Was sind Ihre Aufgaben?

Unser Unternehmen liefert Lavatories, also Wasch- und Toilettenräume, für Airbus. Wenn Airbus einen neuen Auftrag erhält, bekommen wir eine Spezifikation mit einem 3D-Modell, aus der genau hervorgeht, wo die Kabinen stehen werden, welche Anschlüsse sie benötigen und wie sie aussehen sollen. Mit einem 3D-CAD-Programm führen wir dann die Detailkonstruktion durch. Inzwischen arbeite ich aber mehr als Versionsbetreuerin im A380-Programm.

Was heißt das?

Ich bin als Projektingenieurin verantwortlich für die konstruktive Umsetzung eines kompletten Auftrags einer Airline, die den Airbus bestellt. Dabei bin ich Ansprechpartnerin für alle Beteiligten bei Airbus und unserer Fertigung. Mein Team setzt sich bei einem solchen Auftrag aus fünf bis sechs Konstrukteuren und Ingenieuren zusammen.

Sie sind ausgebildete Konstruktionsingenieurin. Wie kam es zu dieser Berufswahl? Ingenieurinnen sind in Deutschland eher in anderen Fachrichtungen relativ stark vertreten.

Mathematik und Physik waren schon in der Schule meine besten Fächer, deshalb ging auch meine Berufsausbildung in die technische Richtung. Weil mir die beruflichen Anforderungen nicht reichten, begann ich ein Maschinenbaustudium an der Ingenieurschule für Maschinenbau Wildau in Brandenburg, der heutigen TH. Das Studium schloss ich 1988 ab, also noch zu DDR-Zeiten.

Wie hoch war dort der Anteil an Studentinnen?

In meiner Seminargruppe ein knappes Drittel. In der DDR war das aber eine normale Quote. Es war ja gewünscht, dass Frauen arbeiteten, auch in technischen Berufen.

In der heutigen Bundesrepublik ist der Anteil von Frauen in technischen Studiengängen geringer. Wie erklären Sie sich das?

Es wird unterschwellig immer noch vermittelt, dass technische Berufe nicht das Richtige für Mädchen seien, vielleicht ohne es zu wollen. Die meisten Mädchen kennen gar keine weiblichen Vorbilder in technischen Berufen, an denen sie sich orientieren könnten. Das war in der DDR anders. Und es liegt wohl auch an der schlechteren Infrastruktur. In der DDR gab es mehr Kita-Plätze, auch für Kleinkinder. So konnten Frauen Arbeit und Familie gut verbinden und waren nicht so auf die klassischen Rollen festgelegt.

Hatten Sie schon einmal das Gefühl, sich als Ingenieurin besonders beweisen zu müssen?

Der erste Facharbeiter, der die von mir konstruierten Teile bauen sollte, zweifelte daran, dass eine junge Frau die Aufgabe gut hatte erledigen können. Das passierte mir im Laufe der Zeit noch mit vereinzelten Kollegen. Die anderen Kollegen stärkten mir aber den Rücken. Fast alle Vorgesetzten haben mir immer viel Vertrauen entgegengebracht. Das ist gerade beim Berufsstart wichtig.

Wie reagieren Sie auf solche Situationen?

Meist ist es ein persönliches Problem und keines, das vom Unternehmen ausgeht. Ich sage mir dann, dass solche Leute sich ohnehin nicht ändern lassen. Es kommt darauf an, dass die zentralen Personen hinter einem stehen. Diese können auch eine Förderrolle einnehmen, indem sie jungen Frauen gezielt anspruchsvolle Aufgaben zuteilen.

Unterscheidet sich der weibliche Blick auf Technik vom männlichen?

Eher die Herangehensweise an Technik. Seit vier Jahren bin ich auch Ausbilderin für technische Produktdesigner. Dabei erlebe ich häufig, dass Mädchen fragen: „Kann ich das überhaupt?", obwohl sie leistungsmäßig besser sind als die Jungen. Die werkeln dagegen einfach los, auch wenn sie nicht unbedingt Ahnung von der Materie haben. Ich versuche dann, den Mädchen die Furcht vor der Technik zu nehmen. Im dritten Ausbildungsjahr stecken sie die Jungen oft locker in die Tasche.

Was raten Sie jungen Frauen, die sich für eine Karriere als Ingenieurin interessieren?

Sie sollten schon früh ein Praktikum in einem Fertigungsunternehmen machen, um die Materie kennenzulernen und mögliche Berührungsängste zu verlieren. Wichtig ist, Vertrauen in die eigenen Fähigkeiten zu haben. Wer gut in Mathematik und Naturwissenschaften ist, kann logisch denken. Und dann ist man auch geeignet für den Ingenieurberuf. Im Berufsleben sollten Frauen darauf achten, nicht zu häufig Hilfsbedürftigkeit auszustrahlen. Das hilft vielleicht in der Situation – aber nicht beim beruflichen Aufstieg.

Das Einstiegsgehalt

>> Was Berufseinsteiger verdienen

Das Bewerbungsgespräch ist gut gelaufen, jetzt geht es ums Gehalt. Ein sensibles Thema, bei dem sich niemand Blöße geben möchte. Damit Bewerber souverän auftreten können, müssen sie sich vorab gut überlegen, was sie verdienen wollen. Grundsätzlich ist es besser, einen gewissen Verhandlungsspielraum zuzulassen, ohne sich jedoch unter Wert zu verkaufen.

In vielen Unternehmen sind die Einstiegsgehälter durch Tarifverträge und interne Gehaltssysteme weitgehend festgelegt. Wird nach Tarif bezahlt, lässt sich das Gehalt höchstens über Zulagen verbessern. Für außertariflich eingestufte Mitarbeiter ist die Bandbreite beim Einstiegsgehalt größer.

Zusatzleistungen beachten

Das Einstiegsgehalt sollte bei den Verhandlungen über die erste Stelle nicht überbewertet werden. Es dient als Ausgangspunkt für die Gehaltsentwicklung in den folgenden Berufsjahren und kann bei entsprechender Leistung mit guten Argumenten nach oben korrigiert werden.

Um die Gehälter richtig einzuschätzen, muss das gesamte Vergütungspaket betrachtet werden. Dazu zählen auch Zusatz- und Sozialleistungen, wie etwa Urlaubs- und Weihnachtsgeld oder Prämien. Hinzu kommen eventuell betriebliche Darlehen, vermögenswirksame Leistungen (VL) oder eine betriebliche Altersversorgung (bAV). Manche Arbeitgeber bieten ihren Mitarbeitern auch Zusatzversicherungen, einen Firmenwagen oder ein Mobiltelefon. Auch die in Aussicht gestellte Gehaltsentwicklung muss mit einbezogen werden.

Großunternehmen haben oft ein Gehaltssystem, das auf Stellenbeschreibungen basiert. Es sieht häufig auch für Führungskräfte eine automatische Erhöhung vor. Im Mittelstand muss häufig mit dem Chef selbst verhandelt werden. Trainees verdienen im Schnitt weniger als Direkteinsteiger, wobei das Gehalt meist für das gesamte Trainee-Programm gilt und lediglich bei entsprechenden tariflichen Vereinbarungen erhöht wird.

Gehälter-Infos >>>>>>>>>>>>>>>>>>>>>>>>>

Weitere Infos zum Thema Gehalt finden Sie unter **staufenbiel.de/gehaelter**.
<<<<<<<<<<<<<<<<<<<<<<<<<<<<<<

Zahlen

Nachwuchsingenieure werden nach wie vor von der Industrie umworben und können sich über hohe Einstiegsgehälter freuen. Laut der Studie Staufenbiel JobTrends Deutschland 2011 zahlt ein Drittel der befragten Unternehmen Ingenieuren ein Einstiegsgehalt zwischen 41 000 und 44 000 Euro. Gut ein Viertel liegt sogar oberhalb dieser Bandbreite.

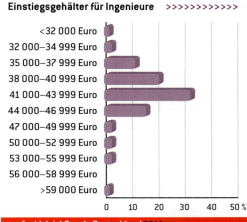

Einstiegsgehälter für Ingenieure

staufenbiel JobTrends Deutschland 2011

Diese Auswertung allein reicht allerdings nicht, um sich einen Überblick über realistische Einstiegsgehälter verschaffen. Zu viele Faktoren spielen beim Gehalt eine Rolle. So beeinflussen die Branche, der das Unternehmen angehört, die Zahl der Mitarbeiter des neuen Arbeitgebers, die Region und der Abschluss des Bewerbers das erste Einkommen.

Einstiegsgehälter nach Branchen >>>>>>>>>>>>

(Angaben in Euro p.a.)

	Q1	Median	Q3
Chemische Industrie	40 363	46 272	51 087
Automotive	40 950	45 000	50 055
Unternehmensberatung	41 680	44 820	51 800
öffentlicher Dienst	39 814	44 487	48 943
Versorger	37 200	44 200	50 900
Maschinen-/Anlagenbau	37 972	42 831	48 664
IT/Telekommunikation	36 167	40 300	45 900
Zeitarbeit	37 177	40 061	43 960
sonstige Dienstleistungen	35 750	39 007	45 401
Logistik	36 779	38 400	44 400
Bau	32 417	38 010	43 937
Handel	34 519	37 800	41 600
Medien	31 483	35 311	43 635

Jeweils 50 % aller erhobenen Werte sind höher oder niedriger als der Median. Unterhalb des Quartils Q1 und oberhalb des Quartils Q3 liegen jeweils 25 % der Werte. Die genannten Gehälter entsprechen dem Gesamtjahresbruttogehalt von Ingenieuren in den ersten beiden Berufsjahren. Darin enthalten sind alle fixen und variablen Anteile am Gehalt (Stand: Februar 2011). Ausgewertet wurden insgesamt 1 843 Datensätze. Quelle: PMSG PersonalMarkt Services GmbH

<<<<<<<<<<<<<<<<<<<<<<<<<<<<<<<<<<<<<

Die Vergütungsberatung Personalmarkt untersuchte in ihrer Gehaltsstudie aus dem Februar 2011 unter anderem, wie die Branche und der Einsatzbereich die Einstiegsgehälter beeinflussen. Für Ingenieure besonders interessant ist das gute Abschneiden der chemischen Industrie und der Automotive-Branche. Am niedrigsten sind die Einstiegsgehälter in der Medienbranche und dem Handel.

In der Gehaltsstudie 2010 des VDI lag ebenfalls die Chemie- und Pharmaindustrie bei den Ingenieurgehältern an erster Stelle, gefolgt von den Energieversorgern. Nach Angaben des VDI verdient ein Ingenieur in Deutschland im Schnitt 54 400 Euro.

Gehälter: Median oder Durchschnittswert? >>>>

In Gehaltsstudien werden für Gehälter häufig Durchschnittswerte angegeben. Die Hamburger Vergütungsberatung Personalmarkt ermittelt dagegen den Median. Der Median liegt in einer Rangreihe so, dass 50 Prozent aller Werte höher oder niedriger sind. Anders als beim Durchschnittswert verzerren einzelne Extremwerte nicht das Gesamtergebnis. So entsteht ein realistischeres Bild von den tatsächlich gezahlten Gehältern.

<<<<<<<<<<<<<<<<<<<<<<<<<<<<<<<<<<<<<

>> Einstiegsgehälter in verschiedenen Branchen

Gehälter in der Automobilindustrie

In der Automobilindustrie verdienen Ingenieure nach der Auswertung von Personalmarkt weiterhin überdurchschnittlich gut. Am höchsten sind die Einstiegsgehälter im Bereich Elektrotechnik: Bei gut 47 500 Euro liegt hier der Median.

Auch in der Produktion, dem Vertrieb und der Konstruktion können Ingenieure mit hohen Gehältern rechnen. Die Instandhaltung spielt für Ingenieure hier eine geringere Rolle, was sich auch im möglichen Einkommen niederschlägt.

Einstiegsgehälter in der Automotive-Branche >>>>

(Angaben in Euro p.a.)

	Q1	Median	Q3
Ingenieure gesamt	40 865	45 151	50 000
Elektrotechnik	40 722	47 555	51 529
Produktion	42 631	45 600	51 400
Vertrieb	40 832	45 322	52 469
Konstruktion	40 858	45 075	47 898
Projektabwicklung	39 805	44 855	50 180
Instandhaltung	40 364	42 027	47 200

Quelle: PMSG PersonalMarkt Services GmbH

<<<<<<<<<<<<<<<<<<<<<<<<<<<<<<<<<<<<<

Gehälter in der Chemie und Verfahrenstechnik

Ingenieure, die an einer Universität oder Technischen Hochschule einen Diplom- oder Master-Abschluss erworben haben, erhalten in der chemischen Industrie laut Tarifvertrag ab dem

Link yourself to the power of TenneT

www.tennet.eu

Das Einstiegsgehalt

zweiten Berufsjahr mindestens 53 720 Euro im Jahr. Promovierten Ingenieuren stehen demnach Jahresbezüge in Höhe von 62 590 Euro zu.

Der Tarifvertrag gilt jedoch nur für die alten Bundesländer und für Unternehmen, die dem Bundesarbeitgeberverband Chemie (BAVC) angehören. Dies gilt meist für die großen Chemieunternehmen. Der BAVC handelt die Tarife mit dem Verband angestellter Akademiker und leitender Angestellter der chemischen Industrie (VAA) aus. Ist der Arbeitgeberverband nicht dem Tarifvertrag angeschlossen, können die Gehälter stark abweichen.

Dennoch sehen sowohl die aktuellen Gehaltsstudien des Vereins Deutscher Ingenieure (VDI) und der Vergütungsberatung Personalmarkt die Ingenieure in der Chemie- und Pharmaindustrie bei den Gehältern ganz vorne. Das kommt nicht von ungefähr: In der chemischen Industrie suchen die Unternehmen meist sehr spezialisierte Bewerber. Der Fachkräftemangel wirkt sich hier deshalb besonders stark aus.

Sehr gute Verdienstaussichten haben Ingenieure laut Personalmarkt im Vertrieb und in der Elektrotechnik. Aber auch in den anderen Bereichen liegen sie meist über den Einstiegsgehältern in anderen Branchen. Der Medianwert für die Einstiegsgehälter von Ingenieuren in der Chemie liegt nach Angaben von Personalmarkt über 47 000 Euro.

Einstiegsgehälter in Chemie und Verfahrenstechnik >>>>>>>>>>>>

(Angaben in Euro p.a.)

	Q1	Median	Q3
Ingenieure gesamt	38 933	47 088	51 183
Vertrieb	38 812	47 425	56 900
Elektrotechnik	43 200	46 980	52 100
Projektabwicklung	36 665	46 294	55 807
Produktion	44 996	46 257	47 378
Instandhaltung	39 800	43 293	49 000

Quelle: PMSG PersonalMarkt Services GmbH

Gehälter in der Elektrotechnik

In der Elektrotechnikbranche können sich Ingenieure in der Produktion über besonders hohe Einstiegsgehälter freuen. Beim ersten Job ist hier ein Einkommen von fast 48 000 Euro oder mehr möglich – so der von Personalmarkt ermittelte Median. Im Vertrieb und in der Projektabwicklung liegen die Einstiegsgehälter laut Personalmarkt-Auswertung ebenfalls über dem Branchendurchschnitt.

Einstiegsgehälter in der Elektrotechnik >>>>>>>>

(Angaben in Euro p.a.)

	Q1	Median	Q3
Ingenieure gesamt	36 546	41 400	47 913
Produktion	37 750	47 852	51 644
Vertrieb	39 996	41 647	49 389
Projektabwicklung	37 117	41 622	45 956
Instandhaltung	36 520	41 040	45 120
Elektrotechnik	35 166	40 970	46 586
Konstruktion	38 718	40 552	45 175

Quelle: PMSG PersonalMarkt Services GmbH

Gehälter in der Energiewirtschaft

Auch in der Energiewirtschaft variieren die Gehälter je nach Einstiegsposition stark. Die Vergütungsberatung Personalmarkt ermittelte hier die höchsten Einkommensmöglichkeiten in der Elektrotechnik, der Konstruktion und der Produktion.

Einstiegsgehälter in der Energiewirtschaft >>>>

(Angaben in Euro p.a.)

	Q1	Median	Q3
Ingenieure gesamt	38 400	44 206	50 700
Elektrotechnik	43 620	46 860	51 076
Konstruktion	44 571	46 299	52 469
Produktion	25 935	45 500	56 543
Projektabwicklung	36 825	43 287	50 400
Vertrieb	35 192	42 671	43 600
Instandhaltung	36 780	40 703	44 612

Quelle: PMSG PersonalMarkt Services GmbH

Internationaler Projektpartner für Technik und Management

»Regional arbeiten mit internationalen Teams«

Wir sind einer der erfolgreichsten Ingenieur- und Personaldienstleister Deutschlands und bieten Top-Projekte bei allen führenden Unternehmen. Mit über 2.000 Mitarbeitern/-innen an 33 Standorten in ganz Deutschland und 8.000 Mitarbeitern/-innen in 35 Ländern weltweit.

- **Hochschulabsolventen (w/m)**
- **Young Professionals (w/m)**
- **Betriebswirte/Ingenieure im Vertrieb (w/m)**

Kennziffer: **750.02.11**

Möchten Sie nicht auch in einem Unternehmen arbeiten, welches Ihnen abwechslungsreiche sowie anspruchsvolle Aufgaben, gute Aufstiegschancen und auch Verantwortung überträgt? Dann lernen Sie Brunel, ein dynamisches und wachstumsorientiertes Unternehmen, kennen.

Ob Hochschulabsolvent oder Young Professional, als **Ingenieur, Techniker, Informatiker, Kaufmann** oder **Naturwissenschaftler:** Wir bieten Ihnen für Ihre Qualifikation optimale Einstiegs- und Karrieremöglichkeiten.

Die Vielzahl unserer Kunden und die Verschiedenartigkeit der Projekte garantieren eine große Auswahl an beruflichen und fachlichen Herausforderungen, national wie international. Sie wollen Verantwortung übernehmen, in anspruchsvollen Projekten für Top-Unternehmen arbeiten und sind bereit, sich dafür entsprechend einzubringen?

Dann bewerben Sie sich bei uns!

Entweder senden Sie Ihre vollständigen Bewerbungsunterlagen an untenstehende Kontaktdaten oder direkt an den Brunel Standort in Ihrer Nähe.

Brunel GmbH | Hermann-Köhl-Str. 1 | 28199 Bremen
Tel.: 0421 / 1 69 41-0 | contact@brunel.de | www.brunel.de

Die rasante Entwicklung in der Energiebranche lässt erwarten, dass Techniker hier auch in Zukunft mit attraktiven Gehaltern rechnen können.

Gehälter im Maschinen- und Anlagenbau

Die Gehälter im Maschinenbau und Anlagenbau haben sich immer mehr angeglichen. Die Vergütungsberatung Personalmarkt fasst die Branchen deshalb nun auch in ihrer Auswertung zusammen. Die höchsten Einstiegsgehälter erzielen Ingenieure hier in der Produktion, der Projektabwicklung und dem Vertrieb.

Einstiegsgehälter im Maschinen-/Anlagenbau >>>>

(Angaben in Euro p.a.)

	Q1	Median	Q3
Ingenieure gesamt	37 500	42 440	48 489
Produktion	39 064	44 760	52 647
Projektabwicklung	38 159	43 384	49 197
Vertrieb	39 979	43 334	50 220
Instandhaltung	38 456	42 271	47 845
Elektrotechnik	36 332	41 901	49 400
Konstruktion	35 118	40 905	45 663

Quelle: PMSG PersonalMarkt Services GmbH

Gehälter im öffentlichen Dienst

Im öffentlichen Dienst wird nach zwei Systemen bezahlt: Den Verdienst von Beamten regelt das Bundesbesoldungsgesetz (BBesG), bei Angestellten richtet er sich nach dem Tarifvertrag für den öffentlichen Dienst (TVöD) und nach dem Tarifvertrag für den öffentlichen Dienst der Länder (TV-L). Das Gehalt von Angestellten im öffentlichen Dienst der Länder ist in Entgeltgruppen 1 bis 15 eingeteilt.

Beim Bund und den Kommunen wird ebenfalls nach TVöD in Entgeltgruppen 1 bis 15 klassifiziert und die Bezahlung als Grundentgelt und darauf aufbauende Entwicklungsstufen gestaltet. Die höchste Entwicklungsstufe wird meist nach 15 Beschäftigungsjahren – je nach Leistung auch früher – erreicht. Generell gilt:

Vergleichbare Tätigkeiten werden für Beamte und Angestellte annähernd gleich vergütet.

Hochschulabsolventen mit Bachelor-Abschluss steigen bei Bund und Kommunen TVÖD in Entgeltgruppe EG 9 ein. In Stufe 1 beträgt nach der ab 1. August 2011 geltenden TVÖD-Tabelle der Monatsverdienst 2 289 Euro. Neu ist, dass nicht mehr in Entgelttabellen für die westlichen und östlichen Bundesländer unterschieden wird.

Universitätsabsolventen mit Diplom oder Akademiker mit Master-Abschluss werden beim Einstieg in die Entgeltgruppe EG 13 eingestuft und starten ab August 2011 mit 3 109 Euro Monatsverdienst.

>> Faktoren, die das Gehalt beeinflussen

Die Höhe des Gehalts bestimmen viele Faktoren. Berufseinsteiger sollten sie kennen, denn am Ende zählt nicht nur die Summe auf der monatlichen Gehaltsabrechnung. Auch Zusatzleistungen müssen berücksichtigt werden. Das genaue Gehalt vorherzusagen, ist unmöglich. Auch Gehaltsstudien können nur erste Anhaltspunkte für die Gehaltsverhandlung liefern. Die folgenden Faktoren haben Einfluss auf den Arbeitsmarkt und die Gehaltsstruktur in den Unternehmen:

- Unternehmensgröße: Konzerne zahlen tendenziell mehr als mittelständische Unternehmen.
- Konjunktur: In Boomzeiten ziehen in der Regel auch die Gehälter an, während in wirtschaftlich schlechteren Zeiten die Gehaltssteigerungen nur gering ausfallen.
- Ertragssituation: Vor allem im Top-Management hängt der Verdienst oft direkt von der Ertragslage des Unternehmens ab.
- Qualifikation der Gesamtbelegschaft: Hoch technologisierte Unternehmen zahlen tendenziell überdurchschnittliche Gehälter.

- Standort: Im den westlichen Bundesländern wird im Schnitt mehr gezahlt als im Osten, in Großstädten mehr als auf dem Land.

> **Web-Check: Sicher im Gehaltsgespräch**
>
> Mit der Checkliste zu Gehaltsverhandlungen auf staufenbiel.de/ingenieure sind Sie bestens gerüstet.
> <<<<<<<<<<<<<<<<<<<<<<<<<<<<<<<<

Auch die Persönlichkeit und das individuelle Qualifikationsprofil spielen eine große Rolle, wenn es um das Einstiegsgehalt geht. Über den Marktwert entscheiden mehrere Faktoren:

- Ausbildung: Je besser die Ausbildung, desto größer sind die Chancen, eingestellt zu werden und in die besser verdienenden, oberen Führungsränge aufzusteigen.
- Hochschule: Die besuchte Hochschule kann beim Berufsstart entscheidende Vorteile bringen und wird aufgrund der größer werden Unterschiede in der Ingenieurausbildung in Deutschland weiter an Bedeutung gewinnen.
- Studienrichtung: Die spezielle Studienrichtung ist bei Absolventen nur dann von Bedeutung, wenn etwa die Wahl spezieller Fächer mit der ausgeschriebenen Funktion direkt übereinstimmt. Generell ist ein methoden- und tätigkeitsorientiertes Studium eher zu empfehlen als eine produktorientierte Spezialisierung.
- Abschlussarbeit: Eine wissenschaftliche Arbeit, die in Beziehung zur Position steht, kann Gehaltsvorteile bringen.
- Abschlussnote: Gute Noten haben zwar keinen erheblichen Einfluss auf das Gehalt, verbessern jedoch die Bewerbungschancen enorm.
- Abschluss: Auch bei den Ingenieuren können Absolventen mit Master-Abschluss mit einem deutlich höheren Einstiegsehalt rechnen als Bachelor-Absolventen. Diplom-Ingenieure erhalten im Durchschnitt ein noch höheres Einkommen.
- Promotion: Ein Doktortitel, vor allem zusammen mit einer Tätigkeit als Assistent an der Hochschule und einem praxisnahen Thema, kann einen Gehaltsaufschlag bringen. Es gibt jedoch erhebliche branchenspezifische Unterschiede.
- Aufbaustudium/MBA: Bei speziellen Berufszielen kann ein Aufbaustudium von Nutzen sein, so im Bereich Wirtschaftsingenieurwesen. Auch ein MBA-Abschluss an einer renommierten Business School macht sich meist bezahlt. Die Aufschläge sind mit denen für promovierte Akademiker vergleichbar.
- Persönlichkeit: Bei vergleichbaren Studienabschlüssen bringen Teamgeist, Kommunikationsfähigkeit, Engagement und sicheres Auftreten oft die ausschlaggebenden Pluspunkte. Die Höhe des Einstiegsgehalts hängt auch stark vom Verhandlungsgeschick des Bewerbers ab.
- Alter: In der freien Wirtschaft bringt das Alter am Berufsanfang kaum ein Gehaltsplus.
- Berufspraxis oder Praktika: Praktische Erfahrung vor oder während des Studiums wird generell hoch bewertet. Vor allem hilft sie aber bei der Stellensuche.
- Auslandserfahrung: Ein Studiensemester oder ein Praktikum im Ausland wird von vielen Unternehmen als selbstverständlich vorausgesetzt und erhöht die Einstellungschancen. Zu höheren Einstiegsgehältern führt Auslandserfahrung meistens aber nicht.
- Sprach- und IT-Kenntnisse: Sie werden vielfach vorausgesetzt und bringen daher beim Gehalt kaum Pluspunkte – es sei denn, es handelt sich um Spezialkenntnisse.

Unternehmensgröße

Mit zunehmender Unternehmensgröße steigt das durchschnittliche Jahresgehalt. Das bestätigte die Erhebung der Vergütungsberatung Personalmarkt aus dem Februar 2011. Für Unternehmen mit bis zu 100 Mitarbeitern ermittelten die Gehaltsexperten für Nachwuchsingenieure einen Median von knapp 38 000 Euro. Bei Arbeitgebern mit bis zu 1 000 Mitarbeitern lag der Wert schon bei 42 000 Euro, während bei Großunternehmen in der Hälfte der Fälle 46 000 Euro oder mehr drin sind.

Das Einstiegsgehalt

Je nach Situation und Spezialisierung sind aber auch kleinere Unternehmen bereit, Spitzengehälter zu zahlen. Das hängt unter anderem damit zusammen, dass sie seltener an Tarifverträge gebunden sind und deshalb schnell und flexibel auf Marktveränderungen reagieren können.

Einstiegsgehälter für Ingenieure nach Firmengröße >>>>>>>>>>>>

(Angaben in Euro p.a.)

	Q1	Median	Q3
klein (< 101 Mitarbeiter)	32 400	37 820	42 379
mittel (101–1 000 Mitarbeiter)	37 586	41 974	46 229
groß (> 1 000 Mitarbeiter)	41 824	46 313	51 635

Quelle: PMSG PersonalMarkt Services GmbH

Standort
Auch der Standort des Unternehmens entscheidet mit über die Höhe des Gehalts. Die Zahlen von Personalmarkt zeigen sowohl ein West-Ost- als auch ein Süd-Nord-Gefälle: In den südlichen Bundesländern wird mehr gezahlt als in den nördlichen, im Westen mehr als im Osten. An der Spitze der Tabelle für Ingenieure liegen die Postleitzahlgebiete in Baden-Württemberg. Außerdem sind die Einkommen in Ballungsräumen meist höher als auf dem Land – das gilt dann allerdings auch für die Lebenshaltungskosten.

Einstiegsgehälter für Ingenieure nach Region >>>>

Nach PLZ (Angaben in Euro p.a.)

	Q1	Median	Q3
0 (bis 09999)	27 500	32 365	36 235
1 (bis 19999)	30 270	36 244	41 719
2 (bis 29999)	36 450	40 900	46 461
3 (bis 03999)	36 758	41 257	47 282
4 (bis 49999)	38 040	43 287	46 487
5 (bis 59999)	36 600	41 293	46 992
6 (bis 69999)	38 254	43 523	49 402
7 (bis 79999)	40 001	44 599	49 739
8 (bis 89999)	39 996	43 851	47 676
9 (bis 99999)	37 710	42 309	48 432

Quelle: PMSG PersonalMarkt Services GmbH

Für Ihren Karrierestart unbezahlbar.
Für Sie kostenlos.

>>> Mehr Infos unter **staufenbiel.de/it**

Das Einstiegsgehalt

Studienabschluss

Die bundesweite Umstellung auf die Studienabschlüsse Bachelor und Master ist mehr als zehn Jahre nach der Reform weitgehend vollzogen. Die ersten Absolventen haben die Hochschulen bereits verlassen. Bewarben sich in den vergangenen Jahren Bachelor- und Master-Absolventen noch selten in Unternehmen, werden sie nun immer mehr zum Regelfall.

Einstiegsgehälter für Ingenieure nach Abschluss >>

(Angaben in Euro p.a.)

	Q1	Median	Q3
Bachelor	35 000	39 732	45 655
Diplom FH	36 766	41 627	46 820
Diplom Uni	38 292	45 288	50 287
Master	39 632	44 148	50 133
Promotion	47 017	51 620	56 400

Quelle: PMSG PersonalMarkt Services GmbH

Alternative Vergütungsmodelle >>>>>>>>>>>>

(alle Absolventengruppen)

- Erfolgsabhängige Bonus-/Prämiensysteme
- Betriebliche Altersversorgung
- Direktversicherung
- Firmenwagen
- Unterstützung bei der Gesundheitsvorsorge
- Gewinnbeteiligungen
- Berufsunfähigkeitsversicherung
- Arbeitgeber-Darlehen
- Belegschaftsaktien
- Aktienoptionen
- Cafeteria-Modelle
- Portable Benefits
- Sonstiges

0 10 20 30 40 50 60 70 80 90 100 %

staufenbiel *JobTrends Deutschland* **2011**

Nach den Ergebnissen der Personalmarkt-Erhebung liegen die Bachelor-Einstiegsgehälter für Ingenieure etwa 4 000 Euro unter denen der Master-Absolventen. Speziell bei den Ingenieuren zeigt sich aber auch, welche Wertschätzung der Titel Dipl.-Ing. weiter genießt. Anders als bei anderen Fachrichtungen werden Diplom-Ingenieure beim Einstieg noch etwas besser entlohnt als Master-Absolventen. Für eine Promotion gibt es noch einmal ein kräftiges Plus.

Podcast: Gehaltsverhandlung >>>>>>>>>>>>>

Wollen Sie wissen, welche Tipps Personalexperten zum Thema Gehalt geben und wie ein Gehaltsgespräch verlaufen kann? Dann hören Sie sich den Podcast „Was wollen Sie verdienen?" unter staufenbiel.de/gehaelter an. Außerdem gibt es hier weitere Tipps, worauf es in der Gehaltsverhandlung ankommt.

Flexible Vergütungssysteme

Die Vergütung von Absolventen umfasst mehr als nur das feste Monatsgehalt: Viele Unternehmen offerieren ihren Mitarbeitern neben dem Gehalt lukrative Leistungspakete. Sieben von zehn Unternehmen ergänzen das Festgehalt durch erfolgsabhängige Bonus- und Prämiensysteme. 60 Prozent der befragten Firmen bieten Absolventen die Vorteile einer betrieblichen Altersvorsorge. Mehr als ein Drittel der Unternehmen stellt neuen Mitarbeitern einen Firmenwagen zur Verfügung.

Deutlich seltener werden Belegschaftsaktien, Aktienoptionen oder sonstige Benefits angeboten. Tendenziell gilt: Je höher die Position, desto höher ist auch der variable Gehaltsanteil.

Gehaltsstudien richtig interpretieren >>>>>>>>>>

Gehaltsstudien sind ein wichtiger Anhaltspunkt für die Einschätzung des eigenen Marktwerts, müssen aber auch mit Vorsicht interpretiert werden. Praktisch jede Analyse basiert auf unterschiedlichen Daten und statistischen Methoden. Und längst nicht alle sind repräsentativ. Tatsächlich vereinbart werden Gehälter immer noch individuell zwischen zwei Partnern.

Experteninterview: „Falsche Bescheidenheit"

Constanze Panitzki, Personalreferentin bei der **Voith GmbH**, gibt Tipps, wie sich Ingenieure im Gehaltsgespräch gut darstellen können.

Wie können sich Bewerber optimal auf ein Gehaltsgespräch vorbereiten?

Zur Vorbereitung auf ein Gehaltsgespräch gehört zunächst eine gründliche Recherche über branchenübliche Gehälter für vergleichbare Positionen. Dazu können Bewerber sich etwa auf Branchen-Gehaltsspiegel stützen oder Bekannte und Kollegen befragen. Hierbei sollten sie auch die aktuelle wirtschaftliche Lage berücksichtigen, in der sich das Unternehmen und die Branche befinden. Des Weiteren sollte der Bewerber eine Selbsteinschätzung seiner bisher erbrachten Leistungen und Fähigkeiten vornehmen, um sich den Ergebnissen seiner Recherche möglichst realistisch zuordnen zu können.

Was kommt im Gehaltsgespräch bei Unternehmen Ihrer Branche häufig zur Sprache?

Zum einen wird häufig die Frage nach dem Tarifsystem der Metallindustrie und der Zuordnung zu den einzelnen Entgeltstufen gestellt. Zum anderen interessiert die Bewerber, welche Entwicklungsmöglichkeiten es innerhalb dieses Systems gibt. Beides kann durch die Transparenz des Entgeltrahmentarifvertrags sehr anschaulich erläutert werden.

Was sind typische Fehler von Ingenieuren im Gehaltsgespräch?

Der am häufigsten auftretende Fehler ist falsche Bescheidenheit. Eine Gehaltsvorstellung, die weit unter dem branchen- und positionsüblichen Niveau liegt, impliziert zum einen eine unzureichende Recherche und zum anderen eine Geringschätzung der eigenen Leistungen und Fähigkeiten. Außerdem kommt es häufig vor, dass Bewerber unsicher reagieren, wenn man die Bezugsgröße ihrer Angabe hinterfragt.

Wodurch bleiben Ihnen Bewerber nach dem Gehaltsgespräch in guter Erinnerung?

Bewerber, die ohne Zögern einen realistischen Gehaltsrahmen für die angebotene Position angeben und hierbei Bezug auf ihre Fähigkeiten und Leistungen nehmen, hinterlassen stets einen positiven Eindruck. Sich dabei selbstbewusst, aber dennoch bescheiden zu präsentieren, ist der richtige Weg, um in guter Erinnerung zu bleiben.

Gibt es Besonderheiten bei Gehaltsgesprächen, die speziell für Ihre Branche gelten?

Nein, die genannten Standards gelten unabhängig von der Branche und der Fachrichtung des Bewerbers.

Welche persönlichen Tipps können Sie Bewerbern geben?

Informieren Sie sich vor Ihrem Gehaltsgespräch umfassend über branchenübliche Gehälter und gleichen Sie diese mit der Ihnen angebotenen Position ab. Überlegen Sie sich, welchen Wert Sie Ihren Fähigkeiten und bisher erbrachten Leistungen beimessen und verkaufen Sie sich nicht darunter. Begründen Sie Ihre Vorstellungen, denn das zeugt von Vorbereitung und Selbstreflexion.

Der Einstieg

Der Einstieg

>> Wege in den Job

Nachwuchsingenieure sind gefragt noch nie. Der Arbeitsmarkt hat sich nach der Wirtschaftskrise schnell erholt und Absolventen können nach ihrem Studium in den Job durchstarten. Die meisten Ingenieure steigen weiterhin in den Bereichen Forschung, Entwicklung und Konstruktion ein.

Technik-Spezialisten haben in der freien Wirtschaft gute Chancen, schnell in die Führungsetage aufzusteigen. Nach der Ingenieurerhebung 2010 des Verbands Deutscher Maschinen- und Anlagenbau (VDMA) liegt der Anteil der Ingenieure in Führungs- und Vorstandspositionen bei etwa 60 Prozent. Ob Absolventen in Großunternehmen oder bei einem Familienunternehmen ihre Karriere starten möchten – beide haben Vor- und Nachteile für das berufliche Fortkommen.

Zwei Varianten bieten sich den künftigen Ingenieuren zum Jobstart: der Direkteinstieg oder ein Trainee-Programm. Laut der Studie Staufenbiel JobTrends Deutschland 2011 bieten fast 90 Prozent der befragten Unternehmen technischen Nachwuchskräften den Direkteinstieg an.

Bei Ingenieuren spielt Training-on-the-Job fast eine genauso große Rolle wie der Einstieg durch ein Trainee-Programm: Dieser Weg ist bei knapp der Hälfte der befragten Unternehmen üblich. Die Form des Berufsstarts sollten Absolventen von folgenden Faktoren abhängig machen:
• individuelle Präferenzen
• persönliche und fachliche Qualifikation
• Unternehmen.

Realistische Selbsteinschätzung >>>>>>>>>>>

Generell gilt: Den richtigen Berufseinstieg gibt es nicht, nur den passenden. Karriere-Entscheidungen sind sehr individuell und sollten nach sorgfältiger Recherche und einer realistischen Selbsteinschätzung getroffen werden. Hierbei helfen folgende Fragen:
• Möchte ich ein Unternehmen oder einen Funktionsbereich ganzheitlich kennenlernen?
• Wie wichtig sind mir Einführungsseminare und Trainingsmaßnahmen?
• Wie viel Unterstützung erwarte ich?
• Habe ich mich bereits für eine konkrete Funktion entschieden?
• Habe ich bereits Erfahrungen gesammelt und möchte direkt Verantwortung übernehmen?
• Bringe ich das notwendige Fachwissen mit?
• Wie flexibel bin ich (Auslandseinsatz, Mobilität, …)?
<<<<<<<<<<<<<<<<<<<<<<<<<<<<<<<<<<<<<

Einstiegswege für Hochschulabsolventen >>>>>>

Welche Einstiegsformen bieten Unternehmen Ingenieuren?

Mehrfachnennung möglich

staufenbiel *JobTrends Deutschland* **2011**

>> Direkteinstieg/ Training on the Job

Für alle, die nach dem Studienabschluss schnell Verantwortung übernehmen und praktische Erfahrungen sammeln möchten, ist der Direkteinstieg der richtige Weg. Auch wer sich Expertenwissen für eine bestimmte Funktion aneignen will, ist mit einem Direkteinstieg gut bedient. Voraussetzung sind meist branchenrelevante Erfahrungen wie Praktika und die Fähigkeit zu selbstständigem Arbeiten. Beim Direkteinstieg oder Training on the Job beginnen Berufseinsteiger in einer festen Position innerhalb eines Teams. Die Aufgaben und der Verantwortungsbereich des Einsteigers sind von Anfang an festgelegt.

Die Vorteile des Direkteinstiegs gegenüber Trainee-Programmen sind:
- sofortige Übernahme einer Planstelle
- sofortige Festeinstellung
- höheres Gehalt.

Neue Herausforderungen
Vor allem beim Mittelstand ist der Direkteinstieg beliebt. Hier können Nachwuchsingenieure direkt an der Entwicklung von Produkten mitarbeiten oder fest umrissene Projekte betreuen. Auch in mittelständischen Firmen werden die Aufgaben für Fach- und Führungskräfte immer komplexer. Lieferanten, Unternehmen und Abnehmer sind eng miteinander vernetzt. Kleine und mittlere Firmen verbessern ihre Marktchancen durch Kooperation. Der Zusammenschluss zu Netzwerken stellt Führungskräfte vor neue Herausforderungen.

Zudem erschließen immer mehr Mittelständler Auslandsmärkte für ihre Produkte oder bauen außerhalb der deutschen Grenzen eigene Standorte auf. Hier ist internationale Erfahrung gefragt. Wer sich bewährt, rückt oft nach einigen Jahren in die Geschäftsführung auf. Kleinere Unternehmen bieten Berufseinsteigern häufig von Anfang an vielseitigere Aufgaben als Großunternehmen.

Direkteinstieg als Bachelor
Bachelor-Absolventen, die sich für einen Direkteinstieg ins Berufsleben entscheiden, sollten prüfen, ob und in welcher Weise das Unternehmen zu einem späteren Zeitpunkt bereit ist, ein Master-Studium zu fördern. Diese Form der frühen Berufserfahrung und schrittweisen Qualifizierung kann eine interessante Alternative zum Berufseinstieg nach dem Master sein.

>> Trainee-Programm

Die Bedeutung von Trainee-Programmen nimmt stetig zu. Dies gilt für Absolventen aus allen Fachbereichen, wie aus der Studie Staufenbiel JobTrends Deutschland 2011 hervorgeht. Ein Trainee-Programm kann bei Ingenieuren die erste Stufe zu einer verantwortungsvollen und gut dotierten Position im Management sein und schafft schnell eine gute Orientierung im Unternehmen. Für Berufseinsteiger, die nach einem breit gefächerten Studium ihre Stärken noch nicht so genau kennen und sich erst später für einen bestimmten Einsatzbereich entscheiden wollen, kann ein Trainee-Programm in einigen Branchen Vorteile bieten.

Der Trainee lernt Unternehmen abteilungsübergreifend kennen. Er hat dabei die Möglichkeit, mit Mitarbeitern aus verschiedenen Bereichen intensiv zusammenzuarbeiten. So muss er von Beginn an abteilungsübergreifend denken und handeln. Wegen der stärkeren Verzahnung einzelner Funktionsbereiche in den Firmen ist das eine der wichtigsten Anforderungen an Berufseinsteiger. Wer viele Abteilungen kennenlernt, kann ein umfassendes Kontaktnetz aufbauen, häufig auch über Ländergrenzen hinweg.

Mischformen der Programme
Allerdings verwischen durch unternehmensspezifische Mischformen und individuell angepasste Programme die Grenzen zwischen Trainee-Programm und Direkteinstieg zunehmend. Als charakteristisch für Einarbeitungsprogramme galt früher eine sehr breit angelegte Ausbildung. Heute sind Programme häufig unternehmens- und bereichsspezifisch gestaltet und auch individuell auf den einzelnen Trainee zugeschnitten.

In einzelnen Phasen und am Ende der Ausbildung werden Trainees beurteilt. Fällt die Beurteilung positiv aus, kann am Ende eine Übernahmeempfehlung an die Geschäftsführung folgen. Anschließend müssen sich Einsteiger im

Der Einstieg

Joballtag bewähren, bevor sich die Türen für eine Führungsposition öffnen.

Investition in den Nachwuchs
Firmen investieren in die Ausbildung ihres Führungsnachwuchses viel Geld – und sind deshalb daran interessiert, ihre gut ausgebildeten Trainees weiterzubeschäftigen. Wer bereits während des Trainee-Programms zeigt, dass er das Zeug zur Führungskraft hat, sammelt Pluspunkte. Das Programm ermöglicht nicht nur einen guten Einstieg ins Jobleben, sondern qualifiziert auch für spätere Aufgaben.

Deswegen stimmen die Unternehmen den Ablauf und die Inhalte oft individuell ab. Aufgaben und Projekte, die ein Trainee übernimmt oder mitbetreut, fördern dabei vor allem spezifische Kompetenzen, die später direkt im Unternehmen eingesetzt werden können. Zum Ausbildungsprogramm gehören Fach- und Persönlichkeitsseminare, Sprachkurse und Soft-Skills-Schulungen. Einen großen Teil der Ausbildungszeit verbringen Trainees in gemeinsamer Team- und Projektarbeit.

Die Gehälter für Trainees sind nicht mehr allzu weit von der Entlohnung für Direkteinsteiger entfernt. Trainee-Programme bieten also nicht nur fachliche Vorteile. Das gilt gerade für Nachwuchsingenieure.

Bei der Auswahl ihrer Trainees ist für fast die Hälfte der Unternehmen der akademische Abschluss ein wichtiges Kriterium. Die meisten erwarten einen Master oder ein Diplom-Zeugnis, so die Ergebnisse einer Studie des Unternehmens Franz Haniel & Cie. aus dem Jahr 2011.

> **Web-Check: Was verdienen Ingenieure?** >>>>>>>>
> Detaillierte Infos über die Gehälter von Ingenieuren in unterschiedlichen Branchen gibt es unter staufenbiel.de/ingenieure.

Internationale Trainee-Programme
Bei immer mehr Trainee-Programmen ist ein Auslandsaufenthalt fester Bestandteil. Englischkenntnisse und interkulturelle Kompetenzen sind für viele Unternehmen selbstverständlich geworden – insbesondere für Global Player. Ein internationales Trainee-Programm verläuft ähnlich wie ein nationales: Es wird mit dem Trainee gemeinsam erarbeitet und auf seine Fähigkeiten und Interessen zugeschnitten. Nach einer Einarbeitungsphase in der Startabteilung lernt der Trainee verschiedene Fachbereiche und Standorte des Unternehmens kennen.

Berufseinsteiger gewöhnen sich so an globales Denken und Handeln. Der Umgang mit Kollegen aus dem Ausland schult die interkulturelle Kompetenz. Bewerber sollten Sprachkenntnisse mitbringen und möglichst mobil und flexibel sein. Erste Auslandserfahrungen sind immer ein Vorteil.

>> Die ersten 100 Tage im Job

Der Arbeitsvertrag ist unterschrieben, die ersten 100 Tage im neuen Job stehen vor der Tür. 100 Tage, die eine Probezeit bedeuten – für den Einsteiger und das Unternehmen. Denn nach den ersten drei Monaten wird in fast jedem Unternehmen Bilanz gezogen. Für den neuen Mitarbeiter geht es in erster Linie darum, sich in ein bestehendes Team zu integrieren und sich in die neuen Aufgaben und Strukturen einzuarbeiten.

Fachlich erwartet dabei niemand Höchstleistungen. Unsicherheiten sind normal und werden verziehen. Wichtig ist, sich gut auf den Start und die erste Zeit vorzubereiten und gewisse Regeln zu kennen. Viele Berufseinsteiger neigen dazu, zu viel von ihren ersten Tagen im Job zu erwarten. Oder sie empfinden gerade in der Anfangsphase die Arbeitsbelastung als sehr hoch und stoßen an ihre Grenzen.

Um einen solchen Praxisschock zu vermeiden, sollten Absolventen schon vor Arbeitsbe-

konaktiva
Dortmund

Praktika
Diplomarbeiten
Doktorarbeiten
Direkteinstieg

Vorträge
Einzelgespräche
Podiumsdiskussionen
Bewerbungsmappen-Checks
... und vieles mehr

Für alle,
die hoch hinaus wollen

konaktiva Dortmund
Die Unternehmenskontaktmesse
Alles für Studenten, Absolventen & Young Professionals

8. bis 10. November 2011
Halle 3B in der Messe Westfalenhallen Dortmund

Weitere Informationen unter
www.konaktiva-dortmund.de

ginn aktiv werden. Der Einstieg ins Jobleben fällt leichter, wenn sie sich im Vorfeld gründlich über die Firma informiert haben. Bei der Vorbereitung auf das Vorstellungsgespräch haben Bewerber bereits wichtige Fakten über die Firma gesammelt. Dieses Wissen gilt es nun zu vertiefen, etwa durch Geschäfts- und Jahresberichte oder die Pressemappe des Unternehmens. Oder noch besser: durch Informationen aus erster Hand im Bekanntenkreis oder über eigene Netzwerke.

Vor Arbeitsbeginn >>>>>>>>>>>>>>>>>>>>>>>>>

- Wie ist der Bereich innerhalb des Unternehmens eingeordnet?
- Wer sind die wichtigsten Ansprechpartner?
- Wer hat welche Kompetenzen?
- Wo liegen die Aufgabenschwerpunkte?
- Welche Projekte und Aufgaben stehen in nächster Zeit an?
- Welches IT-System, welche Software wird eingesetzt?

<<<<<<<<<<<<<<<<<<<<<<<<<<<<<<<<<<<<<

Vorstellungsgespräch nutzen
Das Vorstellungsgespräch ist die wichtigste Informationsquelle für die ersten 100 Tage im Job. Hier sollten Bewerber alle wichtigen Fragen stellen, um sich ein möglichst genaues Bild vom Unternehmen machen zu können. Bleiben nach dem Gespräch noch Fragen offen, kann der spätere Vorgesetzte Auskunft geben. Chefs schätzen es durchaus, wenn sich der neue Mitarbeiter schon vor dem ersten Tag mit dem künftigen Arbeitsgebiet beschäftigt und Kontakt zum Bereich sucht.

Die zusätzlich gewonnenen Informationen liefern Anhaltspunkte über eigene Wissenslücken, die der Berufseinsteiger in Eigeninitiative oder in Abstimmung mit dem Arbeitgeber beheben kann. So können Absolventen, die die erwarteten Sprachkenntnisse nicht ausreichend mitbringen, zwischen Studienabschluss und Berufsstart ein Intensivtraining im Ausland einschieben – und sind dann optimal aufgestellt.

Vom Studium profitieren
Mit dem Start im Unternehmen stürzt eine Flut von Informationen auf den neuen Mitarbeiter ein. In dieser Phase sind die in Studium und Praktika erlernten Arbeitstechniken eine gute Grundlage, Sachverhalte zu strukturieren und sich einen Überblick zu verschaffen. Jetzt kommt es darauf an, möglichst schnell Informationen über Abläufe und Zuständigkeiten zu gewinnen und unternehmensspezifisches Wissen zu erwerben.

Die persönliche Integration ins Unternehmen kann sich als schwieriger erweisen. Oft sind Absolventen überrascht, wie bestimmte Aufgaben in der Praxis gelöst werden. Auch im Studium vermittelte Theorien stehen auf dem Prüfstand. Beim Umgang mit den neuen Kollegen kommt es gut an, wenn der neue Mitarbeiter sich offen zeigt. Er sollte Fragen stellen, ohne dabei bisherige Vorgehensweisen grundsätzlich zu kritisieren, und sich bemühen, aus der Praxis hinzuzulernen. Das Kunststück ist, die Balance zu finden: zwischen der notwendigen Anpassung an die Rahmenbedingungen im Unternehmen und dem Einbringen eigener Ideen.

Mentoren helfen
Fast alle neuen Mitarbeiter haben in der Anfangsphase gewisse Orientierungsprobleme. Ein realistisches Bild der Situation lässt sich am besten über Feedback-Gespräche mit Kollegen und Vorgesetzten erzielen. Häufig unterstützen Mentoren den neuen Kollegen in der Einarbeitungsphase. Vor Ablauf der Probezeit führen die meisten Unternehmen eine erste Beurteilung durch. Dann geht es darum, ob der neue Mitarbeiter weiterbeschäftigt wird oder nicht – und was in den ersten Monaten besonders gut und was weniger erfreulich gelaufen ist.

Web-Check: So gelingt der Einstieg >>>>>>>>>>>

Mit der Checkliste zu den ersten 100 Tagen unter **staufenbiel.de/ingenieure** gelingt der Einstieg.

<<<<<<<<<<<<<<<<<<<<<<<<<<<<<<<<<<<<<

Experteninterview:
„Alternative zum Direkteinsteig"

Claudia Salvischiani, Leiterin Strategische Personalentwicklung bei der **Dräxlmaier Group**, beschreibt die Vorteile eines Trainee-Programms und gibt Tipps, wie es erfolgreich verlaufen kann.

Welche Vorteile hat der Einstieg als Trainee?

Das Trainee-Programm ist eine interessante Alternative zum Direkteinsteig. Während beim Direkteinstieg bereits nach einer kurzen Einarbeitsphase schnell Verantwortung übernommen wird, steht in einem Trainee-Programm eine zielgerichtete und meist internationale Ausbildung im Fokus. Der Vorteil eines Trainee-Programms ist die bereichsübergreifende und ganzheitliche Ausbildung, in der Praxis mitgestaltet werden kann. Durch fest integrierte Trainingsmodule und ein intensives Betreuungssystem gibt es von Anfang an eine fachliche und persönliche Förderung.

Was wird von den Bewerbern für ein Trainee-Programm erwartet?

Neben einem sehr gut abgeschlossenem Studium, erster Auslandserfahrung und passenden Praktika spielen vor allem die persönlichen Eigenschaften eine entscheidende Rolle. So erwarten wir ein überdurchschnittliches Maß an Engagement, Selbstständigkeit sowie ausgeprägter Team- und Kommunikationsfähigkeit. Außerdem ist uns eine authentische und wertverbundene Persönlichkeit wichtig.

Woran kann ein Bewerber ein qualitativ hochwertiges Trainee-Programm erkennen?

Wir klären im Vorfeld mit den Bewerbern die Erwartungen und geben ein klares Bild über Ziel, Ablauf, Struktur, Betreuung und Förderung.

Was kann der Trainee tun, damit das Programm ein Erfolg wird?

In manchen Studien wird Trainees ein Kronprinzendenken nachgesagt. Deswegen ist Integrationsfähigkeit besonders wichtig. Die Tatsache, zu einem ausgewählten Kreis zu gehören, ist nur die erste Eintrittskarte für die Karriere. Viel wichtiger ist, von Beginn an mit seinen Fähigkeiten zu überzeugen und sich selbst in einem intensiven Lernprozess zu begreifen. Wertschätzung gegenüber den Kollegen und Lernbereitschaft müssen deshalb auf jeden Fall vorhanden sein.

Wann entscheiden Sie, ob ein Trainee nach Abschluss des Programms einen unbefristeten Vertrag erhält?

In dieser Hinsicht gibt es sehr unterschiedliche Regelungen. Einige Unternehmen bieten befristete Verträge an und entscheiden erst zum Ende des Programms, ob und wie es weitergeht. Da wir Trainee-Programme als strategische Nachwuchsförderung verstehen, geben wir einen Vertrauensvorschuss und bieten von Anfang an einen unbefristeten Vertrag an – also über das Trainee-Programm hinaus. Dies erhöht die Bindung zum Unternehmen und schafft die Basis für eine langfristige Zusammenarbeit.

Welche Karriereperspektiven haben Trainees?

Jedes Trainee-Programm verfolgt bestimmte Ziele. Davon abhängig gestalten sich weitere Karrierewege, etwa die Führungs-, Linien- oder Projektlaufbahn. Wichtig ist, im Vorfeld die Interessen und Neigungen abzugleichen und entsprechend im Programm zu fördern und zu entwickeln.

Welche persönlichen Tipps können Sie Bewerbern geben?

Erstens: Setzen Sie sich im Vorfeld auch mit der Kultur und den Werten des Unternehmens auseinander. Passen diese zu den eigenen, erhöht sich die Identifikation mit dem Unternehmen. Zweitens: Bleiben Sie authentisch und übernehmen Sie keine Rolle, die Sie in der Realität nicht erfüllen können. Dies führt auf beiden Seiten zu Frustration. Und drittens: Eigeninitiative wird oft belohnt.

Karriere bei Familienunternehmen

>> Der Jobmotor

Familienunternehmen spielen für Erhalt und Schaffung von Arbeitsplätzen eine herausragende Rolle. Sie erwirtschaften knapp 50 Prozent der Gesamtumsätze aller Unternehmen und beschäftigen mehr als die Hälfte aller Arbeitnehmer in Deutschland, ermittelte das Institut für Mittelstandforschung (IfM) der Universität Mannheim im Auftrag der Stiftung Familienunternehmen.

Was sind überhaupt Familienunternehmen? Je nach Definition können das Firmen sein, die sich noch vollständig in Familienbesitz befinden, oder – weiter gefasst – alle inhabergeführten Unternehmen oder auch Gesellschaften, in der eine Familie der größte Anteilseigner ist. Mehr als 90 Prozent der deutschen Unternehmen befinden sich in jedem Fall in Familienbesitz.

Familienunternehmen sind zwar meist Teil des Mittelstands, verfügen aber über spezifische Merkmale. Zum Mittelstand zählt das IfM alle Unternehmen mit zehn bis 500 Mitarbeitern und einem Umsatz von bis zu 50 Millionen Euro im Jahr. Doch Familienunternehmen können sowohl kleine und mittlere Betriebe als auch Großunternehmen sein – man denke nur an namhafte Familienunternehmen wie Bosch, Haniel oder Henkel mit Umsätzen im zweistelligen Milliardenbereich.

Attraktiv auch in der Krise

In Familienunternehmen sind die Familienmitglieder gleichzeitig Unternehmer und Eigentümer. Das zahlt sich in Krisenzeiten aus. Wer länger im Unternehmen verbleibt als viele angestellte Manager, geht mit seinem Kapital vorsichtiger um und verhält sich oft loyaler gegenüber seinen Mitarbeitern. Anders als die großen Konzerne erhöhten die Familienunternehmen während der letzten Wirtschaftskrise sogar die Zahl ihrer Mitarbeiter.

Bei Familienunternehmen herrscht oft noch eine auf Langfristigkeit und Wachstum ausgerichtete Personalpolitik. Sie bauen ihre Mannschaft von Führungskräften häufig unabhängiger von zyklischen Veränderungen der Wirtschaftslage auf. Mit Blick auf die Zukunft sehen die meisten Familienunternehmer steigenden Mitarbeiterbedarf, so die Stiftung Familienunternehmen.

Familienkontrollierte Unternehmen in Deutschland >>>>>>>>>>>>>>>>>>>>>>>>>>>>

(Anteil an allen Unternehmen 2008)

Anteil an allen Unternehmen	93 %
Anteil am Gesamtumsatz	49 %
Anteil an allen Beschäftigten	54 %
bei Unternehmen mit	
0–9 Beschäftigten	95 %
10–49 Beschäftigten	83 %
50–249 Beschäftigten	53 %
250–499 Beschäftigten	35 %
500 und mehr Beschäftigten	21 %

Quelle: Stiftung Familienunternehmen/Mannheimer Unternehmenspanel/Berechnungen des Zentrums für Europäische Wirtschaftsforschung (ZEW)

<<<<<<<<<<<<<<<<<<<<<<<<<<<<<<<<<<<<<<

Jung und wachstumsstark

Bei der Hälfte aller börsennotierten Unternehmen in Deutschland (ausgenommen Finanzunternehmen) handelt es sich um Familienunternehmen.

Diese repräsentieren etwa ein Drittel der Marktkapitalisierung, also der Börsenwerte, und die Börsenkurse entwickelten sich von 1998 bis 2008 ähnlich wie bei den großen Dax-Unternehmen. Inhabergeführte Unternehmen sind meist wachstumsstark und in fast allen Branchen vertreten. Das sind die zentralen Aussagen einer Studie der Stiftung Familienunternehmen, die vom Center for Entrepreneurial and Financial Studies (CEFS) an der TU München erstellt wurde.

Die Analyse zeigt, dass Familienunternehmen die Jobmotoren in Deutschland sind. Bezogen auf ihre Bilanz- und Umsatzsumme sind sie zwar kleiner als Nicht-Familienunternehmen und beschäftigen weniger Mitarbeiter. In einem börsennotierten Familienunternehmen sind im Durchschnitt 6 100 Mitarbeiter beschäftigt, bei Nicht-Familienunternehmen sind es rund 15 600. Aber: Die untersuchten Familienunternehmen weisen eine stärkere Wachstumsrate bei den Beschäftigten auf. Ihre Mitarbeiterzahl stieg 1998 bis 2008 um durchschnittlich 27 Prozent, während es bei Nicht-Familienunternehmen im Mittel sechs Prozent waren, so die Studie.

Familienunternehmen online >>>>>>>>>>>>>>>

Infos über Familienunternehmen gibt es bei der „Stiftung für Familienunternehmen in Deutschland und Europa" unter **familienunternehmen.de**. Die Stiftung ist auch Veranstalter des „Karrieretags Familienunternehmen", der jährlich an verschiedenen Orten stattfindet. Über mittelständische Unternehmen informieren die Institute für Mittelstandsforschung in Bonn, **ifm-bonn.org**, in Mannheim, **ifm.uni-mannheim.de**, sowie das Mittelstandsinstitut Lüneburg (MIL), **perso.uni-lueneburg.de**.
<<<<<<<<<<<<<<<<<<<<<<<<<<<<<<<

>> Attraktive Arbeitgeber

Auch Familienunternehmen müssen sich bewegen. Die unternehmerischen Aktivitäten werden auf globalisierten Märkten komplexer und internationaler. Das zwingt auch Familienunternehmen zu zunehmender Professionalisierung und Delegation der Aufgaben. Das anhaltende Wachstum im Mittelstand erfordert zusätzlich eine Verbreiterung der Führung. Aus den eigenen Reihen kann dies nicht mehr ausreichend getragen werden, heißt es in der Studie „Talente für den Mittelstand" der Wirtschaftsprüfungsgesellschaft Deloitte aus dem Jahr 2008. Der Führungsnachwuchs von morgen kommt nicht nur aus der Eigentümerfamilie, sondern zunehmend auch von außen – von der Hochschule.

Ruf des Unternehmens

Kulturell-führungsbezogene Kriterien stehen bei der Entscheidung für einen Arbeitsplatz an erster Stelle, heißt es in der Deloitte-Studie. So werden eine „abwechslungsreiche Teamarbeit" und ein „guter Ruf des Unternehmens" als zentrale Eigenschaften gesehen. Im Mittelstand profitieren Absolventen häufig von den Vorteilen flacherer Hierarchien. Auch abwechslungsreiche Teamarbeit und internationale Einsatzmöglichkeiten sind in vielen Familien- und mittelständischen Unternehmen selbstverständlich.

Eine große Zahl hat sich in der jeweiligen Branche einen Ruf als Marktführer geschaffen. Das sollten diese Unternehmen auch gezielt kommunizieren. Denn wie die Deloitte-Untersuchung zeigt, ist es für Absolventen wichtig, für ein renommiertes Unternehmen zu arbeiten. Führungsnachwuchskräfte möchten sich geschätzt fühlen, und mittelständische Unternehmen können ihnen dies aktiv sowohl in kultureller als auch in materieller Hinsicht vermitteln.

Charme der Provinz

Für Absolventen ist die Nähe des potenziellen Arbeitsplatzes zu einem Ballungsgebiet oder einer größeren Stadt ein Kriterium, das durchaus bei der Jobwahl berücksichtigt wird. Mehr als die Hälfte der Befragten weisen in der Deloitte-Studie dem Standort eine „wichtige" oder „eher wichtige" Rolle zu. Für lediglich 22 Prozent ist der Standort „eher unwichtig" oder „unwichtig". Die Untersuchung des Bewerberverhaltens zeigt aber, dass Aspekte des unmittelbaren und unternehmensspezifischen Arbeitsumfelds – wie Arbeitsbedingungen, Bezahlung, Attraktivität der Aufgaben oder ein partizipativer Führungsstil – eher den Ausschlag geben als die Standortfrage. Wenn Führungsstil und Gehalt stimmen und das Unternehmen seinen Ingenieuren hochinteressante Aufgaben bietet, gewinnt auch die Provinz wieder ihren Charme.

Mittelständische Arbeitgeber finden >>>>>>>>>>

Bei der Suche nach Familienunternehmen und mittelständischen Arbeitgebern können helfen:
- Karriere-Handbücher für Absolventen
- Job- und Karriereportale im Netz
- regionale Tageszeitungen
- Hoppenstedt-Hochschuldatenbank
- Industrie- und Handelskammern
- Branchen- und Berufsverbände
- Institute für Mittelstandsforschung
- Hochschul- und Fachmessen
- Fachzeitschriften.

<<<<<<<<<<<<<<<<<<<<<<<<<<<<<<<<<<<<<<<<

>> Hidden Champions

Die Hidden Champions, die heimlichen Gewinner, findet man in den unterschiedlichsten Branchen, so Professor Hermann Simon, Autor des Wirtschaftsbestsellers „Hidden Champions". Unter Hidden Champions versteht man mittelständische Unternehmen, die in ihrem Segment eine führende Marktposition einnehmen, aber dennoch relativ unbekannt sind. Sie sind häufig Familienunternehmen.

„Enabled in Germany"

Deutsche Weltmarktführer kommen häufig aus der Provinz. Sie haben meist einen sehr hohen Spezialisierungsgrad und vermarkten seltener Endprodukte, sondern stellen hochwertige Einzelkomponenten her, nach denen weltweit Bedarf besteht. Aus dem Label „Made in Germany" hat sich das Markenzeichen „Enabled in Germany" entwickelt. Die Spezialisten produzieren Gelatine, Zeiger für Armbanduhren oder Badewannen für Luxushotels und sind in ihrer Nische unter den drei Größten der Welt – oft sogar als Nummer eins.

Durch ihre internationale Vernetzung bieten diese inhabergeführten Unternehmen und Mittelständler abwechslungsreiche Arbeitsinhalte, die in kleinen Teams frühzeitig zu verantwortungsvollen Aufgaben führen. Die flache Hierarchie bietet Talenten unerwartete Möglichkeiten, sich zu entwickeln und Erfahrung zu sammeln. Es gibt mehr als tausend solcher „Champions" in Deutschland. Ihre Namen kennen oft nur Experten.

Enge Spezialisierung, globale Vermarktung

Ihr Ziel ist, in ihrem Markt die Nummer eins zu sein und zu bleiben. Um dieses Ziel zu erreichen, definieren Hidden Champions ihre Märkte enger als andere Unternehmen. Sie beziehen technologische Innovationen von Beginn an stark in die Produktentwicklung ein. Spezielle Kundenbedürfnisse zu befriedigen, ist ihnen oft wichtiger als geschlossene Verträge. Daraus resultiert, dass sie mehr in der Tiefe als in der Breite arbeiten. Das bedeutet: Sie bieten mehrere Varianten des gleichen Produkts oder eine umfassende Problemlösung auf einem eng definierten Markt an. Der Vertrieb erfolgt jedoch weltweit.

Denn um die eigene Nische nicht zu klein werden zu lassen, weiten die heimlichen Gewinner den Markt räumlich aus. Globalisierung ist das Stichwort. Von Anfang an sind Hidden Champions darauf aus, ihre Produkte auch international zu vermarkten. In den wichtigsten Zielmärkten sind die Unternehmen mit eigenen Tochtergesellschaften präsent und delegieren die Beziehung zum Kunden nicht an Dritte. Die meisten Auslandsniederlassungen haben deutsche Hidden Champions nach Angaben des Buchautors Hermann Simon in den USA, Frankreich und Großbritannien. Der tragende Erfolgsfaktor für den klaren Vorsprung gegenüber der Konkurrenz sind engagierte Mitarbeiter, die sich täglich weltweit herausfordernden Aufgaben stellen.

Hohe Qualität der Produkte
Etablierte Unternehmen mit langer Tradition sind genauso zu finden wie junge Unternehmen. Obwohl die Unternehmen unterschiedlich sind, haben sie doch eine wichtige Gemeinsamkeit: Neben ihrer führenden Position in Nischenmärkten zeichnen sie sich durch eine langfristige Wachstumsorientierung aus.

Viele Hidden Champions haben als Pioniere Produkte neu eingeführt oder neue Märkte geschaffen. Hierbei beschränken sie sich auf ihre Kernkompetenzen und setzen auf Innovationen bei Produkten und Prozessen. Oft sind sogenannte Durchbruchsinnovationen das Fundament ihres Erfolgs. Durch kontinuierliche Innovation bleiben sie an der Spitze. Wichtig für Hidden Champions ist die hohe Qualität ihrer Produkte. Auch eine hohe Forschungs- und Entwicklungstiefe sowie der Schutz ihres Knowhows haben große Bedeutung. Sie stellen häufig Maschinen und Software für die Produktion selbst her, um so eine Basis für ihre einzigartige Kompetenz zu schaffen.

Geringe Mitarbeiterfluktuation
Die Einbindung ins Unternehmen und die Identifikation mit dem Arbeitgeber ist bei Hidden Champions typischerweise höher als bei Konzernen. Dies spiegelt sich auch in der vergleichsweise geringen Mitarbeiterfluktuation wider. Sowohl die Firmen als auch die Mitarbeiter fühlen sich gegenseitig verpflichtet und weisen eine hohe Loyalität auf. Gründe dafür liegen einerseits in der oft besonderen Unternehmenskultur. Die Mitarbeiter haben es oft durch einen strengen Auswahlprozess geschafft und nehmen die Kultur des Unternehmens anschließend häufig umso überzeugter an. Andererseits stehen an der Spitze dieser Firmen oft beeindruckende Persönlichkeiten, die als Vorbilder motivieren und begeistern.

Hidden Champions sind oft im Familienbesitz und werden meist lange von den Gründern geführt. Diese zeichnen sich durch Zielstrebigkeit, Risikobereitschaft, Ausdauer und vor allem Begeisterungsfähigkeit aus.

Erfolgsfaktoren von Hidden Champions >>>>>>>>

Woran erkennt man Hidden Champions – außer daran, dass sie nicht auf Seite eins in Wirtschaftsmedien stehen?
- Hidden Champions streben nach Marktführerschaft. Ein typisches Ziel lautet: „Marktführer – sonst nichts."
- Hidden Champions definieren ihre Märkte eng. Sie entwickeln einzigartige Produkte, die sich ihre eigenen Nischen schaffen. Für sie gilt: Groß in kleinen Märkten.
- Hidden Champions kombinieren die enge Spezialisierung mit einer globalen Vermarktung. Sie sind von Anfang an auf internationale Expansion ausgerichtet.
- Für Hidden Champions ist Kundennähe der Dreh- und Angelpunkt der Marktführerstrategie.
- Innovation ist eines der Fundamente für Marktführerschaft. Dabei sind sie sowohl markt- als auch technologiegetrieben. Viele „stille Stars" haben als Pioniere ein völlig neues Produkt eingeführt.
- Heimliche Weltmarktführer bieten sich mit Konkurrenten einen intensiven, aber leistungssteigernden Wettbewerb.
- Hidden Champions schützen ihre Kernkompetenzen und lagern Leistungen nur selektiv aus. Dadurch werden hoch qualifizierte Mitarbeiter an Bord gehalten.
- Hidden Champions sind team- und leistungsorientiert. Für sie sind Macherqualitäten und anpackende, dynamische Mitarbeiter gefragt.

Quelle: Hermann Simon: „Hidden Champions des 21. Jahrhunderts", Campus Verlag

<<<<<<<<<<<<<<<<<<<<<<<<<<<<<<<

Wer gleich zu Beginn seiner Karriere etwas bewegen will, Eigeninitiative und einen unternehmerischen Geist mitbringt, findet bei Hidden

Champions und anderen Mittelständlern interessante Positionen. Wenn bei Konzernen die Zahl der Stellen stagniert oder zurückgeht, ergeben sich für engagierte Absolventen oft Chancen bei mittelständischen Unternehmen. Diese Einstiegsmöglichkeiten sollte man nicht ungenutzt lassen – gerade in Zeiten wirtschaftlicher Umbrüche.

>> Jobeinstieg und Perspektiven

Absolventen fällt der Einstieg bei mittelständisch geprägten Unternehmen häufig leichter als bei manchem Konzern. Das liegt unter anderem am Arbeitsmarkt: Das Verhältnis von Angebot und Nachfrage ist hier für Führungskräfte oft günstiger als bei Großunternehmen. Allerdings finden sich systematische Trainee-Programme hier immer noch seltener als bei Konzernen. Stattdessen sind der Direkteinstieg und Learning by Doing üblich.

Der Einstieg im Mittelstand bedeutet meist kurze Einarbeitungsphasen und ein breites Aufgabenfeld. Bewerber müssen nicht so spezialisiert sein wie in Großunternehmen. Die Vorteile: Nachwuchskräfte übernehmen früh Verantwortung, sie sind nah an strategischen Entscheidungen und erleben eine Leistungskultur, die mit Familiarität gekoppelt ist. Im Unternehmen verläuft der Aufstieg wegen flacher Hierarchien häufig rascher als bei Großunternehmen, denn es gibt weniger Wettbewerb um die Top-Positionen.

International tätige Unternehmen, besonders die Hidden Champions, schicken ihren Nachwuchs meist schon nach kurzer Zeit zum ersten Einsatz ins Ausland, um neue Märkte zu erschließen – gute Chancen für Einsteiger, die erste Auslandserfahrung bereits mitbringen.

Viele Perspektiven

Für Absolventen bieten sich vielfältige Karrierechancen, die für viele Bewerber durchaus attraktiver sein können als bei Konzernen. Die Karrieren guter Absolventen fallen dort oft bescheidener aus als in mittelständischen Unternehmen. Denn in den bekannten Konzernen ist oft auch die Konkurrenz größer.

Expandierende mittelständische Unternehmen bieten viele Perspektiven für ambitionierte Absolventen. Ein häufiger Nachteil ist dagegen, dass man für seine Weiterbildung oft selbst sorgen muss. Wer sich trotzdem weiterqualifiziert, dem wird auch ein späterer Einstieg bei einem Konzern gelingen. Ein Wechsel vom Klein- zum Großunternehmen – und umgekehrt – ist heute keine Seltenheit.

Nicht nur die Big Player

Beim Wettbewerb um die Top-Absolventen haben manche Familienunternehmen immer noch das Problem, dass sie kein so umfassendes Hochschul- und Personalmarketing realisieren wie Konzerne. Das gilt oft sogar für mittelständische Weltmarktführer aus Deutschland. Auch deshalb sind sie selbst bei erstklassigen Absolventen weniger präsent. Da in den vergangenen Jahren mittelständische Betriebe für einen Zuwachs an Arbeitsplätzen gesorgt haben, sollten Bewerber dennoch nicht nur die Big Player ins Auge fassen. Ein großer Teil der Stellenangebote für Akademiker stammt regelmäßig aus mittleren und kleinen Unternehmen.

Aber auch bei diesen Unternehmen steigen die Erwartungen an den Nachwuchs kontinuierlich, etwa in punkto Praxiserfahrungen. Neben Praktika während des Studiums sollte man daher auch eine Tätigkeit als Werkstudent nachweisen können – am besten in einem mittelständischen Unternehmen.

> **Web-Check: Mittelstand** >>>>>>>>>>>>>>>>>>>>>>
> Welche Anforderungen stellen mittelständische Arbeitgeber an Absolventen? Einen ersten Überblick gibt die Checkliste unter **staufenbiel.de/ingenieure**.
> <<<<<<<<<<<<<<<<<<<<<<<<<<<<<<<<<<<

Spitzenleistung unter schwierigen Bedingungen ist nur durch gemeinsamen Krafteinsatz möglich.

Gemeinsamer Einsatz im Team bringt Spitzenleistung hervor. Dazu gehört, auch in größeren Gruppen mit unterschiedlichsten Teilnehmern tragfähige Entscheidungen zu treffen. Wir begleiten Sie, die Talente Ihres Teams optimal zusammen zu bringen und mit vielen Beteiligten einen Konsens zu finden.

**Eines kommt dabei heraus:
das beste wirtschaftliche und technische Ergebnis.**

Die Change Management Intensivausbildung der OSTO® Systemberatung GmbH ist vom TÜV Rheinland anerkannt.

OSTO® Systemberatung GmbH
Schurzelter Str. 25, 52074 Aachen
Telefon +49 (0)241 72746
Telefax +49 (0)241 74655
osto@osto.de, www.osto.de

Studenteninitiativen im Porträt

>> Mehr kennen. Mehr können

„Mehr kennen. Mehr können" – unter diesem Motto werben die Studenten und Jungingenieure des Vereins deutscher Ingenieure (VDI) für ihre Organisation. Und begründen mit diesem Slogan kurz und knapp, warum das Engagement in einer Studenteninitiative Vorteile bringt. Denn je mehr Leute man kennt, desto mehr kann man von und mit ihnen lernen.

Zusätzlich zum eigenen Freundeskreis und Arbeitsgruppen mit Kommilitonen bietet die Mitgliedschaft und aktive Beteiligung in einer Studenteninitiative die Möglichkeit, den persönlichen Horizont zu erweitern. Auch der Kontakt zu potenziellen Arbeitgebern wird geknüpft und ist hilfreich für den Berufseinstieg.

Ingenieurwissenschaftler sammeln hier früh Praxiserfahrung und können ihre Soft Skills verbessern. Denn die Organisation und Umsetzung von Workshops, Exkursionen und Seminaren erfordern viel Teamgeist, Motivation und Verantwortungsgefühl. Fähigkeiten, die gerade im späteren Berufsleben von Vorteil sind.

Einige Studenteninitiativen haben ihr Arbeitsfeld um die Organisation von Recruiting-Messen erweitert. Hier treffen Vertreter vieler Arbeitgeber der Ingenieurbranche auf interessierte Absolventen und Studenten. Gerade die Vorbereitung einer solchen Messe schult Teamgeist und Zeitmanagement – denn eine solche Großveranstaltung ist ein enormes logistisches Unterfangen, das mehrere Monate Planung und Motivation erfordert.

Doch nicht nur das Thema Jobsuche steht bei Studenteninitiativen auf der Agenda. Auch im Studienalltag, etwa bei der Suche nach Praktika im In- und Ausland oder einer unternehmensnahen Abschlussarbeit, helfen die Initiativen Ingenieurwissenschaftlern.

Die Arbeit in einer Studenteninitiative ist in der Regel ehrenamtlich. Da die Fluktuation innerhalb einer Initiative wegen Praktika, Abschluss oder Auslandssemester sehr hoch ist, bietet sich schnell die Option auf eine leitende Position innerhalb der Organisation. Eine gute Gelegenheit, die eigene Führungsqualität zu verbessern. Eine Mitgliedschaft und aktive Beteiligung in einer Initiative sollte aber nicht allein wegen Karrierevorteilen in Betracht kommen. Neben den hilfreichen Kontakten ist es auch eine persönliche Erfahrung, bei der man über sich hinauswachsen kann.

Bonding

Studenten der RWTH Aachen gründeten 1988 die Studenteninitiative Bonding. Ihr Ziel: sich und anderen Kommilitonen nützliche Einblicke in das spätere Berufsleben ermöglichen. Das Konzept der für Studenten kostenfreien Organisation hatte rasch Erfolg und breitete sich aus. Inzwischen operiert Bonding an elf Hochschulstandorten in Deutschland und zählt etwa 350 Mitglieder. Der Verein organisiert unter anderem die etablierten Bonding-Firmenkontaktmessen. Obwohl sich regionale Gruppierungen gebildet haben, wirken alle Mitglieder an der Planung und Durchführung aller Projekte mit.

Neben den Messen veranstaltet Bonding auch die „Industry Night". Dabei handelt es sich um eine persönliche Begegnung zwischen Studenten und bis zu 30 Unternehmen. Auch „Kamingespräche" mit Vertretern einzelner Unternehmen organisiert Bonding. Außerdem gibt es das interne Weiterbildungsprogramm „con moto" – „beweg dich!", das Studenten in Kommunikation, Moderation, Präsentation, Projektmanagement und Rhetorik schult. Auf internationaler Ebene findet das „Season Course", ein Austauschprogramm in Kooperation mit der Studenteninitiative BEST (Board of European Students of Technology) statt.

EESTEC

Die Studenteninitiative EESTEC ist Anlaufstelle für Studenten der Elektrotechnik und der Informatik. 1986 im niederländischen Eindhoven gegründet, repräsentiert die Electrical Engineering Students European Association (EESTEC) etwa rund 50 Universitäten in 25 Ländern und zählt bislang 1 700 Mitglieder an Universitäten, Instituten und Technischen Hochschulen. In Deutschland ist sie in Aachen, Hamburg und München vertreten.

Ziel der Initiative ist die Förderung und Entwicklung internationaler Kontakte auch zwischen Studenten und Unternehmen und der Austausch von Ideen unter den studentischen Mitgliedern. Zu den Aktivitäten zählen Workshops, Austausch-Programme, Praktika-Vermittlungen und Kongresse. Während der einwöchigen Workshops diskutieren die Teilnehmer in kleinen Gruppen mit Vertretern der Industrie und Experten von Universitäten, etwa über neue Technologien oder soziale Aspekte des Ingenieurwesens.

An der jährlichen Generalversammlung, dem EESTEC-Kongress nehmen zahlreiche Elektrotechnik- und Informatik-Studenten aus ganz Europa teil. Vor Ort beschließen sie die künftigen Pläne, Ziele und Projekte der Organisation.

Estiem

Die verstärkte Kommunikation und Kooperation zwischen Studenten und Technologie-Instituten ist erklärtes Ziel der einzigen europaweit agierenden Studentenorganisation. Seit mittlerweile 20 Jahren organisiert die Estiem (European Students of Industrial Engineering and Management) eine Vielzahl an europaweiten Veranstaltungen wie Konferenzen, Vorlesungen, Workshops oder Case Competitions. Der Fokus liegt auf der Förderung von Zusammenhalt und Zusammenarbeit von Studenten des Wirtschaftsingenieurwesens.

Inzwischen repräsentiert die Studenteninitiative über 50 000 Studenten aus 26 Ländern und 64 Mitglieder-Gruppen. Sowohl fachliche als auch soziale Kompetenzen wie Toleranz und Teamgeist stehen dabei im Mittelpunkt. In Deutschland arbeitet Estiem mit einigen VWI-Hochschulgruppen zusammen.

Zu den größeren Veranstaltungen gehört das „Tournament in Management and Engineering Skills" (Times), das Flagschiff-Projekt von Estiem. Dieser Fallstudien-Wettbewerb findet seit 1994 mit großer Resonanz statt. Nach einer lokalen Qualifikation an sechs verschiedenen Standorten treffen sich die Finalisten in einer ausgewählten europäischen Metropole.

Die „Summer Academy" ist ein weiteres Projekt von Estiem, bei dem sich Studenten aus ganz Europa während der Ferien zur Gruppenarbeit, Diskussionen und Arbeit an Studien unter der Leitung von Experten treffen. Beim „Europe3D"-Projekt dagegen lernen die Studenten während eines fünftägigen Seminars ein bestimmtes Mitgliedsland intensiv kennen. Sie erhalten Einblicke in die jeweilige Politik, Wirtschaft und Kultur, etwa durch Exkursionen zu ansässigen Unternehmen.

Ifkom

Der Berufsverband Ifkom (Ingenieure für Kommunikation e.V.) richtet sich an Fach- und Führungskräfte, aber auch Ingenieurstudenten. Die Ifkom ist keine reine Studenteninitiative, sondern der größte Berufsverband von Kommunikationsingenieuren in Europa. Seit 1999 steht der Verband allen Ingenieuren der Kommunikationswirtschaft offen und auch Ingenieurstudenten können sich der Organisation anschließen.

Zentrales Anliegen des Verbands ist die Karriereförderung und die Interessensvertretung der Mitglieder. Zu den Veranstaltungen gehören Symposien, Seminare und Workshops. Ebenso bietet der Verein die Möglichkeit, aktiv in einer Arbeitsgruppe mit einem bestimmten Schwerpunkt mitzuarbeiten.

Ikom

In Süddeutschland macht sich die Initiative Ikom für die Kontaktbildung zwischen Wirtschaft und Studentenschaft stark. Die „Industriekontaktmesse München" fand 1989 zum ersten Mal mit 25 Unternehmen auf dem Stammgelände der Technischen Universität München in Garching statt.

Anfangs lag der Schwerpunkt der Messe auf den Naturwissenschaften. Das enorme Interesse führte jedoch zur Erweiterung des Spektrums auf das Gesamtangebot der Technischen Universität München. Im Januar 2007 startete die Ikom Bau mit Schwerpunkt Bauingenieurwesen und Architektur, im Mai 2008 kam die Ikom Life Science hinzu.

In den vergangenen Jahren besuchten rund 10 000 Studenten der Biotechnologie/Pharmazie, der Wirtschaftswissenschaften, der Natur- und der Ingenieurwissenschaften an drei aufeinanderfolgenden Tagen die Messe. Dort treffen sie auf etwa 190 nationale und internationale Unternehmen. Es werden erste Kontakte geknüpft sowie Praktika, Semester- und Diplomarbeiten angeboten. Das Ikom-Team mit rund 100 Studenten realisiert über die Messe hinaus auch ganzjährig Exkursionen, Workshops und Bewerber-Trainings.

Konaktiva Darmstadt

1989 fiel der Startschuss für die erste Konaktiva an der TU Darmstadt, damals noch unter dem Namen Kontakta. Im folgenden Jahr fand die erste studentisch organisierte und kostenfreie Recruiting-Veranstaltung statt. Seither treffen sich an drei aufeinanderfolgenden Tagen im Frühjahr junge Akademiker und Personalvertreter renommierter nationaler und internationaler Unternehmen im Wissenschafts- und Kongresszentrum Darmstadts.

Die rund 30 Mitglieder der Initiative arbeiten ehrenamtlich und eigenverantwortlich neben dem Studium. Im Zuge von Projektleitung, Logistik und Unternehmensbetreuung haben die Studenten intensiven Kontakt zu Unternehmen und knüpfen nicht nur in eigener Sache wichtige Kontakte zur Branche.

Über 14 000 Besucher und über 200 Aussteller können die Organisatoren auf der Messe begrüßen. Als zusätzlicher Service zum Rahmenprogramm aus Vorträgen und Workshops bietet die Organisation zweimal im Jahr ein Warm-up mit Tipps und Ratschlägen zum Thema Bewerbung und Berufseinstieg an. Bei der Diskussionsrunde „kontest" können Besucher ihre Fragen direkt an Unternehmen stellen.

Konaktiva Dortmund

Die Konaktiva Dortmund teilt nicht nur den Namen mit der Konaktiva Darmstadt. Ähnlichkeit besteht ebenso im Aufbau. Auch hier lautet das Motto „Studenten treffen Unternehmen". Rund 150 Aussteller trafen im November 2010 in den Westfalenhallen Dortmund auf mehrere tausend interessierte Studenten. 2010 haben 23 ehrenamtlich engagierte Studenten die größte studentisch organisierte Jobmesse im Rhein-Ruhr-Gebiet auf die Beine gestellt. Sie planen und organisieren – wie in Darmstadt – Vorträge, Einzelgespräche, Warm-ups und Seminare.

Das Pendant zum Darmstädter „Kontest" ist in Dortmund der „Runde Tisch". Hier können

Studenteninitiativen im Porträt

sich Ingenieurwissenschaftler über Einstiegsmöglichkeiten und Weiterbildungsprogramme bei den jeweiligen Unternehmen informieren.

VDE Young Net

Im VDE Young Net, der Studenteninitiative unter dem Dach des Verbands der Elektrotechnik, Elektronik und Informationstechnik, haben sich bundesweit 29 Bezirksvereine zusammengeschlossen und 8 000 studentische Mitglieder organisiert.

Neben Exkursionen und Seminaren bietet die Initiative ihren Mitgliedern ein auf ihre aktuelle Situation abgestimmtes Angebot. Studenten erhalten Informationen über das Studium und bei Fragen Hilfe von Studenten. Außerdem bietet VDE Young Net eine intensive Berufsvorbereitung, Seminare und Veranstaltungen.

Den Young Professionals im VDE Young Net stehen spezifische Angebote zum Berufseinstieg offen. Neben dem Zugang zur Kontaktdatenbank, die das Networking von Studenten und Young Professionals unterstützt, können die Mitglieder auch auf den Sharepoint Portalserver zugreifen. Diese gemeinsame Internetplattform bietet Diskussionsforen, ermöglicht die interne Kommunikation sowie den Austausch von Daten, Terminen und Aufgaben.

Weitere Angebote sind die kostenfreie Recherche in der Literaturdatenbank des Fachinformationszentrums Technik in Frankfurt am Main, die Jobbörse mit Stellen für Ingenieure und der Hochschulführer. Dort erhalten VDE-Mitglieder einen vollständigen Überblick über Ausbildungsmöglichkeiten im Bereich Elektrotechnik und Informationstechnik.

VDI-Hochschulgruppen

Unter dem Dach des VDI (Verein Deutscher Ingenieure) agiert unter anderem das Netzwerk Studenten und Jungingenieure (SUJ). Die lokalen Teams sind an über 60 Hochschulen vertreten und gehören zu den 45 Bezirksvereinen des VDI. Die SUJ-Gruppen vertreten nicht nur Studenten, sondern alle VDI-Mitglieder bis zu 33 Jahren.

Die ehrenamtlich arbeitenden Gruppen sind vor allem auf der Ebene ihrer Bezirksvereine aktiv. Dabei planen und organisieren sie Tagungen, Exkursionen und Events wie die Firmenkontaktmesse „Kiss me", die alljährlich in Hannover stattfindet.

VWI-Hochschulgruppen

Hochschulgruppen des Verbands Deutscher Wirtschaftsingenieure (VWI) sind derzeit an 42 Universitäten und Fachhochschulen aktiv. Jede einzelne Hochschulgruppe agiert selbstständig und setzt eigene Schwerpunkte. Zahlreiche Hochschulgruppen pflegen internationale Kontakte zur europäischen Organisation Estiem. Ein umfangreiches Netzwerk organisiert lokale Kooperationen, aber auch bundesweite Aktivitäten wie Firmenexkursionen, Recruiting-Messen, Berufsstarter-Seminare sowie Sport- und Freizeitveranstaltungen.

Zu den alljährlichen Veranstaltungen zählt der „Kreati-Fallstudienwettbewerb". Bei diesem bundesweiten Contest bearbeiten Teams von je vier Studenten reale oder fiktive Problemstellungen eines Unternehmens im Bereich Wirtschaftsingenieurwesen. Den Sieger prämiert eine Jury aus Professoren und Sponsoren. Sportiver und mehr auf Spaß ausgerichtet ist der viertägige „VWI-5-Kampf". Er wird jedes Jahr von einer anderen Hochschulgruppe ausgerichtet.

Studenteninitiativen im Netz >>>>>>>>>>>>>>>

- bonding.de
- eestec.de
- estiem.org
- ifkom.de
- ikom.tum.de
- konaktiva.tu-darmstadt.de
- konaktiva-dortmund.de
- vde.de/youngnet
- vdi.de/suj
- kissme-hannover.de
- vwi.org

<<<<<<<<<<<<<<<<<<<<<<<<<<<<<<<<<<

Kontakt- und Netzadressen

Career Service Center
RWTH Aachen
Career Center
Templergraben 92
52056 Aachen
0241/80-990 99
www.rwth-aachen.de/go/id/sqk

Fachhochschule Aachen
Career Service
Kalverbenden 6
52066 Aachen
0241/6009 51017
www.fh-aachen.de/5602.html

Technische Universität Berlin
Career Service
Hardenbergstraße 36a
10623 Berlin
030/314-24076
www.career.tu-berlin.de

Beuth Hochschule für Technik Berlin
Career Service
Luxemburger Straße 10
13353 Berlin
030/4504-28 18
www.beuth-hochschule.de/career

Ruhr-Universität Bochum
Career Service
Büro im Studierenden Haus
Universitätsstraße 150
44801 Bochum
0234-32 23866
www.ruhr-uni-bochum.de/kobra

Technische Universität Braunschweig
Career Service
Bültenweg 74/75
38106 Braunschweig
0531/391-43 39
www.tu-braunschweig.de/career

Hochschule Darmstadt
Career Center
Haardtring 100
64295 Darmstadt
06151/16-80 34
www.h-da.de/karriere-weiterbildung

Fachhochschule Deggendorf
Career Service
Edlmairstraße 6/8
94469 Deggendorf
0991/3615-223 oder 3615-224
www.fh-deggendorf.de/career

Fachhochschule Dortmund
Career Service
Sonnenstraße 96
44139 Dortmund
0231/9112-363
www.fh-dortmund.de (Rubrik „Studierendenservice & Internationales")

Technische Universität Dresden
Career Service
Würzburger Straße 35
01187 Dresden
0351/463-421 48
www.tu-dresden.de/careerservice

Friedrich-Alexander-Universität Erlangen-Nürnberg
Career Service
Halbmondstraße 6
91054 Erlangen
09131/85-241 41
www.uni-erlangen.de/studium/career-service

Technische Universität Hamburg-Harburg
Career Service
Schwarzenbergstraße 95 E
21073 Hamburg
040/42878-4501
www.tu-harburg.de/service/acs/career

Leibniz Universität Hannover
Career Service
Schloßwender Straße 5
30159 Hannover
0511/762-19137
www.career.uni-hannover.de

Ruprecht-Karls-Universität Heidelberg
Career Service
Friedrich-Ebert-Anlage 62
69117 Heidelberg
06221/54-36 55
www.uni-heidelberg.de/studium/imstudium/careerservice

Fachhochschule Köln
Career Service
Betzdorfer Straße 2
50679 Köln
0221/8275-21 21
www.fh-koeln.de

Technische Universität Ilmenau
Career Service
Postfach 100565
98684 Ilmenau
03677/69-25 58
www.tu-ilmenau.de/uni/career.4987.0.html

Fachhochschule Südwestfalen
Frauenstuhlweg 31
58644 Iserlohn
02371/566-0
www.fh-swf.de

Technische Universität Kaiserslautern
Career Service
Postfach 3049
67653 Kaiserslautern
0631/205-52 52
www.uni-kl.de/wcms/career.html

Universität Karlsruhe (TH)
Career Service
Vincenz-Prießnitz-Straße 1
76131 Karlsruhe
0721/608-56 65
www.rsm.kit.edu/26.php

Universität Kassel
Alumni & Career Service
Mönchebergstrasse 7
34109 Kassel
0561/804-22 51
www.uni-kassel.de/hrz/db4/extern/acs

Technische Universität München
Career Service
Gabelsbergerstraße 39
80333 München
089/289-22 132
www.tum.de/career

Fachhochschule Nürnberg
Career Service
Keßlerplatz 12
90489 Nürnberg
0911 /5880-42 19
www.ohm-career-service.de

Kontakt- und Netzadressen

Hochschule für Technik und Wirtschaft des Saarlandes
Career Service
Goebenstraße 40
66117 Saarbrücken
0681/5867-137
www.htw-saarland.de/service/career

Universität Stuttgart
Career Center
Geschwister-Scholl-Straße 24B
70174 Stuttgart
0711/685-8-21 74 oder -21 33
www.uni-stuttgart.de/career-service

Studenteninitiativen

Biotechnologische Studenteninitiative (btS)
c/o Biocom Projektmanagement GmbH
Brunnenstraße 128, 13355 Berlin
030/264-921 21
www.bts-ev.de

Bonding-Studenteninitiative
Mauerstraße 110
52064 Aachen
0241/40-33 52
www.bonding.de

Estiem – European Students of Industrial Engineering and Management
Paviljoen B 0.06, PO Box 513
5600 MB Eindhoven (Niederlande)
www.estiem.org

Karriereforum IKOM
Boltzmannstraße 15
85748 Garching
089/289-150 51
www.ikom.tum.de

Konaktiva Dortmund
Vogelpothsweg 87
44221 Dortmund
0231/9700-520
www.konaktiva-dortmund.de

AG Konaktiva GbR
Technische Universität Darmstadt
Karolinenplatz 5
64289 Darmstadt
06151/16-47 39 oder 16-55 67
www.konaktiva.tu-darmstadt.de

VDE Young Net
Verband der Elektrotechnik, Elektronik und Informationstechnik
Stresemannallee 15
60596 Frankfurt am Main
069/6308-347
www.vde.de/youngnet

Verband Deutscher Wirtschaftsingenieure (VWI)
c/o TU Berlin – H 90
Straße des 17. Juni 135
10623 Berlin
030/3150-57 77
www.vwi.org

Verein Deutscher Ingenieure (VDI)
VDI-Platz 1, 40468 Düsseldorf
0211/6214-0
www.vdi.de

Impressum

Staufenbiel *Ingenieure* 2011
Gehälter • Bewerbung • Weiterbildung;
27. Auflage, Band I
Autor: Professor Dr.-Ing. em. Klaus Henning
Verantwortlicher Redakteur:
Heinz Peter Krieger
Redaktion: Eva Flick, Thomas Friedenberger, Susann Kobs, Ina Oberhoff
Redaktionsleitung:
Stefanie Zimmermann
Korrektorat: Ulrike Kösterke
Online-Redaktion: Kirsten Gregus, Maurice Hein, Johanna Nowak
Anzeigenmarketing: Bert Alkema, Christina Elsner, Nadine Eppmann, Isabelle Fütterer, Christiane Fuchs, Anne Moog, Nina Otto vor dem gentschen Felde, Thorsten Volpers
Sales Director: Holger Fäßler
Telefon: 0221/91 26 63 33
E-Mail: holger.faessler@staufenbiel.de
Client Support: Maria Gorki, Natascha Wiedenfeld
Marketing/Öffentlichkeitsarbeit:
Karen Herold, Melanie Perrone
Grafik: Yvonne Bäumgen, Simon Pietsch (Coverbild: © istockphoto/James Thew/ildogesto; Die Rechte für die Coverbilder der Spezialausgaben liegen bei der entsprechenden Universität/Organisation; TU Dresden: Katja Glänzel; Görges-Bau; TU Ilmenau: ari, TU München: Albert Scharger)
Leitung Grafik & Produktion:
Simon Pietsch
Druck: Stürtz, Würzburg

ISBN: 978-3-922132-47-9
Herausgegeben von:
Staufenbiel Institut GmbH,
Postfach 10 35 43, 50475 Köln
Telefon: 0221/91 26 63-0,
Telefax: 0221/91 26 63-9,
E-Mail: info@staufenbiel.de
Internet: www.staufenbiel.de
Die Staufenbiel Institut GmbH ist Teil der Group GTI. Copyright © 2011 by Staufenbiel Institut GmbH
Herausgeberin: Birgit Giesen

Für die Richtigkeit der Angaben können Autor, Redaktion und Verlag trotz sorgfältiger Recherche keine Gewähr übernehmen. Eine Haftung für Personen-, Sach- und Vermögensschäden ist ausgeschlossen.

Namentlich gekennzeichnete Gastbeiträge geben die Meinung des jeweiligen Verfassers wieder und müssen nicht die Meinung des Autors und der Redaktion widerspiegeln.

Redaktionsschluss: März 2011

Hinweis bzgl. des Allg. Gleichbehandlungsgesetzes (AGG)

Redaktion und Verlag sind stets bemüht, sowohl redaktionelle Beiträge als auch Anzeigen daraufhin zu prüfen, dass Formulierungen nicht gegen geltendes Recht, nsbesondere gegen das Allgemeine Gleichbehandlungsgesetz verstoßen. Sollte im Einzelfall eine Formulierung von der Rechtsprechung als diskriminierend bewertet werden, weisen wir bereits jetzt darauf hin, dass wir uns von jeder Art der Diskriminierung distanzieren und dies jedenfalls nicht die Ansicht der Redaktion darstellt. Soweit in redaktionellen Beiträgen und in Beiträgen von Kunden ausschließlich oder überwiegend die maskuline Form verwendet wird, erfolgt dies lediglich aus Gründen der Lesbarkeit und stellt in keinem Fall eine Wertung gegenüber weiblichen Personen dar. Entsprechend ist mit dem Gebrauch des Begriffs „Young Professionals" keine Diskriminierung hinsichtlich des Alters intendiert, sondern es soll lediglich die Gruppe der Berufseinsteigerinnen und Berufseinsteiger angesprochen werden.

Sofern Sie sich durch Inhalte dieser Publikation benachteiligt fühlen, bitten wir Sie, sich mit unserer Beauftragten für Gleichbehandlung, Frau Nadine Eppmann, nadine.eppmann@staufenbiel.de, in Verbindung zu setzen.

Nachdruck von Beiträgen unter Quellenangabe nur mit schriftlicher Genehmigung des Verlags gestattet.

Bestellung: Erhältlich in Fachbuchhandlungen oder über den Verlag bzw. unter www.staufenbiel.de/bookshop.

Preis: Euro 15,00 (bei Versand zzgl. Porto und Versandkosten). Lieferung ins Ausland nur gegen Vorkasse.

Education

>> Nach dem Bachelor: Job oder Master?

Der deutsche Abschluss Dipl.-Ing. genießt einen international guten Ruf. Der Verband TU9, ein Zusammenschluss von neun großen technischen Universitäten in Deutschland, fordert deshalb, ihn als Titel für ein abgeschlossenes Master-Studium zu erhalten. Das Land Mecklenburg-Vorpommern änderte im Dezember 2010 sein Hochschulgesetz und führte den Diplom-Titel offiziell wieder ein. Dennoch: Nach den Bachelor-Absolventen erobern mittlerweile auch die Master-Absolventen den Arbeitsmarkt. Welche Karrierechancen haben Nachwuchsingenieure mit dem Bachelor- und welche mit dem Master-Abschluss?

Basiskenntnisse

Das Bachelor-Studium vermittelt in sechs oder sieben Semestern die nötigen Fachkenntnisse für den Einstieg in die Berufswelt. Mit dem Bachelor-Abschluss haben Nachwuchsingenieure ihren ersten berufsqualifizierenden Abschluss. Dabei wird vor allem Wert auf fundierte Grundlagen, fachliche Qualifikation und Praxisnähe gelegt – wie beim Fachhochschulstudium auch.

Der Vorteil: Die Absolventen sind jung und haben in den meisten Fällen schon erste Berufserfahrung durch Praktika gesammelt. Wer gegenwärtig in einem Bachelor-Studiengang eingeschrieben ist, hat zwei Möglichkeiten. Entweder steigt er nach diesem Abschluss direkt in den Beruf ein oder er schließt ein Master-Studium an. BA-Absolventen, die einen guten bis sehr guten Abschluss vorweisen können und auch die fachlichen Anforderungen und die entsprechenden Soft Skills mitbringen, haben eine reelle Chance, eine Stelle zu finden. Allerdings ist das Einstiegsgehalt nach einer drei- bis dreieinhalbjährigen Bachelor-Ausbildung meist niedriger als nach einer fünfjährigen Ausbildung mit Diplom- oder Master-Abschluss.

Immer mehr Bachelor- und Master-Studiengänge

Im Wintersemester 2010/11 waren 82 Prozent des deutschen Studienangebots Bachelor- oder Master-Studiengänge, berichtete die Hochschulrektorenkonferenz. 77 Prozent der Erstsemester und 53 Prozent aller Studenten an den deutschen Hochschulen sind inzwischen in den neuen Studiengängen eingeschrieben.

Das gestraffte Bachelor-Studium führt allerdings vielerorts zu mehr Leistungsdruck, da meist nur noch drei Jahre bis zum ersten Abschluss vorgesehen sind. Experten fordern daher immer lauter eine Entrümpelung des Lehrplans. Wer also ein Bachelor-Studium im Visier hat, sollte über ein gutes Zeit- und Organisationsmanagement verfügen und sich vor Aufnahme des Studiums an der Hochschule beraten lassen.

Job oder Master

Ein Master-Studiengang baut auf dem bisherigen Studium auf und vertieft die Inhalte. Grundsätzlich ist es auch möglich, nach dem Bachelor-Studium erst einmal Berufserfahrung zu sammeln und erst später den Master-Abschluss nachzuholen. Auch Bafög kann dann wieder bezogen werden.

Wer überlegt, nach dem Bachelor-Abschluss zunächst einige Jahre in der Industrie zu arbeiten und dann einen fachlichen Master anzuschließen, sollte eines bedenken: Ein Master-Studiengang kann länger dauern, wenn man bereits einige Jahre gearbeitet hat. Das liegt vor allem an inzwischen geänderten Studieninhalten.

Studenten müssen dann unter Umständen Zusatzseminare belegen, die das Studium verlängern. Außerdem gibt es gerade in innovativen Branchen eine Menge spezialisierte Unternehmen mit schnellen Innovationszyklen.

Wer eine Weile aussetzt, sollte dafür sorgen, nicht den Anschluss an den Arbeitsprozess zu verlieren. Immer häufiger finanzieren jedoch Unternehmen ein Master-Studium. Setzt dieser Weg sich durch, kann es zukünftig attraktiv werden, nach dem Bachelor-Abschluss in die Industrie zu gehen und erst später mit Unterstützung des Arbeitgebers den Master-Grad anzustreben. Bachelor-Absolventen sollten diese Möglichkeit schon in ihren Bewerbungsgesprächen thematisieren.

Alte und neue Studiengänge parallel

Studenten, die in einem Diplom-Studiengang begonnen haben, können ihr Studium mit einem Diplom beenden oder in den Bachelor- oder Master-Studiengang wechseln. Die Hochschulen informieren über die Formalitäten, wobei die Bedingungen von Bundesland zu Bundesland und zum Teil sogar von Hochschule zu Hochschule verschieden sind.

In den meisten Bundesländern laufen die neuen Studiengänge parallel zu den alten. Prinzipiell hat jeder das Recht, seinen angefangenen Studiengang auch zu Ende zu führen.

Deutschland hat sich mit der Unterzeichnung der Bologna-Erklärung dazu verpflichtet, sämtliche Diplom-Studiengänge auf das zweistufige Bachelor-Master-Studiensystem umzustellen. Von den großen Unternehmen sind schon viele auf die neuen Abschlüsse vorbereitet und haben ihre Einstiegspositionen den neuen Studiengängen angepasst.

Andererseits ist der Diplom-Ingenieur aus Deutschland ein weltweit anerkanntes Markenzeichen für eine hervorragende Ingenieur-Ausbildung. Gerade kleine und mittelständische Unternehmen kennen sich mit dem Diplom noch besser aus. Wer bereits einen Diplom-Studiengang begonnen hat, muss keine Sorge haben, dass dieser in absehbarer Zeit an Wert verliert. Der gute Ruf des deutschen Ingenieur-Diploms wird sicher noch eine ganze Weile erhalten bleiben.

Wer sich entschließt zu wechseln, muss sich dringend informieren, ob alle bisher erbrachten Studienleistungen auch anerkannt werden. Den Master noch zusätzlich nach dem Diplom anzuschließen, empfiehlt sich bei einem konsekutiven Master nicht. Er vertieft das Fachwissen, sodass es zahlreiche Überschneidungen zum Diplom-Studiengang gibt.

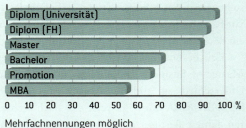

Einstellungskriterien für Ingenieure nach Art des Abschlusses

staufenbiel *JobTrends Deutschland* 2011

Akzeptanz der neuen Abschlüsse

Die Studie Staufenbiel JobTrends Deutschland 2011 zeigt, dass sich die Unternehmen auf Absolventen mit Master-Abschlüssen eingestellt haben. Zwar nannten die meisten Unternehmen, die Bedarf an Ingenieuren haben, das Universitätsdiplom als den Abschluss, den sie bevorzugen. Doch auch der Master wird inzwischen von 90 Prozent der Unternehmen akzeptiert. An den Bachelor muss sich dagegen noch ein gutes Viertel der Arbeitgeber gewöhnen. In konjunkturellen Hochphasen und Zeiten des Fachkräftemangels wird er aber an Bedeutung gewinnen.

Studenten sollten sich möglichst früh darüber klar werden, wie und wo sie in ihren ersten Job einsteigen wollen und wo sie mit ihrem Abschluss punkten können. Das Beste ist, sich bei den infrage kommenden Firmen zu erkundigen, welche Abschlüsse sie bevorzugen. Denn ob der Bachelor oder Master akzeptiert wird, hängt stark von der Branche und den Einstiegspositionen ab.

>> Der Master – Abschluss mit Zukunft

Der Master-Abschluss entspricht prinzipiell dem bisherigen Titel Diplom-Ingenieur. Dabei führen mehrere Wege zum Ziel: Möglich ist ein konsekutiver Abschluss, bei dem Bachelor und Master aufeinander abgestimmt sind. Der Master vertieft dann inhaltlich das Bachelor-Studium. Anders sieht es beim nicht-konsekutiven Master aus. Hier steht eine andere Studienrichtung im Fokus als zuvor beim Bachelor. Kombiniert werden kann etwa ein Bachelor of Science mit dem Master of Arts.

Ein besonderer Master-Abschluss ist der Master of Business Administration (MBA). Im Unterschied zu anderen Master-Abschlüssen kann der MBA normalerweise erst nach mehreren Jahren Berufserfahrung erworben werden. Das kostenpflichtige MBA-Studium ist sehr international ausgerichtet und vermittelt in erster Linie Management-Kenntnisse.

Was ändert sich?

Master-Absolventen bekommen nicht automatisch eine höher dotierte Stelle als ihre Kollegen mit einem Bachelor-Abschluss. Für viele Positionen wird aber zwingend ein Master-Abschluss vorausgesetzt.

Verbessert hat sich die Situation für FH-Absolventen: Nach einer Entscheidung der Kultusminister sind die Abschlüsse beider Institutionen formell gleichwertig. Das heißt, dass es theoretisch möglich ist, den Bachelor an der Fachhochschule und den Master an der Universität zu absolvieren – wenn man die Zulassungsvoraussetzungen erfüllt. Die Regelungen der Hochschulen unterscheiden sich stark voneinander.

mba-master.de >>>>>>>>>>>>>>>>>>>>>>>>>>>
Mehr Infos über MBA- und Master-Studiengänge gibt es unter **mba-master.de**.
<<<<<<<<<<<<<<<<<<<<<<<<<<<<<<<<<<<<

Bewerbung

Wer einen Master machen will, muss sich neu bewerben. Viele Master-Studiengänge sind zulassungsbeschränkt, sodass die Bewerber ein Zulassungsverfahren durchlaufen müssen. Wie das genau aussieht, ist von Hochschule zu Hochschule anders. Wichtig ist, sich früh zu erkundigen.

Gute Noten allein reichen nicht aus. Normalerweise werden der Nachweis über einen akademischen Abschluss sowie ein Lebenslauf und Zeugnisse über die Berufstätigkeit verlangt. Hinzukommen können das Gutachten eines Professors, eine persönliche Stellungnahme oder auch ein Aufsatz über ein studienrelevantes Thema. Auch der Nachweis über Fremdsprachenkenntnisse oder ein persönliches Gespräch können Voraussetzung sein. Manche Hochschulen fordern zusätzlich einen Leistungstest von den Bewerbern. Häufig gibt es dabei Bewerbungsfristen, die man nicht verpassen darf. Nähere Informationen gibt es auf den Internetseiten der Hochschulen.

Ablauf und Dauer

Ein Master-Studiengang kann entweder stärker forschungs- oder anwendungsorientiert sein. Generell gilt: Fachhochschulen sind praxisorientierter als Universitäten, bei denen die Lehre eher von den jeweiligen Forschungsschwerpunkten geprägt ist. Einschließlich der abschließenden Master-Arbeit dauert ein Master-Studium meist drei bis vier Semester. Es ist in verschiedene Fachmodule aufgeteilt, die ein abgegrenzte Themengebiete behandeln und maximal zwei Semester umfassen. Um innerhalb der Regelstudienzeit zu studieren, müssen die Module häufig in einer bestimmten Reihenfolge belegt werden.

Potenziale entdecken!

The Ne(x)tworking Generation.
Studierende im VDE sind gefragt.

Der VDE verschafft Ihnen wertvolle Kontakte für Ihre Karriere - und einen deutlichen Informationsvorsprung. Fürs Examen. Für die berufliche Orientierung.

- Interdisziplinäres und internationales Expertennetzwerk
- Weiterbildung und Wissenstransfer
- Forschungs- und Nachwuchspreise
- Studien- und Positionspapiere
- Eintritt frei für VDE-Seminare und Tagungen sofern Plätze frei
- Kostengünstige Fachliteratur/Zeitschriften
- Gratis 1 Jahresabo der etz oder ntz

- VDE-Hochschulgruppen und YoungNet Service
- Jobbörse
- FAZ-Hochschulführer kostenfrei
- Kostenlose VDE-VISA Card
- Günstige Sixt-Angebote
- Beitragsfrei im Eintrittsjahr

VDE – 8.000 Studenten in 60 Hochschulgruppen.
www.vde.com

VDE Verband der Elektrotechnik Elektronik Informationstechnik e.V.
Stresemannallee 15 · 60596 Frankfurt am Main
Telefon +49 69 6308-0 · Telefax +49 69 631 2925 · www.vde.com

Education

Berufsbegleitend
Wer den Master neben seinem regulären Job absolvieren möchte, kann berufsbegleitend studieren. Mithilfe von Studienbriefen stehen teilweise Selbstlernen, Präsenzveranstaltungen am Wochenende oder Blockseminare auf dem Studienprogramm. Ein E-Learning-Studium ist ebenfalls möglich. Berufsbegleitende Studiengänge sind normalerweise kostenpflichtig.

Credits
Bachelor- und Master-Studenten sammeln sogenannte Credits oder ECTS-Punkte. Sie werden für die regelmäßige Teilnahme an Vorlesungen und Seminaren sowie für Übungen und Klausuren gutgeschrieben. Da die Vergabe von Punkten innereuropäisch üblich ist, ist es für Bachelor- und Master-Studenten einfacher geworden, im Ausland erbrachte Leistungen anerkennen zu lassen. Nach dem Erreichen der erforderlichen Credits melden sich die Studenten zur Master-Arbeit an. Nach der schriftlichen Arbeit folgt eine mündliche Prüfung. Hat man beides erfolgreich bestanden, wird der Titel „Master of Science" oder „Master of Engineering" verliehen.

Finanzierung
An einer staatlichen Hochschule müssen keine zusätzlichen Gebühren für ein konsekutives Master-Studium einkalkuliert werden. Es gelten die gleichen Sätze wie für alle anderen Studenten auch. Nicht-konsekutive Master-Studiengänge können allerdings als Zweitstudium eingestuft werden, sodass sie dann nicht immer kostenlos sind. Damit müssen auch Studenten rechnen, die mit einem anderen Abschluss als dem Bachelor ein Master-Studium beginnen oder die bereits zwei Bachelor-Abschlüsse erworben haben.

Auch Master-Studenten können Bafög beziehen, wenn das Master-Studium auf einem Bachelor-Abschluss aufbaut. Hier gilt allerdings genauso: Hat der Bafög-Bewerber bereits einen anderen Studiengang absolviert, gilt das Master-Studium als Zweitstudium und wird nicht mehr gefördert.

Web-Tipps zum Thema >>>>>>>>>>>>>>>>>>>>
- mba-master.de
- bildungsserver.de
- hochschulkompass.de
- hrk-bologna.de
- studienwahl.de
- wege-ins-studium.de
<<<<<<<<<<<<<<<<<<<<<<<<<<<<<<<<<<<<

>> Die richtige Hochschule

In der Bologna-Erklärung haben sich 29 europäische Bildungsminister auf ein zweistufiges Hochschulsystem mit vergleichbaren Abschlüssen und einem einheitlichen Leistungspunktesystem geeinigt. Das Leistungspunktesystem ECTS (European Credit Transfer and Accumulation System) soll den Wechsel an eine ausländische Hochschule vereinfachen.

Innerhalb Deutschlands ist ein Hochschulwechsel erst nach dem Bachelor-Abschluss empfehlenswert. Doch wer die Wahl hat, hat die Qual. Die Auswahl der richtigen Hochschule ist mit der nun größeren Mobilität ebenfalls schwieriger geworden. Gerade beim Master-Studium müssen Nachwuchsingenieure mit einer internationalen Konkurrenz um die Studienplätze rechnen: Je besser der Ruf der Universität, umso härter die Konkurrenz. Doch wie ist die Qualität der Hochschule und ihrer Studiengänge zu erkennen?

Hierzulande gibt es die Stiftung zur Akkreditierung von Studiengängen in Deutschland (kurz: Akkreditierungsrat). Ihr Ziel ist, zur Entwicklung der Qualität von Studium und Lehre beizutragen und an der Verwirklichung des europäischen Hochschulraums mitzuwirken. Außerdem gibt es internationale Akkreditierungsinstitutionen wie die European Association for Quality Assurance in Higher Education (ENQA). Die ENQA erar-

Wirtschaftsingenieure gesucht!

Der Verband Deutscher Wirtschaftsingenieure (VWI) e.V. setzt sich seit 75 Jahren für das Wirtschaftsingenieurwesen ein.

Das VWI-Netzwerk verbindet berufstätige Wirtschaftsingenieure im In- und Ausland in ihren vielfältigen fachlich-interdisziplinären Arbeitsfeldern.

An mittlerweile 120 Universitäten und Fachhochschulen fördert der VWI die qualitativ hochwertige Ausbildung angehender Wirtschaftsingenieure und setzt so einen international anerkannten Standard.

- Netzwerk
- Fachtagungen
- Fachzeitschrift
- Arbeitskreise
- Alumnigruppen
- Hochschulgruppen
- Teamarbeit

Schon Mitglied?

www.vwi.org ■ info@vwi.org ■ +49 (0)30 31505777

Der Masterplan für eine verantwortungsvolle Karriere!

Machen Sie Ihren Master an einer der führenden Business Schools im deutschsprachigen Raum. Für unsere, nach internationalen Maßstäben akkreditierten Master-Programme sprechen nicht nur ausgezeichnete Ranking-Ergebnisse. Es ist die Mischung aus Internationalität und Praxisnähe mit der wir Führungspersönlichkeiten mit interkultureller Kompetenz so erfolgreich ausbilden.

MSc Logistics Management (Wirtschaftsingenieur)
MSc Production Management (Wirtschaftsingenieur)
MBA International Management (Full-Time)
MBA International Management (Part-Time)

www.esb-reutlingen.de

Hochschule Reutlingen
Reutlingen University

beitet europäische Standards, Verfahren und Richtlinien für die Qualitätssicherung. Hat man ein Master-Studium an einer bestimmten Hochschule im Visier, sollte man immer darauf achten, dass der Studiengang auch akkreditiert ist. Das verspricht ein gewisses Qualitätsniveau und international geltende (Mindest-)Standards.

Zulassungsvoraussetzungen

Die meisten Hochschulen fordern neben der Voraussetzung, dass man mindestens einen berufsqualifizierenden Abschluss hat, noch andere Zulassungsbestimmungen. So sind dem Antrag das Abschlusszeugnis des ersten berufsqualifizierenden Studiums und ein Lebenslauf beizulegen. Meistens möchten die Universitäten auch eine Erklärung der eigenen Position zum Master-Studium haben. Dabei interessiert vor allem die persönliche Eignung und die eigene Zielsetzung.

Auch Sprachkenntnisse sind bei den meisten Hochschulen ein Muss. So ist es an deutschen Hochschulen gängig, dass man einen Nachweis über die Englischkenntnisse (zum Beispiel TOEFL) erbringen muss und gegebenenfalls auch über die Deutschkenntnisse, für den Fall, dass Deutsch nicht die Muttersprache ist. Bei vielen nicht-konsekutiven Master-Studiengängen muss mindestens ein Jahr Berufserfahrung nachgewiesen werden. Auch hier ist eine Tätigkeitsbeschreibung beizufügen. Die Internetseiten der Hochschulen geben Auskunft über die genauen Zulassungsvoraussetzungen.

Die passende Hochschule finden >>>>>>>>>>>

Unter **asiin.de** ist die Akkreditierungsagentur für Studiengänge der Ingenieurwissenschaften, der Informatik, der Naturwissenschaften und der Mathematik (ASIIN) zu erreichen.

<<<<<<<<<<<<<<<<<<<<<<<<<<<<<<<<<<<<

>> Studieren im Ausland

Interkulturelle Kompetenz, Flexibilität, perfektes Englisch – Anforderungen, die oft in Stellenausschreibungen gestellt werden. Wer im Ausland war, kann punkten. Doch ein Studienaufenthalt außerhalb der deutschen Grenzen bringt noch mehr: Er trainiert die Kommunikationsfähigkeit und belegt Organisations- und Durchhaltevermögen.

Im Rahmen eines Master-Programms lassen sich Auslandspläne am besten in die Tat umsetzen. Nach einer Studie der Hochschul-Informations-Systeme (HIS) aus dem Jahr 2009 verbringen rund 30 Prozent aller Studenten einen Teil ihres Studiums nicht in Deutschland. Und bei immer mehr Master-Studiengängen ist ein Auslandssemester fester Bestandteil des Curriculums – teilweise mit der Möglichkeit eines binationalen Abschlusses oder eines Zusatzzertifikats. Auch Auslandspraktika sind in diesen Programmen vielfach üblich.

Wer freiwillig und zusätzlich eine Zeit im Ausland verbringt, verlängert damit häufig sein Studium. Eine Verlängerung, die im Zweifelsfall bei einer späteren Bewerbung erklärt werden muss. Da aber immer mehr Unternehmen Wert auf internationale Erfahrung ihrer Mitarbeiter legen, ist eine längere Studienzeit häufig ein geringeres Problem als mangelnde Erfahrung im Ausland.

DAAD >>>>>>>>>>>>>>>>>>>>>>>>>>>>>>>

Unter **daad.de** bietet der DAAD eine Stipendiendatenbank mit näheren Informationen zu Förderungsmöglichkeiten.

<<<<<<<<<<<<<<<<<<<<<<<<<<<<<<<<<<<<

Erasmus

Erasmus ist die von den Studenten am meisten genutzte Kooperation. Das Programm fördert den Aufenthalt von drei bis zwölf Monaten in 31 Ländern: den 27 EU-Mitgliedern sowie Island, Liechtenstein, Norwegen und der Türkei. Die Teilnehmer eines solchen Programms genießen viele Vorteile:

- keine Studiengebühren an der ausländischen Universität
- Gewährung einer Studienbeihilfe
- Unterstützung bei der Suche nach Unterkünften, Sprachkursen und Versicherungen
- Studienleistungen werden grundsätzlich in Deutschland anerkannt.

Wichtige Dokumente

Um für alle Fälle gerüstet zu sein, sollten Sie mehrere Passbilder und Kopien von allen wichtigen Dokumenten mit ins Ausland nehmen – sicher ist sicher.

Nicht nur Europa

Wer außerhalb Europas studieren möchte, kann in vielen Fällen ebenfalls auf die Hilfe des DAAD zurückgreifen. Der DAAD bietet weitere individuelle Förderungsmöglichkeiten für das Ausland, bis hin zu Individualstipendien oder auch Sonderprogrammen für bestimmte Zielgruppen. Speziell für die Fachrichtungen Ingenieur- und Naturwissenschaften, Land- und Forstwirtschaft ist die Vereinigung IAESTE (International Association for the Exchange of Students for Technical Experience) die richtige Anlaufstelle innerhalb des DAAD.

Sprachkurse

Verhandlungssicheres Englisch ist für Ingenieure heute selbstverständlich. Weitere Fremdsprachenkenntnisse sind empfehlenswert, vor allem in Sprachen aus dem osteuropäischen oder asiatischen Raum. Auch wer etwa ein MBA-Studium aufnehmen will, muss einen Nachweis guter Englischkenntnisse erbringen – durch den TOEFL-Sprachtest. Zu empfehlen sind einige Sprachreisen. Für Studenten sind die Sommersprachkurse an ausländischen Hochschulen eine gute Alternative. Zu Hause lernt es sich kostengünstig an den Volkshochschulen. Hilfestellung bei der Auswahl des richtigen Sprachkurses gibt die Checkliste auf **staufenbiel.de/ingenieure**.

Detaillierte Länderinformationen gibt auch das Auswärtige Amt. Die Botschaften der Länder oder kulturelle Organisationen wie zum Beispiel das Amerika-Haus, das British Council oder das Institut Français sind ebenfalls gute Quellen.

Finanzierung

Die Wahl des Gastlandes entscheidet auch darüber, wie teuer ein Auslandssemester wird. Wen es Richtung Osten zieht – etwa nach Polen –, kann nach Angaben des DAAD mit 300 bis 500 Euro an monatlichen Lebenshaltungskosten rechnen. Unter spanischer Sonne studiert es sich schon teurer. Mit mindestens 700 Euro schlägt ein Aufenthalt in diesem Teil Südeuropas zu Buche. Für Metropolen wie Barcelona, Madrid oder auch Warschau muss meistens ein kräftiger Aufschlag einkalkuliert werden.

Was kostet das Auslandsstudium?

Der Deutsche Akademische Austauschdienst (DAAD) bietet unter **daad.de** detaillierte Länderinformationen mit Angaben zu Studiengebühren und Lebenshaltungskosten in den einzelnen Ländern.

Eine Möglichkeit, das eigene Budget zu entlasten, ist das Auslandsbafög, das unabhängig vom Inlandsbafög gewährt wird. Die höheren Fördersätze im Ausland können deswegen dazu führen, dass Studenten, die in Deutschland ihr Studium selbst finanzieren müssen, für ihren Auslandsaufenthalt staatliche Unterstützung erhalten. Die Unterstützung wird als Zuschuss gewährt, muss also nicht zurückgezahlt werden. Das Auslandsbafög muss sechs Monate vorher beantragt werden. Außerdem kann man beim Bundesverwaltungsamt in Köln einen Antrag auf einen Bildungskredit für Auslandsaufenthalte stellen.

Bafög und Bildungskredit

Nähere Auskünfte zur finanziellen Unterstützung geben die Webseiten **www.bafoeg.bmbf.de** und **bildungskredit.de**.

>> Promotion

Die Entscheidung für oder gegen den Doktortitel hängt davon ab, in welche Richtung die Karriere gehen soll. Verschiedene Wege führen zum Doktor-Ingenieur. Mit einem Abschluss an einer Technischen Universität ist man grundsätzlich zur Promotion an einem Fachbereich oder einer Fachabteilung im ingenieurwissenschaftlichen Bereich berechtigt.

Auch für Master-Absolventen von Fachhochschulen ist die Promotion theoretisch möglich, praktisch aber mit vielen Hindernissen belegt. Tendenziell werden immer mehr Fachhochschulabsolventen nach der Eignungsfeststellung und zum Teil sehr umfangreichen Auflagen mit entsprechenden Prüfungen zur Promotion zugelassen, stellte die Hochschulrektorenkonferenz (HRK) in ihrer Veröffentlichung „Ungewöhnliche Wege zur Promotion?" aus dem Jahr 2006 fest. Promovierte Ingenieure haben sehr gute Karrierechancen und sind eine gefragte Nachwuchselite. Laut einer Studie des Verbands Deutscher Maschinen- und Anlagenbau (VDMA) verfügen über 43 Prozent der befragten Unternehmen über Arbeitsplätze, die sie vorwiegend mit Doktor-Ingenieuren besetzen.

Wege zum „Doktor-Ingenieur" >>>>>>>>>>>>

- Promotion im Rahmen einer ganztägigen Anstellung als wissenschaftlicher Mitarbeiter an einer Technischen Universität
- Promotion in Verbindung mit einer Halbtagsstelle an einer Technischen Universität bzw. einem Stipendium
- Promotion als Angestellter in einem Industrieunternehmen
- nicht eingebundene Promotion.

<<<<<<<<<<<<<<<<<<<<<<<<<<<<<<<<<<<

Die Promotion ist als erste berufliche Phase zu verstehen, denn Doktoranden sind meist an Forschungsinstituten der Technischen Universitäten angestellt: 57 Prozent ihrer Arbeitszeit sind Doktoranden laut VDMA-Erhebung in Forschungsprojekten eingebunden. 19 Prozent bringen sie für Lehre und 17 Prozent für organisatorische und administrative Tätigkeiten auf. Ingenieure bauen während ihrer Promotion also umfassende berufsorientierte Kompetenzen aus. Aber man muss nicht an der Universität bleiben, wenn man an einer Dissertation arbeitet. Auch eine Doktorarbeit im Unternehmen ist denkbar.

Tätigkeit als wissenschaftlicher Mitarbeiter

Die Mehrzahl der Ingenieurs-Doktoranden verknüpft die Doktorarbeit mit einer Stelle als wissenschaftlicher Mitarbeiter eines Hochschulinstituts (sogenannte Assistenz-Promotion). Die Bezahlung richtet sich meistens nach dem Angestelltentarif für den öffentlichen Dienst (TVÖD 13).

Die Einstellung erfolgt entweder für eine Planstelle der Hochschuleinrichtung als wissenschaftlicher Angestellter mit einer Vergütung aus Forschungsmitteln oder in seltenen Fällen als wissenschaftlicher Mitarbeiter in einem privatrechtlichen Arbeitsverhältnis bei einem Hochschullehrer. Die Verträge sind häufig für die Dauer der Forschungsvorhaben befristet.

Halbtagsstelle als wissenschaftlicher Mitarbeiter

Eine andere Möglichkeit ist, die Doktorarbeit in Verbindung mit einer Halbtagsstelle an einer Technischen Hochschule oder Universität, einem Stipendium oder parallel zu einem Aufbaustudium vorzubereiten. Auch hier ist für die spätere Bewerbung Praxiserfahrung in der Promotionsphase sehr wichtig.

Dissertation im Unternehmen

Auch als Angestellter in Forschungs- und Entwicklungslabors von Unternehmen kann man unter bestimmten Bedingungen eine Dissertation schreiben: Die Forschungsergebnisse dürfen nicht der Geheimhaltung unterliegen und der Arbeitgeber muss sein Einverständnis geben. Wer seine Promotion zielstrebig verfolgt, hat seinen Doktortitel in den meisten Fällen innerhalb von fünf bis acht Jahren nach Beginn der Beschäftigung in der Tasche. Schneller geht es mit Unterstützung durch spezielle Industrieprogramme, die im Prinzip nichts anderes sind als Stipendiatenprogramme, aber besser bezahlt werden.

Im Team forschen >>>>>>>>>>>>>>>>>>>>>>>

Die Deutsche Forschungsgemeinschaft (DFG) organisiert sogenannte Graduiertenkollegs, um die Rahmenbedingungen von Promotionen zu verbessern. Geforscht wird im Team, das aus bis zu 30 interdisziplinären Graduierten besteht und von zehn bis 15 Hochschullehrern betreut wird. Alle Graduierten untersuchen ein bestimmtes Oberthema. Ergänzend zum individuellen Dissertationsablauf werden Lehrveranstaltungen, Praktika und Kolloquien angeboten. Die Teilnehmer sollen von den Professoren so intensiv betreut werden, dass die meisten ihren Doktor theoretisch bereits nach drei Jahren machen können. Möchte man nach der Doktorarbeit in der Industrie arbeiten, kann es von Vorteil sein, wenn das Thema der Arbeit einen Bezug zur angestrebten Tätigkeit aufweist und so bereits bestimmte Einsatzmöglichkeiten eröffnet.

<<<<<<<<<<<<<<<<<<<<<<<<<<<<<<<<<<<<<

Nicht eingebundene Promotion

Einige Ingenieure verfolgen ihr Dissertationsprojekt ohne gleichzeitig an einer Hochschule oder in der Industrie beschäftigt zu sein. Dabei sind einige Aspekte zu bedenken:
- Während der gesamten Promotionsphase sollte es eine wissenschaftliche Betreuung geben.
- Die räumliche und technische Infrastruktur muss vorhanden sein. Sie ist für die Behandlung vieler Themen unerlässlich.
- Der notwendige fachliche und soziale Austausch mit anderen Doktoranden sollte gewährleistet sein.
- Eine Promotion ist teuer – die meist nötige Erwerbstätigkeit erfordert ebenfalls Zeit und Energie. Deshalb wird die Promotion nicht unbedingt schneller abgeschlossen als in anderen Modellen.

Austauschmöglichkeiten im Netz >>>>>>>>>>>>

Das Doktoranden-Netzwerk Thesis unter **thesis.de** bietet eine Kommunikationsplattform für Promovierende und weitere Infos rund um den Doktor-Ingenieur. Auch unter **doktorandenforum.de** und **promovierenden-initiative.de** haben sich Stipendiaten verschiedener Graduiertenförderer zusammengetan, um sich über die Promotion und die späteren Berufschancen auszutauschen. Unter **kisswin.de** finden junge Forscher Informationen und Fördermöglichkeiten für eine wissenschaftliche Karriere.

<<<<<<<<<<<<<<<<<<<<<<<<<<<<<<<<<<<<<

>> Das MBA-Studium

Der Master of Business Administration (MBA) ist mehr als ein schicker Zusatz für den Lebenslauf. Der MBA garantiert zwar keinen deutlichen Anstieg des Gehalts, freie Auswahl bei Jobangeboten oder den ungebremsten Aufstieg auf der Karriereleiter. Er vermittelt aber die nötigen Voraussetzungen für Management- und Führungsaufgaben, weit reichendes Fachwissen, interkulturelle Kompetenz und die Fähigkeit, unterschiedliche Probleme zu lösen. Hauptsächlich lohnt sich ein MBA für Personen mit einem ersten Hochschulabschluss, die sich auf das General Management vorbereiten wollen.

Der richtige Zeitpunkt

Neben der klassischen Wissensvermittlung leben die MBA-Programme vom Erfahrungsaustausch der Teilnehmer. Daher ist es sinnvoll, ein MBA-Studium erst nach einigen Jahren Berufserfahrung aufzunehmen. Bei Programmen, deren Teilnehmer eine breitere Altersspanne abdecken, profitieren „alte Hasen" und jüngere Teilnehmer vom gegenseitigen Austausch.

Laut der aktuellen Staufenbiel MBATrends-Studie 2010/11 reicht die Altersskala der Teilnehmer bei den 80 befragten weltweit besten Business Schools von 20 bis hin zu 64 Jahren. Im Durchschnitt sind die MBA-Studenten in den

Education

USA 33,9 und in Europa 33,3 Jahre alt. Finanziell lohnt sich ein MBA-Studium besonders nach drei bis fünf Jahren Berufserfahrung:
- Das Gehalt, auf das man im Falle eines Vollzeitprogramms verzichtet, ist noch nicht so hoch wie in späteren Jahren.
- Die Berufstätigkeit dauert noch lange genug an, um die Kosten des Studiums aufzufangen.
- Das Alter der MBA-Absolventen ist für Arbeitgeber dann besonders interessant.

Neue Karrierechancen

Ein MBA-Abschluss eröffnet zwei Möglichkeiten: Als „Career Enhancer" qualifiziert der MBA für die Übernahme weit reichender Management-Funktionen, als „Career Changer" stellt er die Weichen für den Wechsel in eine andere Branche oder einen neuen Funktionsbereich. Ingenieure mit Berufserfahrung verbessern mit einem MBA oftmals ihre bisherige Position im Unternehmen. Die richtige Alternative ist dann ein Teilzeit- oder Fernstudien-Programm mit Unterstützung des Arbeitgebers oder – sofern es existiert – ein Firmen- oder Konsortialprogramm. Für Ingenieure mit konkreten neuen beruflichen Zielen ist ein kurzes Vollzeitprogramm an einer Business School, die über gute Kontakte zu den angestrebten Wirtschaftssektoren verfügt, ein guter Weg.

Sind die eigenen Ziele noch weniger konkret, bietet sich ein längeres Programm an einer Business School mit Kontakten zu möglichst unterschiedlichen Branchen an. Dann ist während des Studiums noch Zeit genug, sich im Rahmen der Wahlpflichtfächer über seine Präferenzen und Ziele klar zu werden.

Nutzen des MBA-Studiums

Wer den MBA-Abschluss unmittelbar nach einem Hochschulstudium erwirbt, hat beim Berufseinstieg oft die besseren Karten. Für Ingenieure und Naturwissenschaftler ist der MBA eine interessante Alternative zum betriebswirtschaftlichen Aufbaustudium oder zur Promotion – vorausgesetzt, das Berufsziel ist eher auf managementorientierte Tätigkeiten als auf den naturwissenschaftlich-technischen Bereich ausgerichtet. Ein im Ausland erworbener MBA beweist zudem ausgezeichnete Sprachkenntnisse.

Absolventen von Fachhochschulen qualifizieren sich mit dem MBA formal höher. Auch Interessenten ohne akademische Vorbildung oder Studienabbrecher, die im Laufe ihrer beruflichen Entwicklung feststellen, dass ihnen die theoretischen Grundlagen fehlen, profitieren von den MBA-Studienangeboten. Obwohl meist ein abgeschlossenes Hochschulstudium verlangt wird, ist die Zulassung bei entsprechender Berufserfahrung oftmals Verhandlungssache. Ein Versuch lohnt sich.

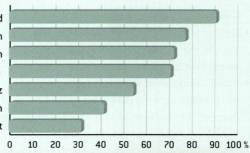

Welche Ziele verfolgt Ihr MBA-Programm? (Deutschland)

Basis: 140 Programme

- Karriereperspektiven erweitern/Flexibilität bzgl. Berufsfeld
- Fachkompetenz/Sozialkompetenz erwerben
- Netzwerk ausbauen
- Berufliche Ausrichtung ändern
- Internationale Erfahrung/interkulturelle Kompetenz
- Gehalt steigern
- Selbstständigkeit/unternehmerische Tätigkeit

staufenbiel *MBATrends-Studie* 2010/11

Education

Checkliste >>>>>>>>>>>>>>>>>>>>>>>>>>>>

1. Warum möchte ich ein MBA-Studium absolvieren?
2. Führt mich das MBA-Studium tatsächlich zu meinem beruflichen Ziel?
3. Welches Karriere-Konzept schwebt mir vor? (Berufliche Umorientierung? Internationale Karriere? Erwerb fachspezifischer Kenntnisse?)
4. Wann und in welcher Form möchte ich das MBA-Studium absolvieren?
5. In welchem Land möchte ich den MBA-Titel erwerben?
6. Welche Schule und welches Programm passen zu mir?
7. Bringe ich genug Engagement, Selbstdisziplin und Ausdauer mit?
8. Bin ich bereit, auf Freizeit zu verzichten?
9. Ist auch mein privates Umfeld bereit, das zu akzeptieren?
10. Wie finanziere ich den MBA?

<<<<<<<<<<<<<<<<<<<<<<<<<<<<<<<<<<<<

Die Qual der Wahl

Wer ein MBA-Studium im Visier hat, sollte sich im Vorfeld gründlich selbst analysieren und sich darüber klar werden, weshalb er den zusätzlichen Abschluss anstrebt. Bei der Entscheidung, ob ein MBA-Programm in der gegenwärtigen Job- und Lebenssituation sinnvoll ist, sind folgende Fragen hilfreich:

Wer zu dem Schluss kommt, dass ein MBA-Studium der richtige Weg ist, muss sich durch einen wahren MBA-Dschungel kämpfen. Experten schätzen, dass weltweit rund 5 000 Management-Programme angeboten werden, rund die Hälfte davon von europäischen Schulen. Auch in Deutschland boomt das MBA-Angebot: Laut der aktuellen Staufenbiel MBATrends-Studie 2010/11 gibt es hier inzwischen rund 260 Programme. Im Gegensatz zu klassischen Angeboten, die ihren Schwerpunkt in der General-Management-Ausbildung haben, finden sich bei den Programmen in Deutschland verschiedene thematische Schwerpunkte wie etwa Finanzmanagement, Healthcare Management oder Entrepreneurship.

Welche Schule die richtige ist, ist also gar nicht so leicht zu sagen. Viel hängt vom eigenen Charakter ab – etwa davon, ob man besser in kleinen Kursen lernt oder sich auch in großen Runden wohlfühlt, oder vom persönlichen Umfeld.

Bewerbung

An den meisten Business Schools gliedert sich das Bewerbungsverfahren in zwei Phasen: die schriftliche Bewerbung und das Interview. Insgesamt ist der Aufwand für das Auswahlverfahren mit seinen Tests, Referenzen, Essays, Interviews und vielen Detailfragen in den Bewerbungsformularen nicht zu unterschätzen. Bewerben sollte man sich so früh wie möglich. Auch wenn die Frist für die oft im Herbst startenden Programme meist mit April oder Mai angegeben wird, ist es besser, die Bewerbung möglichst schon vor dem Jahreswechsel einzureichen. Viele Schulen verfolgen ein rollierendes Zulassungssystem und -verfahren nach dem Motto „first come, first served". Oft sind deswegen schon vor der offiziellen Deadline alle Plätze vergeben. Spätere Bewerber müssen dann auf Absagen bereits zugelassener Studenten hoffen. Hinzu kommt, dass für internationale Bewerber und für Bewerber um ein Stipendium vielfach frühere Termine gelten.

Weiterführende Infos >>>>>>>>>>>>>>>>>>>>

Detaillierte Tipps und Informationen zum MBA-Studium gibt es im Internet unter **mba-master.de** und im Handbuch **Staufenbiel** *Das MBA-Studium* 2011.

<<<<<<<<<<<<<<<<<<<<<<<<<<<<<<<<<<<<

Finanzierung

Der MBA ist eine Investition in die eigene Zukunft. Die Studiengebühren (Tuition) und die Kosten für die Unterbringung sind die größten Posten auf dem MBA-Finanzplan. Auch das Unterrichtsmaterial schlägt zu Buche. Hinzu kommen persönliche Ausgaben wie Lebenshaltungskosten und Kosten für eventuelle Heimfahrten. Die meisten Programme an europäischen Business Schools kosten nach den Ergebnissen der

Education

Staufenbiel MBATrends-Studie 2010/11 zwischen 25 000 und 50 000 Euro. Es gibt aber auch günstigere Alternativen. 15 Prozent kosten weniger als 10 000 Euro, nur knapp zwei Prozent mehr als 50 000 Euro.

Bei den US-Programmen ist die genaue Summe schwer zu beziffern, da viele Schulen keine Angaben zur gesamten Programmgebühr machen, sondern nur die jährlichen Kosten angeben.

>> Weiterführendes Studium

Mit einem Aufbau-, Zusatz- oder Ergänzungsstudium erreichen Ingenieure oft mehr als mit dem klassischen Zweitstudium. Wer sich dafür entscheidet, muss mit zwei bis vier zusätzlichen Semestern rechnen. Oft wird ein Hochschulstudium vorausgesetzt. Modelle und Inhalte der Fortbildungsangebote variieren ebenso wie Kosten und Abschlüsse. Außer Vollzeitstudiengängen gibt es immer mehr Teilzeitprogramme und berufsbegleitende Formen, die als Abendstudium, am Wochenende oder als Fernstudium mit Präsenzblöcken absolviert werden. Weiterführende Studiengänge für Ingenieure sind zum Beispiel:
- Wirtschaftswissenschaften
- Informatik
- Energiemanagement
- Technologiemanagement.

Fernstudium
Ein Fernstudium ist vor allem dann interessant, wenn man zeitlich und räumlich unabhängig bleiben möchte. Allerdings sind ein hohes Maß an Lernmotivation, Eigeninitiative und ganz besonders Durchhaltevermögen nötig. Da nicht alle Fernunterricht-Programme genug Praxisbezug bieten, sollte man parallel berufliche Erfahrungen als Teilzeitarbeiter oder freier Mitarbeiter sammeln.

Über das umfangreiche Angebot an Fernlehrgängen informiert unter anderem der Fachverband für Fernlernen und Lernmedien. Auch das Bundesinstitut für Berufsbildung (bibb.de) und die Staatliche Zentralstelle für Fernunterricht (zfu.de) bieten Infos über Fernlehrgänge.

Natürlich kann man sich auch direkt an die Fernlehrinstitute wenden – etwa an die AKAD (akad.de), die als staatlich anerkannte Hochschule für Berufstätige ein Aufbaustudium zum Diplom-Wirtschaftsingenieur im Programm hat. Interessant sind auch die wirtschaftswissenschaftlichen Zusatzstudiengänge an der Fern-Universität Hagen (fernuni-hagen.de).

E-Learning
Beim klassischen E-Learning wird der Lernprozess durch digitale Medien unterstützt. Eine erweiterte Form ist das Blended Learning: eine Kombination aus E-Learning und Präsenphasen. Zu den Vorteilen von E-Learning zählen: Lernort, -zeit und -geschwindigkeit werden frei gewählt, Fahrtzeiten entfallen und die optimale Zusammensetzung von Lehrpersonal und Studentenschaft scheitert nicht an geografischen Hindernissen.

Aber es gibt auch Nachteile: Ebenso wie der gewöhnliche Fernunterricht stellt das Lernen über digitale Medien hohe Ansprüche an Selbstdisziplin, Eigenverantwortung und das Durchhaltevermögen der Studenten.

TU/Universität und FH
Absolventen einer FH haben in der Industrie ähnlich gute Einstiegschancen wie Absolventen von Technischen Universitäten oder Universitäten. Aber auch wenn das praxisnahe Studium in der Industrie geschätzt wird, reicht der FH-Abschluss häufig für eine Promotion oder Karriere im öffentlichen Dienst nicht aus. Ein Ergänzungsstudium an einer Technischen Hochschule oder Universität ist dann sinnvoll. Beim Ergänzungsstudium werden meist einzelne Fachhochschulleistungen anerkannt. Die Übernahme erfolgt häufig durch Fach-zu-Fach-Anerkennungen, bei denen die Gleichwertigkeit durch Hochschullehrer geprüft wird.

Education

>> Firmeninterne Weiterbildung

Die Angebotspalette der firmeninternen Weiterbildung reicht von klassischen Seminaren bis zum Blended Learning. Die Formel heißt: Weiterbildung gleich Wettbewerbserfolg. Qualifizierte Mitarbeiter sind in der konkurrenzstarken Wirtschaft ein relevanter Wissensvorsprung und stärken die Unternehmensposition im Wettbewerb. Laut einer Studie des Instituts der deutschen Wirtschaft Köln (IW Köln) setzen knapp sieben von zehn der befragten Unternehmen auf die positiven Effekte von Fort- und Weiterbildungsmaßnahmen.

Personalentwicklungsangebote für Ingenieure

staufenbiel *JobTrends Deutschland* 2011

Zielgenaue Angebote

Ein Großteil der Weiterbildungsmaßnahmen findet während der Arbeitszeit oder auf betriebliche Anordnung statt. Als geeignetes Instrument gilt unter anderem die firmeninterne Weiterbildung. Sie ergänzt fachübergreifend und effizient das Wissen aus dem Ingenieurstudium. Der Vorteil firmeninterner Weiterbildung ist die Zielgenauigkeit der Angebote. Sie richten sich an den Erfordernissen und Herausforderungen des Unternehmens und der Arbeitsprozesse aus.

Schulungsarten

Es gibt unterschiedliche Schulungsarten: In-house-Schulungen etwa fokussieren ein bestimmtes Unternehmen. Es handelt sich dabei um Programme, die die Anforderungen eines einzigen Unternehmens im Lehrplan umsetzen. Das Programmangebot des Corporate Trainings dagegen bietet Schulungen für mehrere Unternehmen eines bestimmten Sektors an. Diese Lehrformen werden zumeist von externen Branchenkennern geleitet.

Bei der betrieblichen Weiterbildung dominieren arbeitsplatznahe und selbst gesteuerte Lernformen. Zu den praxisnahen Formen gehören Training on the Job – sowohl am eigenen als auch am fremden Arbeitsplatz – und Job Rotation, bei der die Teilnehmer auch andere Arbeitsplätze innerhalb des Unternehmens kennenlernen.

>> Technische Weiterbildung

Die wachsende Zahl der Weiterbildungseinrichtungen zeigt, dass Unternehmen sich immer stärker für die Weiterbildung ihrer Beschäftigten engagieren. Dieses Engagement wird umgekehrt aber auch von den Mitarbeitern erwartet. So ist jeder einzelne Arbeitnehmer zunehmend selbst dafür verantwortlich, immer auf dem aktuellen Stand zu bleiben.

VDI Wissensforum, Düsseldorf

Das VDI Wissensforum ist der Weiterbildungsspezialist des Vereins Deutscher Ingenieure (VDI) und bietet jährlich mehr als 1 000 Veranstaltungen an. Zu den Fachthemen zählen unter anderem:
- Fahrzeugtechnik
- Verfahrenstechnik
- Umwelttechnik
- Energietechnik
- Konstruktion und Entwicklung
- Bautechnik

Education

- Vertrieb und Service
- Kunststofftechnik
- Werkstoffwissenschaften
- International Business.

Unter die Rubrik Führungsthemen fallen unter anderem Seminare zu folgenden Themen:
- Unternehmensführung und Betriebswirtschaft
- Projektmanagement
- Recht und Verträge
- Persönlichkeit und Kommunikation
- Führungswissen.

Die technologieorientierten Seminare entstehen häufig in enger Zusammenarbeit mit Experten aus den VDI-Fachausschüssen. Die Veranstaltungen werden unter anderem in Düsseldorf, Frankfurt, München und Stuttgart durchgeführt.

Technische Akademie Wuppertal

Die Technische Akademie Wuppertal (TAW) bietet mit 2 500 Veranstaltungen im Jahr ein vielfältiges Weiterbildungsangebot. Die TAW ist ein Außeninstitut der RWTH Aachen, gleichzeitig aber auch das Kontaktstudien-Institut der Universität Wuppertal und eine Weiterbildungseinrichtung der Universität Düsseldorf. Die angebotenen berufsbegleitenden Weiterbildungs- und Qualifizierungsmöglichkeiten lassen sich in folgende Bereiche einordnen:
- Management-Training
- Betriebswirtschaft
- Recht
- Technik
- Integrierte Managementsysteme.

Technische Fachrichtungen sind Maschinenbau, Elektrotechnik/Elektronik, Bau- und Verkehrswesen, Energietechnik, Verfahrenstechnik, Sicherheitstechnik, interdisziplinäre Techniken und Umweltschutz. Zu den technischen Funktionen zählen Konstruktion, Fertigung oder Qualitätsmanagement.

Technische Akademie Esslingen

Die Technische Akademie Esslingen (TAE) bietet berufsbegleitende Weiterbildung im technischen und nichttechnischen Bereich der Wirtschaft. Seit Bestehen der TAE haben sich über 750 000 Teilnehmer in folgenden Bereichen fortbilden lassen:
- Maschinenbau, Fahrzeugtechnik und Tribologie
- Mechatronik und Automatisierungstechnik
- Elektrotechnik und Elektronik
- Informationstechnologie
- Medizintechnik
- Bauwesen
- Betriebswirtschaft und Arbeitskompetenz
- Management und Führung.

Mehr als 2 000 freie Referenten und Berater aus Hochschulen, Instituten, Industrie und Wirtschaft führen pro Jahr über 1 000 Lehrgänge durch, entwickeln Weiterbildungskonzepte und beraten Unternehmen zum Thema Mitarbeiterqualifizierung.

TÜV Rheinland Akademien

Die TÜV Rheinland Akademie bietet unter anderem Weiterbildungsseminare für fachbezogene und Querschnittsthemen. Das Themenspektrum reicht von Arbeitsschutz, Automotive, Brandschutz und Bau über Datenschutz, Einkauf, Energie und Gefahrgut sowie Gesundheitswesen, Logistik, Management und Qualität bis zu Technik, Umweltschutz und Verkehrssicherheit. Insgesamt bietet die Akademie mit mehr als 2 500 Fachreferenten über 12 000 Angebote zur Weiterbildung. Die jährlich über 5 000 Veranstaltungen werden von rund 65 000 Teilnehmern besucht. Die Akademien der TÜV Rheinland Group gehören zu den großen Bildungsinstituten in Deutschland: Neben vielen Kursen für Jobsuchende bereiten sie Aufsteiger auf die Kammerprüfung oder den TÜV-Abschluss und auf die Praxis als Führungskraft vor.

Haus der Technik, Essen

Das Haus der Technik (HDT) leistet seit über 80 Jahren einen wichtigen Beitrag zum Technologietransfer von der Wissenschaft in die Praxis. Die mehr als 15 000 Veranstaltungen pro Jahr werden von rund 5 000 Referenten geleitet. Das Haus der Technik richtet sich besonders an Fach- und Führungskräfte der klassischen Ingenieurwissenschaften. Zu den Arbeitsgebieten zählen:
- Umweltschutz
- Recht
- Energietechnik
- Management
- Produktion
- Medizin
- Kommunikationstechnik
- Maschinenbau
- Elektrotechnik/Elektronik
- Chemie
- Verfahrenstechnik
- Qualitätsmanagement.

Außerdem bietet das Haus der Technik unter anderem die beiden berufsbegleitenden Master-Programme Energiewirtschaft und Logistik an.

Dekra-Akademie

Die Dekra-Akademie zählt zu den größten Anbietern auf dem Aus- und Weiterbildungsmarkt. Das Programm wird auf Basis von Stellenmarktanalysen gestaltet und ständig aktualisiert. Das Angebot reicht von eintägigen Seminaren bis zur mehrjährigen Umschulung, von der individuellen Qualifizierung bis zum unternehmensspezifischen Aus- und Weiterbildungskonzept, das jährlich rund 120 000 Teilnehmer nutzen. An über 100 Standorten in Deutschland werden Qualifizierungsprogramme der Akademie angeboten. Dazu zählen die Themen Technik und Logistik, kaufmännische Seminare und Informationstechnologie. Das Aus- und Weiterbildungsangebot der Akademie kann berufsbegleitend oder als Qualifizierung für Arbeit suchende Fach- und Führungskräfte genutzt werden.

Refa – Bundesverband e.V.

Refa wird als gemeinnütziger Verband von 12 000 Mitgliedern aller Branchen genutzt. Die Refa-Lehre vermitteln rund 1 500 Dozenten in 85 Städten Deutschlands und weltweit in 20 Ländern.

Refa bietet berufliche Weiterbildung für die Bereiche Produktion sowie öffentliche Verwaltung an mit einem breit gefächerten Seminarprogramm auf den Gebieten Arbeitsgestaltung, Betriebsorganisation und Unternehmensentwicklung. Zum Programm gehören:
- Refa-Grund- und -Fachausbildung
- Refa-Prozessorganisator
- Refa-Techniker
- Refa-Ingenieur für Industrial Engineering
- Refa-Organisationsentwickler
- Refa-Betriebswirt Fachrichtung Controlling.

Praxisorientiert sind auch die Kompaktseminare. Sie decken den gesamten Bereich der Betriebsorganisation und Unternehmensentwicklung ab.

Weiterbildungsangebote der Arbeitsagenturen

Auch wenn die Aussichten für Ingenieure auf dem Arbeitsmarkt sehr gut aussehen, sollte man nicht versäumen, sein Wissen auf dem neuesten Stand zu halten. Hierbei können die Teams akademischer Berufe der Agenturen für Arbeit helfen.

Inhaltlich orientieren sich die Kurse meist an aktuellen Anforderungen des Arbeitsmarkts. So liegen die Schwerpunkte – abgestimmt auf die individuellen Zielvorstellungen – vorwiegend in den Bereichen:
- Marketing/Vertrieb/Projektmanagement
- Qualitätssicherung
- Neue Medien/IT-Berufe (insbesondere Software-Entwicklung oder Netzwerktechnik)
- Projektmanagement
- Sprachtraining.

Hochschulen im Profil ANZEIGENTEIL

Hochschulen im Profil

Das Angebot
Lernen Sie Ihre Wunschhochschule kennen.

Alles Wichtige auf einen Blick
Zahlen und Fakten

PROFILE

Fraunhofer Academy	126
HECTOR School	127
HFH · Hamburger Fern-Hochschule	127
Hochschule Reutlingen	128
Karlsruher Institut für Technologie (KIT)	129
RWTH Aachen	130
Technische Fakultät der FAU	125
Technische Universität Berlin	131
Technische Universität Dresden	132
Technische Universität Hamburg-Harburg	133
Technische Universität Ilmenau	134
Technische Universität München	135
Universität Stuttgart	136

Kontaktdaten für Bewerbung und weitere Infos
Beziehen Sie sich auf Staufenbiel *Ingenieure* bei Ihren Anfragen und Bewerbungen!

Weitere Infos, Profile und Kursangebote auch unter

mba-master.de

Technische Fakultät der FAU

HOCHSCHULE IN FAKTEN UND ZAHLEN

Friedrich-Alexander-Universität Erlangen-Nürnberg

Die Universität Erlangen-Nürnberg gehört zu den großen Universitäten in Deutschland. Bei uns gibt es ein nahezu einzigartiges interdisziplinäres Forschungs- und Lehrangebot an fünf Fakultäten. Aktuell sind mehr als 28.600 Studierende in 142 Studiengängen eingeschrieben. Als zentrale Schnittstelle zwischen Hochschule und Arbeitsmarkt versteht sich der Career Service der Universität als Dienstleister für Studierende, Absolventen/-innen und Arbeitgeber.

An der Technischen Fakultät der Universität Erlangen-Nürnberg werden seit mehr als 40 Jahren Ingenieur- und Informatikstudiengänge angeboten und hochqualifizierte Ingenieure und Informatiker für Wirtschaft und Forschung ausgebildet. Aufgrund der zahlreichen Verbindungen zu in- und ausländischen Universitäten, Forschungseinrichtungen sowie zur Wirtschaft können Studierende frühzeitig Kontakt zu den Einrichtungen aufbauen. Die Fakultät ist in fünf Departments gegliedert:
- Chemie- und Bioingenieurwesen
- Elektrotechnik – Elektronik – Informationstechnik
- Informatik
- Maschinenbau
- Werkstoffwissenschaften

Studieren an der Technischen Fakultät

In 19 Ingenieur-/Informatikstudiengängen und drei Studiengängen im Elitenetzwerk Bayern sind im WS 2010/11 mehr als 6.000 Studierende aus über 60 Ländern immatrikuliert. Damit stellt die Technische Fakultät 22% aller Studierenden der Universität. Die gestiegene Nachfrage bei den Erstsemestern liegt weit über dem bundesweiten Durchschnitt (38% mehr als im Vorjahr); dies zeigt, dass das Studienangebot attraktiv ist und von vielen angenommen wird. Studierenden und Absolventen bietet sich in Bayern ein ausgeprägtes unternehmerisches Umfeld mit ‚Flaggschiffen' wie Siemens oder Audi sowie mittelständige Unternehmen mit nationalem und internationalem Renommee.

Studienangebote

Traditionelle Studiengänge
- Chemie- und Bioingenieurwesen
- Elektrotechnik, Elektronik und Informationstechnik
- Informatik
- Maschinenbau
- Materialwissenschaft und Werkstofftechnik

Fächerübergreifende Studiengänge
- Berufspädagogik Technik
- Chemical Engineering – Nachhaltige Chemische Technologien
- Computationale Engineering
- Energietechnik
- Informations- und Kommunikationstechnik
- International Production Engineering and Management
- Lehramt Informatik (für alle Schulformen)
- Life Science Engineering
- Mechatronik
- Medizintechnik
- Nanotechnologie
- Wirtschaftsinformatik
- Wirtschaftsingenieurwesen
- Zwei-Fach-Bachelor Informatik und geisteswissenschaftliches Fach

Studienabschlüsse
Bachelor of Science
Master of Science
Master of Education

WICHTIG ZU WISSEN

Art der Hochschule:
Staatliche Universität (mit Technischer Fakultät)

Standort/e:
Erlangen und Nürnberg

Gründungsjahr:
1743 Universität;
1966 Technische Fakultät

Anzahl der Studenten:
28.670 Universität;
6.260 davon Technische Fakultät

Partnerhochschulen:
500 Partneruniversitäten in 62 Ländern

KONTAKT

Friedrich-Alexander-Universität
Erlangen-Nürnberg
Technische Fakultät
Martensstr. 5a
91054 Erlangen
E-Mail:
dekanat@techfak.uni-erlangen.de

Studien-Service-Center Technische Fakultät
Tel. 09131-85-27850
E-Mail: ssc@techfak.uni-erlangen.de

www.techfak.uni-erlangen.de

Fraunhofer Academy

HOCHSCHULE IN FAKTEN UND ZAHLEN

WEITERBILDUNG MIT FRAUNHOFER

Die Fraunhofer Academy

Durch die enge Zusammenarbeit mit Industrie und Wirtschaft kennt Fraunhofer die aktuellen technischen und gesellschaftlichen Herausforderungen und setzt Forschungsergebnisse schnell und zielgerichtet in nutzbare Innovationen um.

Dieses aktuelle Wissen aus der Praxis schlägt sich im Weiterbildungsangebot der Fraunhofer Academy, dem renommierten Fachanbieter für berufsbegleitende Weiterbildung der Fraunhofer-Gesellschaft, nieder. Fach- und Führungskräfte profitieren in Studiengängen, Zertifikatskursen und Seminarreihen von einem einzigartigen Wissenstransfer aus der Fraunhofer-Forschung in die Unternehmen. In alle Lehrinhalte fließen neueste Erkenntnisse aus Wissenschaft und Forschung unmittelbar mit ein.

In dem umfassenden Weiterbildungsangebot der Fraunhofer Academy spiegelt sich die thematische Breite der forschenden Fraunhofer-Institute wieder: von Energietechnik über IT-Lösungen bis hin zu Produktions- und Managementthemen fördert die Fraunhofer Academy innovatives Denken über Branchengrenzen hinweg.

Unser Weiterbildungsangebot

Das Angebot der Fraunhofer Academy umfasst insgesamt 25 Programme in den fünf übergeordneten Themenfeldern:

1. Technologie und Innovation
2. Energie und Nachhaltigkeit
3. Logistik und Produktion
4. Fertigungs- und Prüftechnik
5. Information und Kommunikation

Innerhalb dieser Themenbereiche bietet die Fraunhofer Academy acht berufsbegleitende Studiengänge an, in denen sich die Studierenden auf zukünftige Führungsaufgaben bzw. den nächsten Karriereschritt vorbereiten können.

Unsere Studiengänge

Im Bereich Technologie und Innovation vermittelt der Executive MBA der RWTH Aachen aktuelles Managementwissen speziell für aufstrebende Führungskräfte aus dem Technologiesektor.

Im Zukunftsfeld Energie und Nachhaltigkeit finden sich gleich drei Fraunhofer-Studiengänge: In zwei MASTER:ONLINE Programmen können sich Absolventen aus ingenieurs- und naturwissenschaftlichen Fachrichtungen zu Experten im Bereich Photovoltaik oder Bauphysik weiterbilden. Der Master Environmental Sciences beschäftigt sich mit den interdisziplinären Herausforderungen im Bereich Umweltwissenschaften.

Im Themenbereich Logistik und Produktion bietet die Fraunhofer Academy drei unterschiedliche Studiengänge an, die das gesamte Spektrum der fachlichen Anforderungen an Logistikführungskräfte aufzeigen.

Der Themenbereich Fertigungs- und Prüftechnik beinhaltet den Master Zerstörungsfreie Prüfung, der sich mit der Qualitätsanalyse komplexer Produkte beschäftigt.

Der Schwerpunkt Information und Kommunikation beinhaltet einen international ausgerichteten Masterstudiengang Software Engineering for Embedded Systems, der Ingenieure mit aktuellen Grundlagen und Techniken Eingebetteter Systeme vertraut macht.

WICHTIG ZU WISSEN

Studiengang und Studienform:
Studiengänge in folgenden Themenschwerpunkten:

Technologie und Innovation
- Executive MBA der RWTH Aachen

Energie und Nachhaltigkeit
- MASTER:ONLINE Photovoltaics
- MASTER:ONLINE Bauphysik
- Master Environmental Sciences

Logistik und Produktion
- MASTER:ONLINE Logistikmanagement
- Diplomstudiengang Logistikmanagement (DAS)
- Bachelor of Science Logistikmanagement

Fertigungs- und Prüftechnik
- Master Zerstörungsfreie Prüfung

Information und Kommunikation
- Master Software Engineering for Embedded Systems

KONTAKT

Fraunhofer Academy
Jutta Haubenreich
Tel.: 089 1205 1599
Fax: 089 1205 77 1517
jutta.haubenreich@fraunhofer.de
www.academy.fraunhofer.de

HECTOR School

HOCHSCHULE IN FAKTEN UND ZAHLEN

Die HECTOR School of Engineering and Management ist die Technology Business School des Karlsruhe Institute of Technology (KIT).

Business School

Alle Master Programme sind auf die Bedürfnisse von Nachwuchsführungskräften in Unternehmen zugeschnitten, die vor den Herausforderungen von Wettbewerb und Globalisierung stehen und bieten mehr als typische MBA-Programme:

- Integrierter Ansatz der Ingenieur-, Informations- und Wirtschaftswissenschaften
- Kombination von Fallstudienorientierten MBA-Programmelementen mit anwendungsorientierten Methoden und konzeptionellem Know-how der Ingenieurwissenschaften
- Gobale & interkulturelle Ansprache von Fachkräften und Nachwuchs-Managern

Studiengänge

Die Basis aller Programme bilden 5 Management Module, in denen die Teilnehmer mit fundierten Kenntnissen in den Bereichen Finanz- und Rechnungswesen, Marketing, Recht, Projektmanagement und Personalmanagement erwerben.

Die Spezialisierung in jedem Programm erfolgt dann in 5 Engineering-Modulen entsprechend der jeweiligen Vertiefungsrichtung:

- Energy Engineering & Management
- Green Mobility Engineering
- Production & Operations Management
- Management of Product Development
- Embedded Systems Engineering
- Service Management & Engineering
- Financial Engineering

WICHTIG ZU WISSEN

Zulassungsvoraussetzungen:
Erster Studienabschluss, mind. 3 Jahre Berufserfahrung sowie Englischkenntnisse (TOEFL Test)

Abschluss:
Master of Science M.Sc.

KONTAKT

HECTOR School
Schlossplatz 19
D-76131 Karlsruhe
Telefon: 0721 - 608 47880
Fax: 0721 - 608 47882
Email: info@hectorschool.com

www.hectorschool.com

HFH · Hamburger Fern-Hochschule

HOCHSCHULE IN FAKTEN UND ZAHLEN

Die HFH · Hamburger Fern-Hochschule wurde 1997 vom Senat der Freien und Hansestadt Hamburg staatlich anerkannt. Sie bietet berufsbegleitend praxisnahe Studiengänge in den Fachbereichen Technik, Wirtschaft sowie Gesundheit und Pflege an. Mit aktuell 9.500 Studierenden ist die HFH eine der größten privaten Hochschulen Deutschlands.

Das berufsbegleitende Fernstudienkonzept verbindet individuelles Lernen am eigenen Schreibtisch mit dem Angebot regelmäßiger Präsenzlehrveranstaltungen an über 40 Studienzentren in Deutschland und Österreich. Studienbeginn an der HFH ist im Januar und Juli eines jeden Jahres (Anmeldeschluss 15.05./15.11.). Eine Zulassung zu den Bachelor-Studiengängen ist gemäß dem Hamburgischen Hochschulgesetz auch ohne Abitur mit abgeschlossener Ausbildung und anschließender Berufserfahrung möglich.

Im Fachbereich Technik bietet die HFH die Studiengänge **Wirtschaftsingenieurwesen** und **Facility Management** an. Ingenieure und Wirtschaftswissenschaftler mit einem ersten Studienabschluss können sich zudem gezielt zum Wirtschaftsingenieur weiterbilden: In vier bzw. fünf Semestern führen die Sonderstudiengänge Technik und Wirtschaft zum Bachelor of Engineering. So erlangen die Absolventen in kurzer Zeit ein erweitertes berufliches Profil, das ihre Schnittstellen- und Wirtschaftskompetenz unterstreicht.

Absolventen eines ersten ingenieurwissenschaftlichen Studienabschlusses können sich auch für ein Master- bzw. Ph.D.-Programm in **Industrial Engineering** bewerben, das die University of Louisville in Vermittlung der HFH durchführt. Die Auftaktphase findet an der US-amerikanischen Universität statt, die folgenden Präsenzphasen in Deutschland.

WICHTIG ZU WISSEN

Studiengang und Studienform:
Wirtschaftsingenieurwesen, Facility Management (Fernstudium)

Zulassungsvoraussetzungen:
(Fach-)Hochschulreife; besonderer Hochschulzugang für Berufstätige ohne (Fach-)Abitur

Studiendauer:
jeweils 8 Semester (Teilzeit)

Abschluss:
Bachelor of Engineering (B.Eng.)

KONTAKT

HFH · Hamburger Fern-Hochschule
Studienberatung: 040/35094 360
info@hamburger-fh.de

www.hamburger-fh.de

Hochschule Reutlingen

HOCHSCHULE IN FAKTEN UND ZAHLEN

Die Hochschule Reutlingen entwickelte sich in ihrer 155-jährigen Geschichte zu einer national wie international renommierten Hochschule. Sie präsentiert sich heute auf ihrem modernen Campus mit einem praxisnahen Studienangebot in den Bereichen Angewandte Chemie, Internationale BWL, Produktionsmanagement/Wirtschaftsingenieurwesen, Wirtschaftsinformatik, Medien- und Kommunikationsinformatik, Maschinenbau, Mechatronik, Leistungs- und Mikroelektronik, Internationales Projektingenieurwesen, Textiltechnologie-Textilmanagement und Design.

Die internationale Ausrichtung der Hochschule zeigt sich in der hohen Zahl ausländischer Studierender (rund 25 Prozent) sowie in der ausgeprägten Mobilität Reutlinger Studierender für Auslandsaufenthalte. Mit über 120 internationalen Hochschulkooperationen weltweit ermöglicht die Hochschule ihren Studierenden großartige Möglichkeiten, bereits im Studium international Erfahrungen zu sammeln.

Die Hochschule Reutlingen bereitet ihre rund 4.300 Studierenden konsequent auf den internationalen Wettbewerb vor. Alle Studiengänge, die sowohl national als auch international absolviert werden können, werden in der Bachelor-/Masterstruktur angeboten. Im technischen und interdisziplinären Bereich wurden in den Masterstudiengängen zusätzliche Optionen geschaffen, Doppelabschlussprogramme mit einer internationalen Partneruniversität zu absolvieren.

Abschlüsse:
Bachelor, Master, Doppelabschlüsse im Bachelor- und Masterbereich

Studienangebot:
Im technisch/naturwissenschaftlichen Bereich 12 Studiengänge: jeweils Bachelor und Master: Angewandte Chemie, Maschinenbau, Mechatronik, Medien- und Kommunikationsinformatik, Textiltechnologie-Textilmanagement und Wirtschaftsinformatik. Nur Bachelor: Internationales Projektingenieurwesen, nur Master: Leistungs- und Mikroelektronik.

Für Nicht-Wirtschaftler geeignet: akkreditierter MBA-Studiengang Internationales Marketing (ESB) in Full-Time und Part-Time.

Die Studiengänge der Fakultät ESB Business School in international ausgerichteter BWL sowie die Design-Studiengänge sind hier nicht mit aufgenommen. Das komplette Studienangebot entnehmen Sie bitte der Hochschul-Homepage www.reutlingen-university.de.

Anzahl der Studierenden pro Semester:
Je nach Fachrichtung 15-45 Studierende pro Semester

Voraussetzungen:
Bachelor: Fachhochschulreife oder Abitur

Master: erfolgreich absolviertes Erststudium in der gleichen oder einer verwandten Fachrichtung. MBA-Studiengang Internationales Marketing: Erststudium, mindestens 2 Jahre Berufserfahrung, Auswahlverfahren.

WICHTIG ZU WISSEN

Art der Hochschule:
Staatliche Fachhochschule

Standort/e:
Reutlingen

Gründungsjahr:
1855

Anzahl der Studierenden:
rund 4.300

Partnerhochschulen:
über 120 internationale Partnerhochschulen weltweit

Zertifizierungen:
Akkreditierung der technisch/naturwissenschaftlichen Studienprogramme der Fakultäten Technik, Informatik, Angewandte Chemie sowie Textil & Design abgeschlossen

KONTAKT

Studierendenbüro
Hochschule Reutlingen
Alteburgstraße 150
72762 Reutlingen
Tel.: 07121/271-1060
E-Mail:
info.studium@reutlingen-university.de

www.reutlingen-university.de

KIT

HOCHSCHULE IN FAKTEN UND ZAHLEN

Das Karlsruher Institut für Technologie

Einzigartig in der deutschen Forschungslandschaft

Das Karlsruher Institut für Technologie – kurz KIT – ist der Zusammenschluss des Forschungszentrums Karlsruhe mit der Universität Karlsruhe (TH). Durch diesen Zusammenschluss entstand am 1. Oktober 2009 eine der größten Wissenschaftsinstitutionen in Europa. Im KIT haben sich zwei gleich starke Partner zusammengeschlossen: Universität und Forschungszentrum steuerten je die Hälfte der rund 8500 Mitarbeiter und des Jahresbudgets von 655 Millionen Euro bei. KIT ist eine Institution mit zwei Missionen – der Mission einer Landesuniversität mit Forschung und Lehre und der Mission einer Forschungseinrichtung der Helmholtz-Gemeinschaft mit programmatischer Vorsorgeforschung – und drei Aufgaben: Forschung, Lehre und Innovation.

Lehre und Studienangebot

Lehre und Förderung des wissenschaftlichen Nachwuchses wird am KIT großgeschrieben: Ca. 20.600 Studierende erhalten an den elf Fakultäten und mehr als 120 Instituten eine praxis- und zukunftsorientierte Ausbildung. Spitzen-Positionen in vielen Hochschulrankings belegen die exzellente wissenschaftliche Ausbildung.

Auf neue Entwicklungen und Bedürfnisse in Forschung, Industrie und Gesellschaft reagiert das KIT mit neuen, innovativen Studiengängen. Die größten Fakultäten sind Informatik, Maschinenbau und Wirtschaftsingenieurwesen. Insgesamt können Studierende aus rund 38 Bachelor- und Lehramtsstudiengängen sowie aus 40 Master-Studiengängen auswählen. Darunter sind auch englischsprachige Studiengänge.

Die Förderung des wissenschaftlichen Nachwuchses im KIT beginnt bereits im Studium, denn in forschungsorientierten Lehrmodulen werden die Studierenden frühzeitig an (Groß-)Forschungsprojekte herangeführt.

Die 11 Fakultäten am KIT:
- Architektur
- Bauingenieur-, Geo- und Umweltwissenschaften
- Chemie und Biowissenschaften
- Chemieingenieurwesen und Verfahrenstechnik
- Elektrotechnik und Informationstechnik
- Geistes- und Sozialwissenschaften
- Informatik
- Maschinenbau
- Mathematik
- Physik
- Wirtschaftswissenschaften

WICHTIG ZU WISSEN

Art der Hochschule:
Universität (TH)

Standort/e:
Karlsruhe

Gründungsjahr:
1825 Polytechnische Hochschule,
2009 Karlsruher Institut für Technologie (KIT): Zusammenschluss des Forschungszentrums Karlsruhe und der Universität Karlsruhe (TH)

Anzahl der Studenten:
20.600

Partnerhochschulen:
550 Austauschprogramme in 52 Ländern
17 Alumniclubs weltweit

Zertifizierungen:
Exzellenzinitiative des Bundes und der Länder;
Nationales Forschungszentrum in der Helmholtz-Gemeinschaft;
audit familiengerechte hochschule

KONTAKT

Karlsruher Institut für Technologie (KIT)
Kaiserstraße 12
76131 Karlsruhe
www.kit.edu

KIT-CareerService
Diana Knoch
Telefon: 0721 608-45665
E-Mail: info@careerservice.kit.edu
www.careerservice.kit.edu

KIT-Alumni
Claudia Reichert
Telefon: 0721 608-46999
E-Mail: info@alumni.kit.edu
www.alumni.kit.edu

RWTH Aachen

HOCHSCHULE IN FAKTEN UND ZAHLEN

Karriere beginnt bei uns!

Die RWTH Aachen gehört mit 260 Instituten in neun Fakultäten zu den führenden europäischen Wissenschafts- und Forschungseinrichtungen. Derzeit sind rund 33.000 Studierende in 106 Studiengängen eingeschrieben, davon über 5.000 internationale Studierende.

Fachspezifisch und interdisziplinär

Den Schwerpunkt bei der Ausbildung bilden in der RWTH Aachen traditionell die Ingenieur- und Naturwissenschaften. Sie werden ergänzt durch die Gesellschaftswissenschaften, die oft einen Bezug zu den Ingenieurwissenschaften haben sowie der medizinischen Fakultät mit dem Modellstudiengang. Bei einerseits starker fachlicher Differenzierung und Spezialisierung arbeiten die Kompetenzzentren der RWTH Aachen intensiv in interdisziplinären Verbünden und Foren zusammen. Die wissenschaftliche Ausbildung an der RWTH Aachen hat einen hohen Anwendungsbezug.

Im Rahmen der Exzellenzinitiative war die RWTH Aachen in allen drei Wettbewerbsbereichen erfolgreich. Diese Förderung bietet der Hochschule die Gelegenheit, ihr wissenschaftliches Profil weiter zu schärfen und auf ihre Kernkompetenzen auszurichten.

RWTH international

Die RWTH agiert in nationalen und internationalen Hochschul-Netzwerken und ist maßgeblich am Aufbau von Hochschulen oder Fakultäten im Ausland beteiligt. Beispiele dafür sind die Thai-German Graduate School of Engineering (TGGS) in Bangkok oder die German University of Technology im Oman (GUtech). Diese Kooperationen und Netzwerke ermöglichen internationale Studienprogramme und Austauschprojekte für Studierende und Dozenten.

Career Center und Mentoring

Beim Übergang in das Berufsleben unterstützt das Cereer Center der RWTH Aachen die zukünftigen Absolventen mit einem breit gefächerten Programm. Die Veranstaltungen sind sehr nutzerorientiert und bereiten gezielt auf die Bewerbungs- und Einstiegsphase ins Berufsleben vor. Die verschiedenen Mentoring-Programme fördern interessierte Schüler, Studentinnen und Wissenschaftlerinnen. Das prämierte Konzept „Studierende im Fokus der Exzellenz" sieht zudem zahlreiche Maßnahmen zur Verbesserung der Lehre vor.

Ambiente

Als westlichste Großstadt Deutschlands grenzt Aachen direkt an Belgien und die Niederlande an. Die Städte Maastricht und Lüttich sowie die Eifel und die Ardennen sind schnell erreichbar. Das Leben in der alten Kaiserstadt wird geprägt von den vielen Studierenden und den damit einhergehenden Angebote und Veranstaltungen.

WICHTIG ZU WISSEN

Art der Hochschule:
staatliche Universität (mit technischemSchwerpunkt)

Standort/e:
Aachen

Gründungsjahr:
1870

Anzahl der Studenten:
ca. 33.000

Partnerhochschulen:
weltweite Vernetzung (u.a. Bejing, Boston, Cairo, Oman)

KONTAKT

RWTH Aachen
Pressestelle
Templergraben 55
52056 Aachen
Tel.: +49 (0)241 80 94322
E-Mail:
pressestelle@zhv.rwth-aachen.de

Career Center der RTWH Aachen
Tel.: +49 (0)241 80 99 0 99
E-Mail: career@rwth-aachen.de

Alumni-Team der RWTH Aachen
Tel.: +49 (0)241 80 94768
E-Mail: alumni@rwth-aachen.de

www.rwth-aachen.de

Technische Universität Berlin

HOCHSCHULE IN FAKTEN UND ZAHLEN

TU Berlin – Wir haben die Ideen für die Zukunft

Wer an der TU Berlin studiert, wird nicht nur für die von Technik und Fortschritt geprägte Welt bestens ausgebildet, sondern auch darauf vorbereitet, gesellschaftlich und wirtschaftlich relevante Probleme zu erkennen, zu analysieren und zu lösen. Das breite Spektrum an Studienmöglichkeiten reicht von technologisch orientierten Studiengängen wie Mathematik, Natur-, Ingenieur-, Informations- und Kommunikationswissenschaften über wirtschaftswissenschaftliche Studiengänge wie z.B. Wirtschaftsingenieurwesen bis hin zu Studienangeboten in den Planungswissenschaften (Architektur, Stadt- und Regionalplanung etc.). Darüber hinaus gibt es auch verschiedene geistes- und sozialwissenschaftliche Studienrichtungen. Die verschiedenen Disziplinen arbeiten fächerübergreifend zusammen, um Lösungen in den folgenden acht Forschungsfeldern zu finden: Energie, Gestaltung von Lebensräumen, Gesundheit und Ernährung, Information und Kommunikation, Mobilität und Verkehr, Wasser, Wissensmanagement und zivile Sicherheit.

Lehre und Forschung sind heute geprägt von einer engen Zusammenarbeit der Universität mit außeruniversitären Forschungseinrichtungen und der Wirtschaft. Namhafte Unternehmen engagieren sich an der TU Berlin, darunter die Deutsche Telekom AG mit den Telekom Laboratories auf dem TU-Campus und die Siemens AG mit dem Center for Knowledge Interchange.

Zahlreiche Unternehmensgründungen durch Wissenschaftlerinnen und Wissenschaftler sowie Absolventinnen und Absolventen sind aus der Universität hervorgegangen. Von diesen Verbindungen profitieren auch die Studierenden, u.a. durch den verstärkten Praxisbezug der Lehre sowie die Vermittlung von Studien- oder Abschlussarbeiten und von Praktika.

Derzeit sind fast 30.000 Studierende in mehr als 90 Studiengängen eingeschrieben. Damit zählt die TU Berlin zu den größten technischen Hochschulen in Deutschland.

Die TU Berlin unterhält wissenschaftliche Kooperationen mit mehr als 100 Hochschulen weltweit. Rund 1000 Studierende nutzen jährlich die Austauschprogramme mit über 300 Partneruniversitäten in Europa und Übersee. Die Internationalität der TU Berlin spiegelt sich auch bei den Studierenden wider: Derzeit sind rund 6.000 internationale Studentinnen und Studenten an der TU Berlin.

Den Kontakt zu halten, ein Netzwerk anzubieten und Praxiswissen an die Universität zurückzuholen, sind Anliegen des nationalen und des internationalen Alumniprogramms der TU Berlin. Die aufeinander abgestimmten Programme mit mehr als 20.000 Mitgliedern richten sich sowohl an Absolventinnen und Absolventen der TU Berlin als auch an alle anderen ehemaligen Angehörigen der Universität.

WICHTIG ZU WISSEN

Art der Hochschule:
Universität

Standort/e:
Berlin

Gründungsjahr:
Neugründung im Jahr 1946, Vorgängereinrichtung Technische Hochschule Berlin

Anzahl der Studierenden:
29.510 im WS 2010/11

Partnerhochschulen:
Die TU Berlin ist mit über 100 renommierten Partneruniversitäten in 36 Ländern durch offizielle Kooperationsverträge verbunden. Auf nationaler Ebene ist sie Mitglied des „TU9 - Consortium of German Institutes of Technology" (siehe www.tu9.de)

Zertifizierungen:
60 akkreditierte Studiengänge

KONTAKT

Stefanie Terp,
Pressesprecherin TU Berlin,
Tel.: 030/314-23922/-22919,
E-Mail: pressestelle@tu-berlin.de
www.tu-berlin.de

Nationales Alumniprogramm der TU Berlin
Tel.: 030/314-27650/-78827/-23922
E-Mail: alumni@pressestelle.tu-berlin.de
www.alumni.tu-berlin.de

Internationale Alumni der TU Berlin
Tel.: 030/314-21620
E-Mail: internationale.alumni@abz.tu-berlin.de
www.alumni.tu-berlin.de

Blick auf das Hauptgebäude der TU Berlin

Technische Universität Dresden

HOCHSCHULE IN FAKTEN UND ZAHLEN

TU Dresden – Vielfalt verpflichtet

Mit mehr als 35.000 Studierenden ist die TU Dresden die größte Universität Sachsens. Traditionell vor allem durch die Natur- und Ingenieurwissenschaften geprägt, entwickelte sie sich nach 1990 durch die Gründung neuer Fakultäten auf den Gebieten der Geistes- und Sozialwissenschaften sowie der Medizin zu einer Volluniversität. Heute bietet die TU Dresden ihren Studierenden mit 160 Studiengängen in 14 Fakultäten ein breites wissenschaftliches Spektrum. Aufgrund der ungewöhnlichen Vielfalt ihrer Fachgebiete fühlt sich die TU Dresden verpflichtet, die Interdisziplinarität der Wissenschaften zu fördern und zur Integration der Wissenschaften in die Gesellschaft beizutragen.

Wissen schafft Brücken

Lehre und Forschung sind an der TU Dresden interdisziplinär und international vernetzt, praxisorientiert und wirtschaftsnah, fachlich kompetent und interkulturell ausgerichtet. Die Universität kooperiert weltweit eng sowohl mit anderen Wissenschaftseinrichtungen – darunter Fraunhofer Gesellschaft, Max-Planck-Gesellschaft, Leibniz-Gemeinschaft – als auch mit Unternehmen. Führende Wirtschaftsunternehmen haben die praxisnahe Lehre und Forschung unter anderem mit bisher 13 Stiftungsprofessuren honoriert. Diesem Selbstverständnis entsprechend, werden Studierende und Diplomanden schon frühzeitig in aktuelle Forschungsaufgaben einbezogen. So entstehen Synergien zwischen Mensch und Technologie, zwischen Gesellschaft, Wissenschaft und Wirtschaft.

Erfolg in den Exzellenzinitiativen

Als einzige ostdeutsche Hochschule bekam die TU Dresden in der ersten Runde der Exzellenzinitiative des Bundes sowohl eine Graduiertenschule (Dresden International Graduate School for Biomedicine and Bioengineering) als auch ein Exzellenzcluster (From Cells to Tissues to Therapies) genehmigt. In der aktuellen Runde der Exzellenzinitiative des Bundes (2010/12) möchte die TU Dresden mit dem neu gegründeten DRESDEN-concept, einem Zusammenschluss der TUD mit 14 Partnern aus Wissenschaft und Kultur, in allen drei Förderlinien punkten.

Abschlüsse

Diplom, Bachelor, Master, Staatsprüfung

Studienangebot

160 grundständige und weiterführende Studiengänge. Zudem bietet die TU Dresden im Rahmen des Dresdner Modells im grundständigen und weiterbildenden Studium ein universitäres technisches Fernstudium in den Diplom-Studiengängen Bauingenieurwesen, Maschinenbau und Verfahrenstechnik an.

WICHTIG ZU WISSEN

Art der Hochschule:
Staatliche Volluniversität

Standort/e:
Dresden

Gründungsjahr:
1828

Anzahl der Studenten:
36.066 (WS 10/11)

Partnerhochschulen:
ca. 150 Hochschulverträge

KONTAKT

Technische Universität Dresden
01062 Dresden
http://tu-dresden.de

Career Service:
Tel: 0351 463-42401
E-Mail: katharina.maier@tu-dresden.de
http://tu-dresden.de/careerservice

Absolventenreferat:
Tel: 0351 463-36278
E-Mail: susann.mayer@tu-dresden.de
http://tu-dresden.de/absolventen

Technische Universität Hamburg-Harburg

HOCHSCHULE IN FAKTEN UND ZAHLEN

Willkommen an der TUHH!

Die Technische Universität Hamburg-Harburg ist eine der jüngsten und erfolgreichsten Universitäten in Deutschland. Sie wurde 1978 gegründet. Heute arbeiten rund 100 Professorinnen und Professoren und 1.150 Mitarbeiterinnen und Mitarbeiter an der TUHH. Bei etwa 5.000 Studierenden eröffnet sich ein hervorragendes Betreuungsverhältnis.

Leitbild

Die TUHH ist eine wettbewerbsorientierte, unternehmerisch handelnde Universität mit hohem Leistungs- und Qualitätsanspruch. Sie ist eine den Humboldt'schen Prinzipien verpflichtete international orientierte Hochschule mit regionaler Anbindung und leistet einen Beitrag zur Entwicklung der technisch-wissenschaftlichen Kompetenz der Gesellschaft, indem sie in ihren Forschungsfeldern nationale und internationale Exzellenz anstrebt und den ingenieurwissenschaftlichen Nachwuchs mit modernen Lehr- und Lernmethoden ausbildet.

Studium an der TUHH

Kaum ein Studium bietet so viele fachliche Möglichkeiten wie die ingenieurwissenschaftliche Ausbildung. Das Ziel der Lehre an der TUHH ist es, Ingenieurinnen und Ingenieure bestmöglich auf ihre kommenden Aufgaben im Berufsleben vorzubereiten: Praxisgerecht, forschungs- und grundlagenorientiert. Daher müssen sich unsere Absolventinnen und Absolventen vor ihrem Einstieg in den globalen Arbeitsmarkt nicht sorgen.

Höchste Qualität in der Lehre wird durch das besonders gute Betreuungsverhältnis gewährleistet. Die intensiven Programme für die ersten Studienjahre – vom Vorkurs über StartING@TUHH für Studierende im ersten Semester bis zum studienbegleitenden Fachtutorium – unterstreichen unseren Willen, den technisch-wissenschaftlichen Nachwuchs modern, effizient und wissenschaftlich vernetzt auszubilden.

Studienanfängerinnen und Studienanfänger haben die Wahl zwischen 13 verschiedenen Bachelor-Studiengängen aus den Ingenieurwissenschaften. Aufbauend auf den Bachelor-Abschluss bietet die TUHH insgesamt 27 Master-Studiengänge an. Um die Qualität der Lehre langfristig zu sichern, evaluieren wir kontinuierlich unsere Leistung, nicht nur im Rahmen von Akkreditierungsverfahren.

Alumni & Career

Studierende, Absolventinnen und Absolventen der TUHH werden in ihrem Übergang von der Hochschule in den Beruf durch Service- und Beratungsangebote unterstützt. Das Alumni & Career Center schafft Plattformen zur Begegnung mit Unternehmen und fördert die Netzwerkbildung mit ehemaligen Studierenden der TUHH; u.a. im Praktikumsprogramm TUHH-PraxisPlus oder im Netzwerk-Programm: Fishing for Experiences haben TUHH-Studierende Möglichkeiten, bereits während des Studiums berufspraktische Erfahrungen zu sammeln.

Foto: David Ausserhofer

WICHTIG ZU WISSEN

Art der Hochschule:
Technische Universität

Standort:
Hamburg

Gründungsjahr:
1978

Anzahl der Studierenden:
ca. 5000

Partnerhochschulen:
internationale Vernetzung mit über 80 Partnerhochschulen

KONTAKT

www.tuhh.de

Alumni & Career Center
Schwarzenbergstraße 95 E
21073 Hamburg
Tel.: +49 40 428 78-4501/-3436 /-4553
Fax: +49 40 428 78-4194
E-Mail: career.service@tuhh.de,
business.service@tuhh.de,
alumni.service@tuhh.de

Zentrale Studienberatung
Schwarzenbergstraße 95 E
21073 Hamburg
Tel.: +49 40 428 78-2232
Fax: +49 40 428 78-4077
E-Mail:
studienberatung@tu-harburg.de

Pressestelle
Tel.: +49 40 428 78-4321
Fax: +49 40 428 78-2040
E-Mail:pressestelle@tu-harburg.de

Technische Universität Ilmenau

HOCHSCHULE IN FAKTEN UND ZAHLEN

In einer langen Entwicklungstradition von der 1894 gegründeten Ingenieurschule bis zur heutigen Technischen Universität steht der Name Ilmenau als Synonym für eine hochqualifizierte Ingenieurausbildung. Fünf Fakultäten bieten den derzeit 6.300 Studierenden ein zukunftsweisendes interdisziplinäres Programm von 18 Bachelor- und 23 Masterstudiengängen in den Fächergruppen Ingenieurwissenschaften, Mathematik und Naturwissenschaften sowie Wirtschafts- und Sozialwissenschaften an. Das Studium generale, das Europa-Studium sowie das Gründerstudium stellen den Studierenden darüber hinaus eine breite Palette mit nicht-technischen Studieninhalten bereit. Die Studierenden sind Teil der TU-Campus-Familie. Seitens der Lehrenden und durch ein „ausgefeiltes" Netzwerk genießen sie eine persönliche Betreuung von der Bewerbungsphase bis zum Studienabschluss. Zur Universitätsphilosophie gehört die frühe Einbeziehung in die Forschung, die Bearbeitung eigenständiger Projekte und die Praktika in der Wirtschaft. Durch interdisziplinäre und fakultätsübergreifende Zusammenarbeit und der damit verbundenen Bündelung der Kompetenzen wurden folgende Forschungscluster etabliert:
- Nanoengineering
- Präzisionstechnik und Präzisionsmesstechnik
- Technische und biomedizinische Assistenzsysteme
- Antriebs-, Energie- und Umweltsystemtechnik
- Digitale Medientechnologie
- Mobilkommunikation

Weltoffenheit ist in Ilmenau schon immer Programm. Die TU unterhält Beziehungen zu Universitäten und Forschungseinrichtungen in den USA, Russland, West- und Osteuropa, Südamerika, Nahost, Afrika und Asien. 10 % der Studierenden kommen aus dem Ausland, das ist ein erfreuliches Resultat dieser langjährigen wissenschaftlichen Zusammenarbeit.

Unübersehbar bestimmen die Studierenden das kulturelle Leben auf dem Campus. Das hat Tradition, das ist gewollt. Die Kultur-, Sport- und Vereinsszene, Musik, Studentenfernsehen, Uni-Radio, Studententheater, das Internationale Studentenfestival ISWI, dazu studentische Fachinitiativen schaffen unzählige Möglichkeiten für Kontakte und neue Freundschaften und fördern den Erwerb sozialer Kompetenzen neben dem fachlichen Studium. Ilmenau ist, was du daraus machst – eine Studentenweisheit ohne Verfallsdatum.

Die TU Ilmenau gehört zu den kostengünstigsten Studienorten Deutschlands. Auf dem Campus der Universität befinden sich die vollständig sanierten Studentenwohnheime des Studentenwerks Thüringen. Sie bieten mit rund 2.000 Plätzen fast einem Drittel aller Studierenden eine Unterkunft direkt im Zentrum von Lehre und Forschung. Aber auch alle anderen Kommilitonen finden ohne Probleme ausreichend Wohnraum in Ilmenau.

WICHTIG ZU WISSEN

Art der Hochschule:
Staatliche Technische Universität

Standort/e:
Ilmenau/Thüringen

Gründungsjahr:
1894 als Private Ingenieurschule

Anzahl der Studenten:
WS 2010/2011: 6.300

Partnerhochschulen:
über 100 Partneruniversitäten weltweit

KONTAKT

Technische Universität Ilmenau
Referat Marketing
Postfach 10 05 65
98684 Ilmenau
Tel.: +49 3677 69-1761
Fax. +49 3677 69-1743
E-Mail: marketing@tu-ilmenau.de
www.tu-ilmenau.de

Alumnibetreuung
Tel.: +49 3677 69-2558
Fax: +49 3677 69-1759
E-Mail: alumni@tu-ilmenau.de
www.tu-ilmenau.de/alumni

Technische Universität München

HOCHSCHULE IN FAKTEN UND ZAHLEN

Willkommen an der TUM

Mit ihren 13 Fakultäten bildet die TUM in über 140 Studiengängen mehr als 26.000 Studierende aus. Fast 20 % der Studierenden und mehr als 15 % der Mitarbeiter/innen sind aus dem Ausland und schaffen damit eine internationale, weltoffene Kultur an der TU München. Die Schwerpunktfelder sind die Ingenieur- und Naturwissenschaften, Medizin und Lebenswissenschaften sowie die Wirtschaftswissenschaften und Lehrerbildung.

Diese Fächerkombination ist in Europa einzigartig und gestattet, komplexe Forschungsthemen interdisziplinär anzugehen.

Der Erfolg der Marke TUM hat viele Komponenten: Kompetenz im Spezialfach, Sprechfähigkeit zu den Nachbardisziplinen, Teamgeist über Fächer- und Fakultätsgrenzen hinaus, Allianzen mit der beruflichen Praxis, mit Professoren, Studierenden und Absolventen aus aller Welt.

Studieren an einer Elite-Universität

Als eine der ersten drei Universitäten wird die TUM im Rahmen der Exzellenzinitiative des Bundes und der Länder gefördert und als Elite-Universität ausgezeichnet.

Seit der Begründung als „Polytechnische Schule" im Jahr 1868 hat die TUM den Weg Bayerns zum Hochtechnologie-Standort maßgeblich geprägt. Aufbauend auf der Gründungsidee *„der industriellen Welt den zündenden Funken der Wissenschaft zu bringen"* zählt die TUM heute zu den besten Universitäten Europas.

„TUM – die unternehmerische Universität"

Das ist heute das Motto der TUM, mit dem sie sich dem internationalen Wettbewerb um Wissen und Innovation stellt. Als unternehmerische Universität setzt sie auf die vielfältigen menschlichen Begabungen, die sie entdeckt, fördert und zu Teams mit neuen Stärken zusammenführt. Das führt zu Spitzenleistungen und schafft Corporate Identity.

Das Ziel der Wissenschaftlichkeit, Investieren, Neues riskieren, zukunftsfähige Strategien entwickeln, im Kontext von Spitzenforschung ein Maximum an individueller Freiheit mit einer funktionierenden, wissenschaftsfreundlichen Administration zu verbinden - das macht den unternehmerischen Geist der TUM aus.

Abschlüsse

Bachelor, Master, Diplom (auslaufend), Staatsexamen, Executive MBA, Ph.D., Honours Degree, Double Degree

Studienangebot

Mehr als 140 Studiengänge an 13 Fakultäten über drei Hauptstandorte verteilt.

München: Architektur, Bauingenieur- und Vermessungswesen, Wirtschaftswissenschaften, Elektro- und Informationstechnik, Medizin, Sport- und Gesundheitswissenschaft, TUM School of Education

Garching: Mathematik, Physik, Chemie, Maschinenwesen, Informatik

Freising-Weihenstephan: Wissenschaftszentrum Weihenstephan für Ernährung, Landnutzung und Umwelt

WICHTIG ZU WISSEN

Art der Hochschule:
Staatliche Universität (mit technischem Schwerpunkt)

Standort/e:
München, Garching, Freising-Weihenstephan

Gründungsjahr:
1868

Anzahl der Studenten:
26.039 (WS 2010/2011)

Partnerhochschulen:
Über 150 Partneruniversitäten weltweit

KONTAKT

Technische Universität München
Arcisstr. 21
80333 München
www.tum.de

Studenten-Service-Zentrum
Tel: +49.89.289.22737
E-Mail: studienberatung@tum.de
www.tum.de/studium/ssz

Career Service:
Tel: +49.89.289.22132
E-Mail: career@tum.de
www.tum.de/career

Alumni Service:
Tel: +49.89.289.22564
E-Mail: alumni@tum.de
www.tum.de/alumni

© Uli Benz/TU München

Universität Stuttgart

HOCHSCHULE IN FAKTEN UND ZAHLEN

High-Tech und Geisteswissenschaften

Die Universität Stuttgart liegt im Zentrum einer der größten High-Tech-Regionen Europas. Gegründet 1829, hat sich die frühere Technische Hochschule zu einer weltweit nachgefragten Ausbildungs- und Forschungsstätte mit Schwerpunkten in den Natur- und Ingenieurwissenschaften entwickelt. Ihre herausragende Stellung spiegelt sich unter anderem in dem Exzellenzcluster «Simulation Technology» und der Graduiertenschule «Advanced Manufacturing Engineering» sowie in zahlreichen Sonderforschungsbereichen, Schwerpunktprojekten und Graduiertenkollegs wider. Zu ihren Stärken zählt die Vernetzung zwischen technischen und naturwissenschaftlichen Fachrichtungen und den Geistes- und Sozialwissenschaften. Die rund 150 Institute gliedern sich in 10 Fakultäten

1. Architektur und Stadtplanung
2. Bau- und Umweltingenieurwissenschaften
3. Chemie
4. Energie-, Verfahrens- und Biotechnik
5. Informatik, Elektrotechnik und Informationstechnik
6. Luft- und Raumfahrttechnik und Geodäsie
7. Konstruktions-, Produktions- und Fahrzeugtechnik
8. Mathematik und Physik
9. Philosophisch-Historische Fakultät
10. Wirtschafts- und Sozialwissenschaften.

Das Angebot umfasst ca. 100 grundständige und weiterführende Studiengänge, darunter mehrere auslandsorientierte, englischsprachige Masterstudiengänge und mehrere Online-Master. Als Campus-Universität mit zwei verkehrsgünstig verbundenen Standorten bietet Stuttgart beste Studien- und Arbeitsbedingungen. Und auch als Kulturregion hat die baden-württembergische Landeshauptstadt mit ihrer Staatsoper, weltbekannten Museen sowie einer lebendigen Kultur- und Kneipenszene viel zu bieten.

Abschlüsse:

Bachelor, Master, Staatsexamen (Lebensmittelchemie, Lehramt an Gymnasien)

Studienangebot:

Rund 55 grundständige Studiengänge und derzeit 46 weiterführende Studiengänge

Allgemeine/Fachgebundene Hochschulreife, Auswahlverfahren/Aufnahmeprüfung (für die meisten Studiengänge)

WICHTIG ZU WISSEN

Art der Hochschule:
Staatliche Hochschule

Standort/e:
Stuttgart

Gründungsjahr:
1829 (als Vereinigte Real- und Gewerbeschule)

Anzahl der Studenten:
ca. 21.500

Partnerhochschulen:
im Rahmen Ihrer Austauschprogramme (inkl. ERASMUS) bietet die Universität Stuttgart rund 550 Austauschmöglichkeiten an rund 340 Partnerhochschulen in 44 Ländern

Zertifizierungen:
einzelne Institute

KONTAKT

Universität Stuttgart
Keplerstr. 7
70174 Stuttgart
Tel: 0711/685-0
www.uni-stuttgart.de

Stabsstelle Alumni
Geschwister-Scholl-Str. 24 B
70174 Stuttgart
Tel: 0711/685-82174

www.alumni.uni-stuttgart.de

ANZEIGENTEIL Arbeitgeber im Profil

Arbeitgeber im Profil

Das Angebot
Lernen Sie Ihren Wunscharbeitgeber kennen.

Alles Wichtige auf einen Blick
Zahlen und Fakten

Kontaktdaten für Ihre Bewerbung
Bewerben Sie sich und beziehen Sie sich auf Staufenbiel *Ingenieure* in Ihren Bewerbungen!

PROFILE

AEROTEC Engineering GmbH	138
Brose Gruppe	139
Cargill Deutschland GmbH	140–141
Carl Zeiss AG	142
DENSO AUTOMOTIVE Deutschland GmbH	138
Deutsche Bahn	143
Diehl Stiftung & Co. KG	144
EDAG GmbH & Co. KGaA	145
EnBW Energie Baden-Württemberg AG	146
euro engineering AG	147
EUROPIPE GmbH	148
GLOBALFOUNDRIES Management Services LLC & Co. KG	149
Hydro Aluminium	150
Kaufland	151
Lorenz Snack-World	152
Maschinenfabrik Reinhausen GmbH	153
METRO Group Asset Management	154
Salzgitter AG	155
Schaeffler Gruppe	154
Tognum Group	156–157
TÜV Hessen	158
TÜV Rheinland Group	158
Voith GmbH	159
Gore – W. L. Gore & Associates GmbH	160
Windmöller & Hölscher KG	161

Die Übersicht – Wer passt am besten zu mir?
Die Jobfinder-Tabelle auf den Seiten 162 bis 165 bietet Ihnen alle Arbeitgeber aus dieser Ausgabe im Schnellvergleich.

Weitere Karriere-Infos, Profile und Jobangebote auch unter

staufenbiel.de/ingenieure

AEROTEC Engineering GmbH

DAS UNTERNEHMEN IN FAKTEN UND ZAHLEN

Als Jürgen Hoffmann, Rainer Feddersen und Andreas Werk sich 1996 dazu entschlossen, AEROTEC zu gründen, saßen sie zu dritt in einem viel zu kleinen Büro und erledigten alle Aufträge selbst. Damals hätten sie sich nicht erträumen lassen, in weniger als 15 Jahren zu einem marktführenden Unternehmen im Bereich Engineering und Technical Documentation heranzuwachsen. Inzwischen sind bei der AEROTEC GmbH mehr als 360 Mitarbeiter in den Bereichen Engineering & Design und Technical Documentation tätig.

Innerhalb der letzten zehn Jahre haben wir die Zahl unserer Mitarbeiter vervierfacht und den Umsatz versechsfacht - und wir wachsen weiter. Die AEROTEC gehört zum internationalen Verbund der ALTEN S.A., die 1988 in Frankreich gegründet wurde und bei der weltweit mehr als 12.900 Consulting-Experten beschäftigt sind. Die Philosophie unseres französischen Mutterkonzerns ist Leitlinie für alle ALTEN Unternehmen: Wir denken nicht in Ländern, Städten oder Standorten – wir sind an übergreifenden Lösungen interessiert und an Synergie- und Kompetenzeffekten. So erzielen wir den größtmöglichen Erfolg.

Wir stellen unseren Kunden neben optimalen technischen Lösungen auch hochqualifiziertes Fachpersonal für flexible Zeiträume zur Verfügung. Für uns sind nicht nur Zuverlässigkeit, Termintreue und die Einhaltung gesetzlicher Vorgaben eine Selbstverständlichkeit. Unsere freundliche und verbindliche Kommunikation und die perfekt abgestimmte Aufgabenteilung in Teams führen immer ans gewünschte Ziel.

Ohne qualifizierte und motivierte Mitarbeiter hat auch die innovativste Idee keine Aussicht auf Erfolg. Bei AEROTEC legen wir sehr viel Wert auf die Förderung und Weiterbildung unserer Mitarbeiter, damit raketenartige Entwicklungen nicht in Luftschlössern enden.

WIR SUCHEN UND BIETEN

Branche: Ingenieurdienstleistungen in den Bereichen Engineering und Technical Documentation

Umsatz/Bilanzsumme:
Deutschland: 29,4 Mio. €

Fachrichtungen:
Elektrotechnik, Fahrzeugtechnik, Feinwerktechnik, Informatik, Luft- und Raumfahrttechnik, Maschinenbau, Medizin, Technische Redaktion, Wirtschaftsingenieurwesen

BEWERBUNGEN

www.aerotec.de/karrierezentrum/stellenausschreibungen

Form der Bewerbung:
Bitte bewerben Sie sich über unser Online-Bewerbungsformular.

Weitere Informationen auf den Seiten 162 bis 163

DENSO AUTOMOTIVE Deutschland GmbH

DAS UNTERNEHMEN IN FAKTEN UND ZAHLEN

DENSO zählt als Automobilzulieferer weltweit zu den führenden Entwicklern und Anbietern von Komponenten und Systemen für Heizung, Klimatisierung, Motorkühlung, Abgasreinigung, Autoelektrik, -elektronik, Instrumentierung und Robotik. Wir agieren in 34 Ländern mit weltweit ca. 120.000 Mitarbeitern, die im Vertrieb, in der Entwicklung und Konstruktion sowie in der Produktion arbeiten.

Gegründet 1984 in München, befindet sich die Deutschlandzentrale der DENSO AUTOMOTIVE Deutschland GmbH seit 1994 in Eching, in einem der größten Industriegebiete im Norden Münchens. Dort besitzt DENSO umfangreiche Testeinrichtungen mit einem modernen Windklimatunnel, verschiedenen Prüfständen und Materiallaboren.

2005 wurde in Wegberg bei Aachen das Aachen Engineering Center eröffnet. Das dortige Team arbeitet an der Entwicklung von Dieseleinspritzsystemen, von Systemen zur Abgasnachbehandlung, von Hard- und Software für Steuergeräte sowie von Komponenten für Hybrid- und Elektrofahrzeuge. Dabei nutzen die Ingenieure und Techniker hochmoderne Motoren- und Rollenprüfstände sowie weitere relevante Versuchseinrichtungen.

Innovationsfreude, Entwicklungsmöglichkeiten, Spaß an der Arbeit in einem hochmotivierten Team! Wenn das Ihren Vorstellungen von einem Traumjob entspricht, sind Sie bei uns genau richtig. Wir suchen engagierte Mitarbeiter, die sich mit uns gemeinsam für unsere Ziele einsetzen möchten.

Für Vorabinformationen besuchen Sie uns unter www.denso-europe.com.

WIR SUCHEN UND BIETEN

Bedarf Ingenieure:
Hochschulabsolventen
Young Professionals
Praktikanten

Fachrichtungen: Maschinenbau, Wirtschaftsingenieurwesen, Vertrieb, Fahrzeugtechnik, Elektrotechnik und Wirtschaftswissenschaften

BEWERBUNGEN

DENSO AUTOMOTIVE Deutschland GmbH
Frau Melanie Kühnel
Human Resources
Freisinger Str. 21
D-85386 Eching

jobs@denso-auto.de

Driven by Quality

Weitere Informationen auf den Seiten 162 bis 163

Brose Gruppe

DAS UNTERNEHMEN IN FAKTEN UND ZAHLEN

Brose: Wachsen mit innovativen Produkten

Millionen Autofahrer auf der ganzen Welt nutzen Technik von Brose, wenn sie die Fahrzeugtür oder das Fenster öffnen, den Sitz einstellen, ihre Spiegel- und Lenkradposition speichern oder die elektrische Parkbremse betätigen. Brose ist Entwicklungspartner, Produzent und Lieferant für die internationale Automobilindustrie.

Über 40 Hersteller und Zulieferer sind Kunden des Unternehmens. An weltweit 45 Standorten in 22 Ländern sind mehr als 17.000 Mitarbeiter tätig. Das Familienunternehmen mit einem Umsatz von 3,4 Milliarden Euro (2010) unterhält fünf Entwicklungs- und Vertriebsgesellschaften, um die internationalen Aktivitäten insbesondere in Asien weiter zu verstärken. Dieses globale Produktions-, Entwicklungs- und Vertriebsnetz schafft die notwendige Kundennähe und verstärkt den internationalen Markenauftritt.

Mit Innovationsfähigkeit, modernster Fertigungstechnologie und Logistik, vor allem mit strategischen Investitionen und Vorleistungen bei stabilen Eigentumsverhältnissen bietet Brose den Autoherstellern eine langfristige Partnerschaft.

Der Automobilzulieferer nutzt das jahrzehntelange Know-how in Mechanik, Elektrik und Elektronik, um – zugeschnitten auf die Bedürfnisse der Kunden – die richtigen Lösungen zu finden. Im Fokus steht die Entwicklung neuer Produkte, die zur Verringerung des Kraftstoffverbrauchs und damit zur CO_2-Reduzierung beitragen. Gleichzeitig erfüllt das Unternehmen mit seinen Komponenten und Systemen den Anspruch, die Bedienung des Automobils noch komfortabler und sicherer zu machen. Ziel ist es, die Entwicklungs- und Qualitätsführerschaft von Brose weiter auszubauen.

Individuelle Einarbeitungs- und Fortbildungsmaßnahmen sowie spezielle Trainings- oder Einstiegsprogramme für Absolventen und Fachleute ermöglichen den schnellen und reibungslosen Start bei Brose. Unabhängig vom jeweiligen Einstiegsbereich haben Mitarbeiter die Chance, sich als Spezialist oder Führungskraft beruflich weiterzuentwickeln. Dies wird durch eine Vielzahl verschiedener Personalentwicklungsmaßnahmen unterstützt, die in der Brose Akademie gebündelt sind.

Darüber hinaus eröffnet die Brose Arbeitswelt große Gestaltungsfreiräume und bietet den Beschäftigten ein Umfeld, in dem sie verantwortungsvoll handeln können und international vernetzt arbeiten. Weltweit sind über 4.500 Mitarbeiterinnen und Mitarbeiter in Entwicklung und Verwaltung in einer Arbeitsumgebung tätig, die kunden- und leistungsorientiertes Arbeiten fördert, die Attraktivität von Brose als Arbeitgeber erhöht und den Beschäftigten ein hohes Maß an Flexibilität hinsichtlich der Arbeitszeit bietet.

WIR SUCHEN UND BIETEN

Branche: Automobilzulieferer/Automotive

Geschäftsfelder/Arbeitsgebiete: Mechatronische Komponenten und Systeme, Elektromotoren

Umsatz/Bilanzsumme: 2010: 3,4 Mrd €

Bedarf Ingenieure: Hochschulabsolventen, Young Professionals, Praktikanten: siehe www.brose-karriere.com

Fachrichtungen: v.a. Ingenieurswissenschaften, Wirtschaftswissenschaften, Informatik

Einsatzgebiete: weltweit

Einstiegsmöglichkeiten: Internationales Traineeprogramm, FIT-Programm (First in Training) oder Direkteinstieg

Startgehalt: branchenüblich

Mitarbeiter in Deutschland: knapp 7.500

Mitarbeiter weltweit: mehr als 17.000

Standorte Deutschland: 12

Standorte weltweit: 45

BEWERBUNGEN

Brose Fahrzeugteile GmbH & Co. KG
Personal
Ketschendorfer Straße 38-50
96450 Coburg
Tel.: +49 9561 21 - 0
karriere@brose.com

www.brose-karriere.com

Form der Bewerbung: bevorzugt über unser Online-Portal unter www.brose-karriere.com

Weitere Informationen auf den Seiten 162 bis 163

Cargill

DAS UNTERNEHMEN IN FAKTEN UND ZAHLEN

Cargill ist ein weltweiter Anbieter von Produkten und Dienstleistungen in den Bereichen Nahrungsmittel, Landwirtschaft, Finanzen und der technischen Industrie.

Das 1865 gegründete Familienunternehmen mit Hauptsitz in Minneapolis, USA, beschäftigt weltweit etwa 131.000 Mitarbeiter in 66 Ländern. In Deutschland arbeiten etwa 1.600 Mitarbeiter an 12 Standorten.

Cargill gehört weltweit zu den führenden Unternehmen in Verarbeitung, Veredelung und Handel landwirtschaftlicher Güter.

Vision - Nourishing People

„Nourishing People" lautet unsere Vision in der Konzernsprache Englisch. Dabei meint "Nourishing" sehr viel mehr als die bloße Versorgung der Menschen mit Nahrungsmitteln. Gemeint ist das Sich-Kümmern und das Sich-Einsetzen für das Ganze: Für den Lebensunterhalt nicht nur in biologischer oder wirtschaftlicher, sondern auch in sozialer und kultureller Hinsicht.

Werte - Der Mensch im Mittelpunkt

Cargill ist ein täglicher Begleiter in Sachen Ernährung, Gesundheit, Kosmetik und Freizeit und versteht sich dabei als zuverlässiger und verantwortungsvoller Partner für Lieferanten, Kunden, Arbeitnehmer und Nachbarn. Die feste Überzeugung, dass Vertrauen, Zuverlässigkeit und Engagement zu den besten Ergebnissen führen, prägen unsere Unternehmensphilosophie und unser tägliches Handeln. Diese grundlegenden Werte halten uns trotz allem Wachstum und aller Erfolge fest auf dem Boden der Realität.

Zukunft - Forschung und Innovation

Unsere Größe ist kein Zufall! Sie gründet auf engagierter Arbeit und dem Streben, immer ein Stückchen besser zu werden. Durch Kooperation und Innovation trägt Cargill zum Erfolg seiner Kunden bei und verpflichtet sich, sein Wissen und seine Erfahrung zu nutzen, um den ökonomischen, Umwelt- und sozialen Herausforderungen weltweit zu begegnen.

Gesellschaftliche Verantwortung

Cargill ist an allen Standorten gesellschaftlich umfassend engagiert. Viele kleine und große Projekte, etwa in der Kinder- und Jugendförderung oder im Bereich Ernährung (z.B. örtliche Tafeln, Versorgung Bedürftiger mit Lebensmitteln) werden von Mitarbeitern aktiv unterstützt. Selbstverständlich wird das persönliche Engagement vom Unternehmen nach Kräften unterstützt. Dazu gehört auch die finanzielle Unterstützung von Hilfsprogrammen.

Cargill als attraktiver Arbeitgeber

Nachwuchstalenten mit einem technischen oder wirtschaftlichen Studienabschluss bietet Cargill standortübergreifende Karrierechancen, die sich sehen lassen können.

Absolventen **mit erster Berufserfahrung** finden bei Cargill diverse Direkteinstiegsmöglichkeiten in den verschiedensten Bereichen.

Absolventen **ohne nennenswerte Berufserfahrung** bieten wir einen Einstieg über unsere drei Traineeprogramme in den Bereichen Finance, Technik und Commercial an.

Im Rahmen dieser 24-monatigen Traineeprogramme qualifizieren wir Sie mittels eines persönlich auf Sie zugeschnittenen Entwicklungsprogramms "on-the-job" für die spätere Übernahme einer führenden Position innerhalb des Cargill-Konzerns. Praxisorientiert lernen Sie alle relevanten Abteilungen kennen, unterstützen uns in der (inter-)nationalen Projektarbeit und werden im Rahmen unseres European Graduate Programs zielgerichtet weitergebildet. Zusätzlich erhalten Sie die Möglichkeit, weitere Standorte Cargills kennenzulernen. Auch ein Auslandsaufenthalt ist möglich.

Alle Stellenausschreibungen sowie Details zu den einzelnen Traineeprogrammen und weitere Informationen über Cargill finden Sie auf unserer Hompeage www.cargill.de.

Karrieremöglichkeiten für Ingenieure bei Cargill

Name: Tim Brockhoff
Alter: 29
Position: Maintenance Manager

Mein Weg zu Cargill:

Das Studium der Verfahrenstechnik in Hamburg hat den Grundstein gelegt. Durch die räumliche Nähe zu den Cargill-Standorten in Hamburg sowie durch eine Kooperation mit der TU wurde ich auf Cargill aufmerksam. Die erste Kontaktaufnahme erfolgte dann auf einer Firmenkontaktmesse in Köln. Ich war fasziniert, in wie vielen unterschiedlichen Bereichen Cargill tätig ist. Wenige Tage später wurde ich bereits zu einem Assessment Center eingeladen und nach einem weiteren Bewerbungsgespräch bekam ich das Angebot, als Technical Management Trainee am Standort in Krefeld anzufangen.

Mein Einstieg als Technical Management Trainee:

Im Rahmen des 24-monatigen Traineeprogramms lernte ich die verschiedenen Aufgabenfelder für Ingenieure kennen und durchlief die Bereiche Herstellung/Produktion, Prozessentwicklung, Maintenance/Instandhaltung sowie Anlagenplanung. Überdies bekam ich erste Einblicke ins Plant Management. In jedem dieser Bereiche wurde mir ein Projekt zur eigenverantwortlichen Bearbeitung übertragen. Zur Unterstützung stand mir ein erfahrener Kollege des jeweiligen Bereiches zur Seite, mit dem ich mich austauschen konnte. Bereits beim Einstieg ins Unternehmen habe ich gemeinsam mit meinem Vorgesetzten, einen Kollegen als Mentor ausgewählt. Darüber hinaus hatte ich die Chance, für 3 Monate einen anderen Cargill-Standort kennenzulernen. Parallel zu diesem „Training-on-the-Job" nahm ich an einem speziell für Trainees aufgesetzten, europäischen Schulungsprogramm teil, wodurch ich meine Soft-Skills ausbauen, weitere Cargill-Standorte im Ausland und europäische Kollegen kennenlernen konnte.

Meine nächsten Karriereschritte:

Bereits vor Ablauf des Traineeprogramms bekam ich das Angebot, die Position des Maintenance Managers am Standort in Wädenswil (Nähe Zürich, Schweiz) einschließlich Personal- und Budgetverantwortung zu übernehmen. Das Traineeprogramm hat mich optimal auf die Übernahme dieser Funktion vorbereitet und durch die Unterstützung des starken Teams innerhalb Cargills habe ich die Möglichkeit, auch diese große Herausforderung zu meistern und mich weiter zu entwickeln.

Mein Tipp für Berufseinsteiger:

Trotz diverser studienbegleitender Praktika hatte ich nach meinem Abschluss noch keine konkrete Vorstellung darüber, welche Berufseinstiegs- und Entwicklungsmöglichkeiten mir ein Konzern wie Cargill bieten könnte. Den spannenden Aufgabenbereich Maintenance/Instandhaltung habe ich erst durch das Traineeprogramm für mich entdeckt. Den Berufseinstieg über ein Traineeprogramm kann ich daher absolut empfehlen. Ein internationaler Konzern wie Cargill bietet zudem zahlreiche Entwicklungsmöglichkeiten. Wichtig ist aber gerade deshalb auch eine entsprechende Mobilität, Flexibilität und Anpassungsfähigkeit. Empfehlenswert ist ein Studium der Verfahrenstechnik oder des Maschinenbaus sowie Auslandserfahrung und Englischkenntnisse, da Englisch bei Cargill Firmensprache ist.

WIR SUCHEN UND BIETEN

Branche:
Nahrungsmittel, Landwirtschaft, Finanzen, Handel und technische Industrie

Geschäftsfelder:
Aromen, Kakao & Schokolade, Lecithin, Malz, Öle & Fette, Biodiesel, Glycerin, Texturierungsmittel, Industriestärken, Stärken & Süßungsmittel, Getreide- & Ölsaatenhandel, Risikomanagement

Umsatz: 107,882 Milliarden US$

Bedarf Ingenieure:
Hochschulabsolventen, Young Professionals jeweils ca. 15 p. a. (in Deutschland); Praktikanten nach Bedarf

Fachrichtungen: Maschinenbau, Verfahrens-, Elektro-, Chemie- & Lebensmitteltechnik, WiWi, BWL, Agrarwissenschaften, Qualitätsmanagement

Einstiegsmöglichkeiten:
Technical-, Financial-, Commercial Management Trainee, div. Direkteinstiegsmöglichkeiten

Startgehalt: positionsabhängig

Mitarbeiter in Deutschland: 1.600

Mitarbeiter weltweit: 131.000

Standorte Deutschland:
Krefeld, Hamburg, Riesa, Barby, Frankfurt, Mainz, Klein Schierstedt, Salzgitter, Wittenberge, Malchin

Standorte weltweit:
vertreten in 66 Ländern

BEWERBUNGEN

Cargill - Personalabteilung/Recruiting
+49(0)2151 575 300
Recruiter_de@cargill.com

Form der Bewerbung:
vorzugsweise online über www.cargill.de

Weitere Informationen auf den Seiten 162 bis 163

Carl Zeiss

DAS UNTERNEHMEN IN FAKTEN UND ZAHLEN

We make it visible.

Optik für Wissenschaft und Technik, Fortschritt für den Menschen

Carl Zeiss ist eine weltweit führende Unternehmensgruppe der optischen und optoelektronischen Industrie. Carl Zeiss bietet innovative Lösungen für die Zukunftsmärkte Medical and Research Solutions, Industrial Solutions, Eye Care und Lifestyle Products an. Das Unternehmen entwickelt und vertreibt Operationsmikroskope, ophthalmologische Diagnosesysteme, Mikroskope, Lithografieoptik, industrielle Messtechnik, Brillengläser, Planetariumstechnik, optronische Produkte, Film- und Fotoobjektive sowie Ferngläser und Spektive.

Mit Carl Zeiss erfolgreich ins Berufsleben

Der Erfolg des Unternehmens beruht auf der Leistungsfähigkeit und Qualifikation der Mitarbeiter. Deshalb ist es das Bestreben von Carl Zeiss, Rahmenbedingungen zu schaffen, die die bestmögliche Förderung und größtmögliche Zufriedenheit am Arbeitsplatz ermöglichen.

Wer seinen Berufsweg auf fachlicher Ebene sieht, dem bietet die Fachlaufbahn bei Carl Zeiss für Mitarbeiter in Forschung und Entwicklung attraktive und individuelle Entwicklungs-, Verdienst- und Aufstiegsmöglichkeiten. Herausragendes Wissen und bewiesene Fachexpertise eröffnen somit eine glänzende berufliche Perspektive. Leistungsträger, die die Fachlaufbahn einschlagen, arbeiten als Partner auf gleicher Augenhöhe mit dem Management und Topmanagement.

Um Nachwuchsführungskräfte auf ihre ersten Führungsaufgaben vorzubereiten und eine hohe Qualität der Mitarbeiterführung auf internationaler Basis sicherzustellen, wurde das Junior Leadership Program (JLP) entwickelt. Es bietet die Möglichkeit, weltweit Kontakte zu anderen Potenzialträgern und Führungskräften der Carl Zeiss Gruppe aufzubauen.

Da Carl Zeiss weltweit agiert, steigt die Bedeutung von internationalen Entsendungen. Diese fördern das interkulturelle Verständnis; gleichzeitig wird der aktive Wissensaustausch im Unternehmen intensiviert. Um die Chancen und Herausforderungen der zunehmenden Internationalisierung des Geschäftslebens zu nutzen, forciert das Unternehmen mit dem „Global Mobility"-Programm internationale Entsendungen.

Das Carl Zeiss TOP Trainee-Programm ermöglicht Hochschulabsolventen, sich fach- und abteilungsübergreifend für eine anspruchsvolle Fachfunktion mit Schnittstellencharakter zu qualifizieren.

WIR SUCHEN UND BIETEN

Branche: Feinmechanik und Optik

Geschäftsfelder/Arbeitsgebiete: Optische und opto-elektronische Industrie

Umsatz/Bilanzsumme: weltweit über 2.98 Mrd. Euro (2009/10)

Bedarf Ingenieure:
Hochschulabsolventen unterschiedlich
Young Professionals unterschiedlich
Praktikanten unterschiedlich

Fachrichtungen:
Ingenieure und Wirtschaftsingenieure, Natur- und Wirtschaftswissenschaftler

Einsatzgebiete:
Forschung, Entwicklung, Produktion, Produktionsplanung, Vertrieb, Marketing, Logistik, Einkauf, Finanzwesen, Controlling, Personalwesen

Einstiegsmöglichkeiten:
Praktika, Abschlussarbeiten, TOP Trainee-Programm, Direkteinstieg

Startgehalt: Marktüblich (Tarif)

Mitarbeiter in Deutschland: 11.000

Mitarbeiter weltweit: 24.000

Standorte Deutschland:
11 Produktionsstandorte,
Zentrale in Oberkochen

Standorte weltweit:
34 weitere Prod.standorte, über 100 Vertretungen

BEWERBUNGEN

Carl Zeiss AG
73446 Oberkochen
Tel: 07364 / 20 - 8271
Mail: karriere@zeiss.de

www.zeiss.de/karriere

Form der Bewerbung: Bevorzugt über unser Online-Bewerbertool

Weitere Informationen auf den Seiten 47 und 162 bis 163

Deutsche Bahn

DAS UNTERNEHMEN IN FAKTEN UND ZAHLEN

Der Arbeitgeber Deutsche Bahn

Die Deutsche Bahn ist ein Unternehmen mit weit in die Vergangenheit reichenden Wurzeln und einer faszinierenden Geschichte. Dabei wurde die Deutsche Bahn im Lauf der Zeit tiefgreifend verändert und vollkommen neu strukturiert. Heute ist das Unternehmen ein führender Mobilitäts- und Logistikdienstleister auf den Verkehrsmärkten der Zukunft.

Die Deutsche Bahn treibt die Weiterentwicklung von Mobilität und Logistik aktiv voran - lokal, national und weltweit. Wir bewegen Menschen und Güter zu Lande, zu Wasser und in der Luft. Wir vernetzen eine Vielzahl verschiedener Verkehrsträger ökonomisch und ökologisch auf intelligente Weise.

Das Unternehmen hat sich verpflichtet, seine Ziele gemäß seinem Wertekanon sowohl kundenorientiert, wirtschaftlich und verantwortungsvoll als auch fortschrittlich und partnerschaftlich zu erreichen.

Dadurch, dass die internationalen Märkte immer mehr zusammenwachsen, entstehen für die DB und ihre Mitarbeiter immer wieder neue, interessante Aufgaben und Funktionen. Wir möchten Sie herzlich einladen, uns und unsere Herausforderungen als weltweit agierendes Mobilitäts- und Logistikunternehmen kennen zu lernen.

Steigen Sie ein und schreiben Sie gemeinsam mit uns unsere Erfolgsgeschichte weiter. Wir bewegen Zukunft und freuen uns auf Sie!

Ihr Einstieg bei der Deutschen Bahn

Sie möchten ein **Praktikum** absolvieren? Aktuelle Praktikantenstellen finden Sie unter www.deutschebahn.com/karriere.

Sie haben ein interessantes Thema für Ihre **Abschlussarbeit**? Dann sollten Sie uns ansprechen! Wir freuen uns über Ihre Ideen.

Sie haben Ihr Studium erfolgreich beendet? Per Direkteinstieg oder im Rahmen von TRAIN Tec, unserem 12-monatigen **Einstiegsprogramm** für Ingenieure, beginnen Sie Ihre Karriere bei der Deutschen Bahn. Sie lernen in mehreren Stationen die technischen Bereiche der Deutschen Bahn kennen und sammeln dabei wichtige Praxiserfahrung. Neben einem attraktiven Seminarangebot und einem unbefristeten Arbeitsvertrag stehen Ihnen von Anfang an ein Mentor und unser größtes internes Netzwerk – der TraineeClub – zur Seite.

Mögliche Einstiegsbereiche:

Instandhaltung, Instandsetzung, Anlagenmanagement, Disposition, Produktion/Technik oder Qualitätssicherung, Betrieb, Technischer Einkauf, Prozessoptimierung, Bereitstellung, Bauartverantwortung, Fahrplan.

WIR SUCHEN UND BIETEN

Branche: Mobilitäts- und Logistikunternehmen

Geschäftsfelder/Arbeitsgebiete: Infrastruktur; Personenverkehr; Tansport&Logistik; Technik, Systemverbund und Dienstleistungen

Umsatz/Bilanzsumme: 29,3 Mrd €

Bedarf Ingenieure: Hochschulabsolventen ca. 250

Fachrichtungen: Bau-, Verkehrs-, Wirtschaftsingenieur, Elektrotechnik, Maschinenbau, Informatik, Nachrichtentechnik

Einsatzgebiete: Personenverkehr, Transport&Logistik, Infrastrukturplanung, Bauleistungen (Planung, Neubau, Sanierung), Systemtechnik Rad-Schiene, Betriebsplanung und -durchführung, Fahrzeugstrategie und -instandhaltung, Telekommunikation, IT, Immobilien und Gebäudemanagement

Einstiegsmöglichkeiten: technisches Trainee-/Direkteinstiegsprogramm

Mitarbeiter in Deutschland: 191.000

Mitarbeiter weltweit: 290.000

Standorte Deutschland: bundesweit

Standorte weltweit: in über 130 Ländern

BEWERBUNGEN

DB Mobility Logistics AG
Bewerbermanagement
akademischer Nachwuchs (HFS 43)
Karlstraße 6
60329 Frankfurt am Main
E-Mail:
db-hochschulmarketing@deutschebahn.com

www.deutschebahn.com/karriere

Form der Bewerbung:
Online-Bewerbung erwünscht.

> „Uns ist es wichtig, dass Studierende schon während ihrer Studienzeit Praxiserfahrung sammeln. Denn nur so können sie schon frühzeitig erfahren, was zu ihnen gut und was weniger gut passt. Dazu kommen wir bei der Praktikumsdauer entgegen und bieten ein vermehrtes Angebot an Abschlussarbeiten im DB Konzern an."
>
> Yvonne Arenhoevel, Referentin für Hochschulkooperationen

Weitere Informationen auf den Seiten 162 bis 163

Diehl Stiftung & Co. KG

DAS UNTERNEHMEN IN FAKTEN UND ZAHLEN

DIEHL - Zahlen - Daten - Fakten

Tradition. Innovation. Zukunft. Diese drei Worte fassen das Selbstverständnis von DIEHL ganz prägnant zusammen. Diehl kann auf eine lange Tradition zurückblicken, denn seit der Gründung vor mehr als 100 Jahren ist das Unternehmen vollständig in Familienbesitz mit Hauptsitz in Nürnberg.

Unser Erfolg: 13.300 Mitarbeiter in mehr als siebzig selbstständigen Unternehmenseinheiten, die in die Teilkonzerne Metall, Controls, Defence, Aerosystems und Metering zusammengefasst sind, generieren einen Umsatz von jährlich 2,5 Mrd. Euro.

Diehl Metall Das Getriebe Ihres Autos schaltet wahrscheinlich mit DIEHL-Synchronringen aus Messing oder Stahl. Wir fertigen für die internationale Automobil-, Elektronik- und Sanitärindustrie Halbzeuge und Schmiedeteile.

Diehl Controls Für Hausgeräte und Heizungshersteller in aller Welt stellen wir Steuerungs- und Regelsysteme her. Einfache Bedienung und Schonung der Umwelt stehen für unsere Kunden und uns im Vordergrund.

Diehl Defence Ihre Sicherheit garantieren Technologien von DIEHL – Bundeswehr und NATO bauen auf uns. Wir zählen zu deren wichtigsten Partnern in den Bereichen Aufklärung, Wirkung gegen Land-, Luft und Seeziele, Trainingssysteme und Security.

Diehl Aerosystems Ihr Flug ist angenehmer mit DIEHL Technologien – wie beispielsweise durch „Mood-Lighting" und exklusiver Kabinenausstattung.

Diehl Metering Mit jährlich 6 Mio. Wasser- und Wärmezählern sowie 3,5 Mio. Funkmodulen zum drahtlosen Fernauslesen ist DIEHL Metering ein weltweit führender Anbieter im Bereich Verbrauchsmessung.

Warum bei Diehl bewerben?

Bei Diehl arbeiten Sie in einem Hochtechnologiekonzern. Als familiengeführtes und unabhängiges Industrieunternehmen bieten wir unseren Mitarbeitern innerhalb des internationalen Konzerns stets neue Herausforderungen. Die Möglichkeit, sich immer wieder neu zu entdecken und beruflich wie persönlich weiterzuentwickeln macht uns als Arbeitgeber attraktiv. Unsere Geschichte von der Kunstschmiede zum internationalen Weltmarktführer möchten wir mit flexiblen und kommunikationsstarken Mitarbeitern, die hohes Engagement und Eigeninitiative mitbringen, weiterentwickeln.

Unsere Stärke ist unsere Vielfalt! Ihre auch? Dann freuen wir uns auf Ihre Bewerbung: **perspektiven@diehl.de**

WIR SUCHEN UND BIETEN

Branche: Metall- und Elektrotechnik, Luftfahrtindustrie, Verteidigung

Geschäftsfelder/Arbeitsgebiete: Kupfer- und Messinghalbzeuge, Steuerungen für die Haus- und Heizungstechnik, Innovative Lösungen für die Luftfahrtindustrie, intelligente Verteidigungssysteme, Wasser- und Wärmezähler

Umsatz/Bilanzsumme: 2,5 Mrd. Euro

Bedarf Ingenieure: Hochschulabsolventen ca. 20 p.a. Young Professionals ca. 30 p.a. Praktikanten ca. 100 p.a.

Fachrichtungen: u.a. Elektrotechnik, Luft- und Raumfahrttechnik, Maschinenbau, Mechatronik, Physik, Wirtschaftsingenieurwesen und Wirtschaftswissenschaften etc.

Einsatzgebiete: Training-on-the job in unseren Fachabteilungen.

Technische Traineeprogramme in den Teilkonzernen.

Kaufmännische Traineeprogramme im Gesamtkonzern (Controlling/Rechnungswesen, strategischer Einkauf, Personal).

Mitarbeiter in Deutschland: ca. 9.000

Mitarbeiter weltweit: ca. 13.300

Standorte Deutschland: 27

Standorte weltweit: 70

BEWERBUNGEN

Diehl Stiftung & Co. KG
Personalmarketing
Miriam Glatz
perspektiven@diehl.de

Infos unter:
www.diehl.com

**INNOVATION AUS TRADITION
– shape the future with us!**

Weitere Informationen auf den Seiten 162 bis 163

EDAG GmbH & Co. KGaA

DAS UNTERNEHMEN IN FAKTEN UND ZAHLEN

Als weltweit größter unabhängiger Entwicklungspartner entwickelt die EDAG Group maßgeschneiderte und fertigungsoptimierte Konzepte und Lösungen für die Mobilitätsbedürfnisse der Zukunft. Unser Leistungsspektrum umfasst die Entwicklung kompletter Module, Fahrzeuge, Derivate und Produktionsanlagen. Weitere Schwerpunkte liegen im Modell-, Prototypen-, Sonderfahrzeugbau und der Kleinserienfertigung. Über die Entwicklungsleistung hinaus bietet die EDAG Group die Realisierung kompletter Produktionsanlagen für den Karosserierohbau und der Fahrzeugmontage aus einer Hand.

Die EDAG Group bewegt Menschen. Unser Know-how garantiert die Mobilität von morgen und meistert den Weg der energetischen Nachhaltigkeit. Unserer Leidenschaft verdanken wir immer neue, überzeugende Lösungen – für die Automobil-, Luftfahrt- und Schienenindustrie sowie für die Branche der „Erneuerbaren Energien". Dieser Antrieb bringt uns und Ihre Karriere weiter.

Am Beginn Ihres Berufsweges bei der EDAG Group stehen Eigenverantwortung und Ihre Fähigkeit, Ziele im Team zu erreichen. Bereit zum Ärmelhochkrempeln? Bereit für vielseitige Herausforderungen und spannende Perspektiven in den unterschiedlichsten Projekten – und das gleich serienmäßig? Dann werden Ihnen auch unsere flache Hierarchie und unsere unbürokratischen Entscheidungswege an jedem der mehr als 25 innerdeutschen und mehr als 20 internationalen Standorten gefallen.

Entdecken Sie die Faszination unserer Bewegungsräume. Steigen Sie ein in die Welt der EDAG Group und gestalten Sie die Mobilität von morgen. Jetzt.

WIR SUCHEN UND BIETEN

Branche:
Automobilindustrie, Luft- und Raumfahrt

Umsatz/Bilanzsumme:
640 Mio. (2010)

BEWERBUNGEN

EDAG GmbH & Co. KGaA
Reesbergstr. 1
36039 Fulda
Carolin Burkardt
Tel: 0661/6000-9267

www.edag.com/careers

Form der Bewerbung:
über unser Online Portal

Weitere Informationen auf den Seiten 85 und 162 bis 163

Jeder ist seines **Glückes Schmied.** Gut, wenn man das richtige Werkzeug hat.

>>> Infos unter **staufenbiel.de/automotive**

EnBW Energie Baden-Württemberg AG

DAS UNTERNEHMEN IN FAKTEN UND ZAHLEN

Das sind wir.

Mit rund sechs Millionen Kunden und über 20.000 Mitarbeitern hat die EnBW Energie Baden-Württemberg AG 2010 einen Jahresumsatz von über 17,5 Milliarden Euro erzielt.

Als drittgrößtes deutsches Energieversorgungsunternehmen konzentrieren wir uns auf die Tätigkeitsbereiche Strom – unterteilt in die Geschäftsfelder Erzeugung und Handel sowie Netz und Vertrieb, Gas sowie Energie- und Umweltdienstleistungen.

Wir bekennen uns zum Standort Baden-Württemberg und Deutschland. Hier ist der Fokus unserer Aktivitäten. Darüber hinaus sind wir auch auf weiteren Märkten Europas aktiv.

Wir betreiben konventionelle Kraftwerke und Kernkraftwerke. Die Wasserkraftnutzung hat bei uns eine lange Tradition. Bei den anderen erneuerbaren Energieträgern wie Wind, Erdwärme und Biomasse ist ein weiterer Ausbau der Erzeugungskapazitäten geplant. Wir sehen uns als Chancen für wirtschaftliches Wachstum und für die Umwelt und wir werden unsere Chancen nutzen. Eine wichtige Rolle werden in der Zukunft das Gasgeschäft sowie die dezentrale Erzeugung und die Wärmeerzeugung spielen. In allen genannten Bereichen wird sich die EnBW stärker aufstellen.

Ihre vielfältigen Perspektiven.

In einem modernen Konzern wie der EnBW ergeben sich kontinuierlich neue und besondere Aufgaben, die spezielles Wissen und Können erfordern. Ob Berufseinsteiger oder bereits mit Berufserfahrung: Wir bieten Ihnen die Perspektiven für Ihre berufliche Zukunft! Für Ihren Einstieg und Ihre fachliche und persönliche Weiterentwicklung stehen Ihnen verschiedene, individuelle Entwicklungs- und Fördermöglichkeiten offen.

Wir haben ein großes Spektrum an Einsatzmöglichkeiten für Ingenieure, Informatiker, Natur- und Wirtschaftswissenschaftler zu bieten. Wir suchen Menschen, die Impulse aufnehmen, aber auch Impulse geben und mit uns gemeinsam die Herausforderungen des Energiemarkts annehmen.

Ingenieure setzen wir in anspruchsvollen Tätigkeiten entlang unserer Wertschöpfungskette ein: In unseren Kraftwerken, bei der Netzbetreibung und -instandhaltung, aber auch im Energiehandel, Vertrieb und anderen Schnittstellenfunktionen.

Mehr Infos finden Sie auf unserer Internetseite unter www.enbw.com/karriere

WIR SUCHEN UND BIETEN

Branche: Energiewirtschaft

Geschäftsfelder/Arbeitsgebiete: Strom, Gas sowie Energie- und Umweltdienstleistungen

Umsatz/Bilanzsumme: 17,5 Milliarden (2010)

Fachrichtungen: Ingenieure mit der Fachrichtung Maschinenbau, Leit-, Verfahrens-, Elektro-, Energie-, Kraftwerks-, Kern- und Versorgungstechnik; Wirtschaftsingenieure; Wirtschaftswissenschaftler und (Wirtschafts-) Informatiker

Einsatzgebiete: Ob in einem Praktikum, bei einer Werkstudententätigkeit oder einer Abschlussarbeit - bei der EnBW können Sie bereits im Studium an vielfältigen Herausforderungen wachsen.

Einstiegsmöglichkeiten: Direkteinstieg oder in einem unserer Einstiegsprogramme

Mitarbeiter in Deutschland: 20.000

Standorte Deutschland: Hauptstandorte sind Karlsruhe und Stuttgart

BEWERBUNGEN

EnBW Energie Baden-Württemberg AG
Personalmanagement Holding
Marketing
Daniela Glaser
Durlacher Allee 93
76131 Karlsruhe
Tel. 0721-63 24284
d.glaser@enbw.com

www.enbw.com/karriere

Form der Bewerbung:
Aktuelle Stellenangebote sowie Bewerbungsinformationen finden Sie auf unserer Internetseite unter www.enbw.com/karriere. Dort besteht die Möglichkeit, sich direkt Online zu bewerben.

Weitere Informationen auf der dritten Umschlagseite und auf den Seiten 162 bis 163

euro engineering AG

DAS UNTERNEHMEN IN FAKTEN UND ZAHLEN

Berufsstart bei einem Top Arbeitgeber für Ingenieure

Ausgehend von der Produktentwicklung bietet die euro engineering AG ein flexibles Portfolio von Engineering-Dienstleistungen, das sich am typischen Prozessverlauf des Engineering orientiert – von der Konzeption über Entwicklung, Konstruktion, Berechnung und Versuch bis hin zum Projektmanagement und zur Dokumentation. In den bundesweit über 40 Niederlassungen des Unternehmens arbeiten mehr als 2.000 Ingenieure und Techniker in Branchen wie Elektrotechnik, Maschinenbau, Automotive, Medizintechnik und Bauwesen. Hier werden Engineering-Projekte in den eigenen technischen Büros oder direkt bei den Kunden vor Ort umgesetzt – auch weltweit. Darüber hinaus bündelt das Unternehmen spezialisiertes Engineering-Knowhow in den Fachbereichen Aerospace, Automation & Robotik, Bahntechnik, Chemieanlagenbau und Nutzfahrzeuge. Die euro engineering AG bietet dabei Berufseinsteigern die Möglichkeit, bei namhaften Unternehmen aus allen Branchen tätig zu werden, wie zum Beispiel bei der Heidelberger Druckmaschinen AG, EADS, ABB AG, BASF SE, EvoBus GmbH und ZF Getriebe GmbH. So können ambitionierte Young Professionals bereits innerhalb kurzer Zeit umfangreiche Berufserfahrung sammeln.

Weiterkommen durch Weiterbildung

Das Know-how der Mitarbeiter ist das Kapital des Unternehmens. Deshalb investiert die euro engineering AG jedes Jahr rund drei Prozent des Umsatzes in die Qualifizierung ihrer Ingenieure und Techniker. Die umfangreichen Aus- und Weiterbildungsangebote reichen von individuellen Spezialschulungen über Schulungen in allen gängigen CAD-Programmen wie Pro/ENGINEER, CATIA oder SolidWorks bis hin zu Projektmanagement und Präsentationstechniken und Soft Skills wie Rhetorik und Zeitmanagement. Nicht umsonst zeichnete das Corporate Research Foundation Institute den Engineering-Dienstleister 2011 bereits zum vierten Mal in Folge mit dem Gütesiegel „Top Arbeitgeber für Ingenieure" aus.

Nachwuchsförderung

Das Unternehmen bietet Studenten der Ingenieurwissenschaften die Möglichkeit, Praktika in den eigenen technischen Büros der bundesweit über 40 Niederlassungen zu absolvieren oder die Abschlussarbeit dort zu verfassen. Die Studenten werden während dieser Zeit persönlich betreut und die Projektthemen sehr praxisnah ausgerichtet. Auch beschäftigt der Engineering-Dienstleister Werkstudenten, um angehenden Ingenieuren Gelegenheit zu bieten, erste Berufserfahrung zu sammeln. Für viele Studenten ist dies der Start einer spannenden beruflichen Karriere bei einem der führenden Engineering-Dienstleister Deutschlands.

Weitere Informationen finden Sie unter www.ee-ag.com

WIR SUCHEN UND BIETEN

Branche:
Engineering-Dienstleistungen

Bedarf Ingenieure:
Hochschulabsolventen 150
Young Professionals 200
Praktikanten 40

Fachrichtungen: u.a. Automotive, Luft- und Raumfahrt, Medizintechnik, Bauwesen, Elektrotechnik, Maschinen- und Anlagenbau sowie Bahntechnik

Startgehalt: k.A.

Mitarbeiter in Deutschland: 2.000

Standorte Deutschland: 40

BEWERBUNGEN

Als Ansprechpartner steht Ihnen persönlich zur Verfügung:

euro engineering AG
Human Resources
Jan Dirzus
Niederkasseler Lohweg 18
40547 Düsseldorf
Tel: +49 (0)211/530653-910
Fax: +49 (0)211/530653-950
E-Mail: hr@ee-ag.com

www.ee-ag.com

Form der Bewerbung:
Wir freuen uns auf Ihre Online-Bewerbung

EUROPIPE GmbH

DAS UNTERNEHMEN IN FAKTEN UND ZAHLEN

EUROPIPE. Full of energy.
1991 gegründet, reicht die Geschichte unseres Unternehmens bis weit ins 17. Jahrhundert zurück. Heute sind wir mit einer jährlichen Produktion von 3000 km bzw. 1 Million Tonnen Großrohr Weltmarktführer.

Die Zentrale der EUROPIPE Gruppe, die EUROPIPE GmbH, befindet sich in Deutschland in Mülheim an der Ruhr. Für unsere Kunden sind wir mit Produktionsstandorten in Deutschland, Frankreich, USA (Berg Steel Pipe Corp., FI und Berg Spiral Pipe Corp., AI) und Brasilien (Tubos Soldados Atlântico Ltda.) weltweit vor Ort. Gesellschafter der EUROPIPE GmbH sind zu je 50 % die AG der Dillinger Hüttenwerke und die Salzgitter Mannesmann GmbH.

Leistungsspektrum
Unser Angebot umfasst Rohre außergewöhnlicher Abmessungen: Bei Längen bis zu 18,3 m erreichen unsere Rohre in längsnahtgeschweißter Ausführung Außendurchmesser zwischen 508 und 1524 mm mit Wanddicken von 7 bis 40 mm, als spiralnahtgeschweißte Variante weisen sie Außendurchmesser von 406 bis 1524 mm bei Wanddicken zwischen 5,5 und 20 mm auf.

Spezialgebiet der EUROPIPE Großrohr-Fertigung ist die Produktion geschweißter Stahlrohre für extreme Beanspruchungen. Diese Rohre halten niedrigsten Temperaturen im Ewigen Eis ebenso stand wie der extremen Hitze der Wüste oder dem immensen Druck der Tiefsee.

Individuelle Lösungen eines ganzen Teams
Wir bieten unseren Kunden exzellente Produkte und gezielt bedarfsorientierte Dienstleistungen. Diese beinhalten unter anderem individuelle Beratung in technischen und logistischen Fragen sowie die umfassende Betreuung im Bereich Forschung und Entwicklung.

Eigenverantwortliche Tätigkeit und Arbeiten im Team sind bei EUROPIPE keine Gegensätze, sondern eine Notwendigkeit. Mit individueller Förderung bauen wir daher gemeinsam sowohl die fachlichen als auch die sozialen Kompetenzen unserer Teams fortwährend aus.

Ob Kundenberatung, Produktion, Vertrieb, Qualitätsstelle oder andere unterstützende Prozesse: wir bieten in allen Bereichen spannende berufliche Herausforderungen und viele engagierte Kollegen, die sich auf neue Teammitglieder freuen.

WIR SUCHEN UND BIETEN

Branche: Stahlrohre

Bedarf Ingenieure:
Hochschulabsolventen 4
Young Professionals 4
Praktikanten 3–5

Fachrichtungen:
- Ingenieure (m/w) mit den Schwerpunkten: Maschinenbau, Werkstoffkunde / Werkstofftechnik, Eisenhüttenkunde und Elektrotechnik
- Wirtschaftsingenieure (m/w)
- Wirtschaftswissenschaftler (m/w) & Diplom-Kaufleute (m/w) mit den Schwerpunkten Konzernrechnungslegung, Controlling und Rechnungswesen
- Wirtschaftsinformatiker (m/w)

Mitarbeiter in Deutschland: ca. 650
Mitarbeiter weltweit: ca. 1.600
Standorte Deutschland:
Mülheim an der Ruhr
Standorte weltweit:
Frankreich, USA, Brasilien

BEWERBUNGEN

EUROPIPE GmbH
Herrn Klaus-Peter Döltgen
Pilgerstraße 2
45473 Mülheim an der Ruhr
career@europipe.com

www.europipe.com

Form der Bewerbung:
E-Mail-Bewerbung
Bewerbung per Post

Weitere Informationen auf den Seiten 25 und 162 bis 163

GLOBALFOUNDRIES Dresden

DAS UNTERNEHMEN IN FAKTEN UND ZAHLEN

Exzellente Perspektiven in Europas größter Halbleiterfabrik

Derzeit drehen sich viele Kräne über der GLOBALFOUNDRIES Fab 1 in Dresden. Mit einer Investition von rund 1,5 Milliarden US-Dollar baut das weltweit tätige Unternehmen seinen Leitstandort bis 2012 zur ersten Giga-Fab in Europa mit einer Kapazität von 80.000 Waferstarts pro Monat aus.

In Dresden setzt das Unternehmen technologisch führende Prozesse in der Produktion ein. Das Fertigungsportfolio reicht von 40/45nm bis hin zur 28nm-Technologie und umfasst Schaltkreise für Computing, mobile Kommunikation und Unterhaltungselektronik. Namhafte Kunden nutzen die große Expertise und die führenden Prozesse am Standort Dresden.

„Dresden spielt eine wichtige Rolle in GLOBALFOUNDRIES' Plänen für die weltweite Kapazitätserweiterung", so Hans-Jürgen Neufing, Teamleiter Personalbeschaffung. „Parallel zur Erweiterung unserer Fertigung bieten wir rund 300 Stellen für Ingenieure, Techniker und weitere Halbleiterspezialisten in den Bereichen Fertigung, Fertigungsunterstützung und Technologieentwicklung und Integration an."

GLOBALFOUNDRIES sucht für den Standort Dresden insbesondere Prozess- und Entwicklungsingenieure (m/w) sowie Fertigungsingenieure (m/w) als klassische Einstiegsposition für Hochschulabsolventen.

Prozessingenieure betreuen Prozessschritte in der Volumenproduktion, entwickeln diese nach Effizienzkriterien weiter, initiieren Projekte zur kontinuierlichen Verbesserung und stellen ein hohes Qualitätsniveau in der Fertigung sicher. Entwicklungsingenieure sind für die Entwicklung neuer Technologien, den Transfer und die Weiterentwicklung/Qualifikation von Prozessmodulen zuständig. Die Entwicklungsarbeiten werden in enger Zusammenarbeit mit unserer Entwicklungsabteilung in East Fishkill im US-Bundesstaat New York durchgeführt. Fertigungsingenieure überwachen im Reinraum die qualitäts- und mengengerechte Fertigung der Wafer und optimieren in bereichsübergreifenden Teams Prozessstabilität und Waferausbeute.

Für diese technisch sehr anspruchsvollen Aufgaben in einem dynamischen und internationalen Umfeld sucht GLOBALFOUNDRIES sowohl erfahrene Professionals mit mehrjähriger Berufserfahrung in der Halbleiterindustrie oder branchennahen Bereichen als auch Neueinsteiger. Eine attraktive und marktgerechte Vergütung mit sehr guten Entwicklungsmöglichkeiten in einem globalen Unternehmen vervollständigen das Angebot an künftige Mitarbeiter-/innen.

Als internationales Großunternehmen mit einer von der Dynamik der Halbleiterindustrie geprägten Unternehmenskultur zählt GLOBALFOUNDRIES Fab 1 zu den attraktivsten Arbeitgebern für Ingenieure, Techniker und Naturwissenschaftler. Kreativität und Flexibilität, Offenheit und Lernbereitschaft sowie Begeisterungsfähigkeit für neueste Technologien zeichnen die Mitarbeiter von GLOBALFOUNDRIES aus.

Weitere Informationen finden Sie unter: www.globalfoundries-jobs.de

WIR SUCHEN UND BIETEN

Branche: Halbleiterindustrie

Geschäftsfelder/Arbeitsgebiete: Kundenspezifische Entwicklung und Fertigung von Mikroprozessoren, Graphikprozessoren und anderen hochwertigen Halbleiterbauelementen

Bedarf Ingenieure:
Hochschulabsolventen 100
Young Professionals 100
Praktikanten 20

Fachrichtungen: Elektrotechnik, Physik, Mikroelektronik, Mikrosystemtechnik, Automatisierungstechnik, Maschinenbau, Verfahrenstechnik, Materialwissenschaften, Chemie, Informatik, Mathematik, Wirtschaftswissenschaften, Wirtschaftsingenieurwesen

Einsatzgebiete: Fertigungsingenieur, Prozessingenieur, Entwicklungsingenieur, Technologieingenieur, IT-Ingenieur, Prozessversorgungs-Ingenieur, Analyse-Spezialist, Beschaffungs-Spezialist, Finanz-Spezialist

Einstiegsmöglichkeiten: Direkteinstieg

Mitarbeiter in Deutschland: >3.000

Mitarbeiter weltweit: 11.000

Standorte Deutschland: Dresden und München

Standorte weltweit: Sunnyvale, CA (USA), Milpitas, CA (USA), Malta, NY (USA), East Fishkill, NY (USA), Austin, TX (USA), Singapore, Hsinchu (Taiwan), Shanghai (China), Yokohama (Japan), London (UK)

BEWERBUNGEN

GLOBALFOUNDRIES Management Services LLC & Co. KG
jobs-emea@globalfoundries.com
www.globalfoundries.com
www.globalfoundries-jobs.de/

Form der Bewerbung: Ausschließlich Online-Bewerbung über Job-Portal

Weitere Informationen auf den Seiten 41 und 162 bis 163

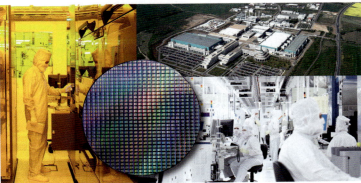

Hydro Aluminium

DAS UNTERNEHMEN IN FAKTEN UND ZAHLEN

Hydro – Aluminium ist unsere Leidenschaft

Aluminium besitzt so viele einzigartige Eigenschaften wie kaum ein anderer Werkstoff: Es ist leicht, licht-, luft- und geruchsdicht sowie korrosionsbeständig. Aluminium ist mit Legierungsmetallen vielseitig verwendbar und mit wenig Energie zu recyceln – immer wieder neu. Bei Hydro teilen unsere Mitarbeiter die Faszination für Aluminium. Ausgestattet mit modernster Technologie entwickeln sie in Zusammenarbeit mit unseren Kunden individuelle und innovative Problemlösungen aus Aluminium.

Das Unternehmen Hydro Aluminium

Als erfolgreiches norwegisches Unternehmen mit über einhundertjähriger Tradition sind wir auch in Deutschland seit über 85 Jahren erfahren in der Herstellung von Aluminium und Aluminiumprodukten und sind in Deutschland und Europa zum größten Anbieter von Aluminiumerzeugnissen gewachsen. Unsere Produkte sind vielfältig und spannend: Neben Primäraluminium und weiterverarbeiteten Gießereiprodukten produzieren wir Aluminiumbänder z.B. für die Automobilindustrie und hauchdünne Folien für flexible Verpackungen oder Offsetdruckplatten sowie Strangpressprodukte. Unter der Marke Wicona vertreiben wir weltweit Produkte für Fassaden, Fenster und Türen. Besonders stolz sind wir auch auf unsere Forschung und Entwicklung, die in Deutschland führend ist und sich unter anderem durch die enge Zusammenarbeit mit Instituten an ausgewählten Hochschulen auszeichnet.

Karriere bei Hydro

Starten Sie bei einem der größten Aluminiumkonzerne der Welt – in einem von bundesweit 11 Standorten. Und entscheiden Sie sich für langfristigen Erfolg: in der Forschung & Entwicklung, der Primäraluminiumerzeugung oder in der Weiterverarbeitung. Bei uns ist langfristige Entwicklung Erfolgsprogramm – und das in einem sehr sympathischen Umfeld, das geprägt ist von Respekt, Kooperation und Fairness. Profitieren Sie enorm von internationalem Networking, sehr produktiven Ansätzen und von hochmodernen Lösungen, die Sie in einem klasse Team ausfeilen. Also was werden Sie? Willkommen bei Hydro.

Studenten

Enorm vielseitig, so ist ein Einstieg bei uns. Angehende Ingenieurinnen und Ingenieure haben bei uns die Chance, wertvolle Erfahrungen im Rahmen eines Praktikums in einer Vielzahl von attraktiven Unternehmensbereichen zu sammeln – und gleich die richtigen Kontakte für später zu sichern. Auch bei Diplomarbeiten unterstützen wir Sie gerne.

Hochschulabsolventen

Die Theorie haben Sie bereits hinter sich? Dann freuen Sie sich auf einen Praxisstart mit spannenden, fachübergreifenden Aufgaben – genauso vielseitig wie unser Aluminium.

Ob Trainee oder Direkteinsteiger, bei uns geht beides in dieselbe Richtung: Karriere.

Für weitere Informationen über Hydro besuchen Sie uns doch auf hydro-karriere.de.

WIR SUCHEN UND BIETEN

Branche: Aluminiumindustrie

Geschäftsfelder/Arbeitsgebiete: Aluminium und Aluminiumprodukte

Umsatz/Bilanzsumme: Umsatz ca. 9,8 Mrd. EUR (weltweit)

Bedarf Ingenieure:
Hochschulabsolventen 10
Young Professionals 5
Praktikanten 20

Fachrichtungen: Abgeschlossenes ingenieurwissenschaftliches Hochschulstudium entsprechend des Tätigkeitsbereichs (z.B. Maschinenbau, Werkstofftechnik, Metallurgie)

Einsatzgebiete: Neben dem klassischen Direkteinstieg in der Produktion, Instandhaltung, Vertrieb oder der Forschung und Entwicklung bieten wir auch ein spannendes Traineeprogramm an, indem Sie mehrere Standorte kennen lernen

Einstiegsmöglichkeiten: Direkteinstieg, Traineeprogramm

Mitarbeiter in Deutschland: ca. 5.000

Mitarbeiter weltweit: ca. 23.000

Standorte Deutschland: Grevenbroich, Neuss, Hamburg, Rackwitz bei Leipzig, Ulm, Achim bei Bremen, Bonn, Bellenberg bei Ulm, Hannover, Wackersdorf, Dormagen, Unterschleissheim

Standorte weltweit: Norwegen, Spanien, Italien, Katar, USA, Australien, Malaysia, u.a.

BEWERBUNGEN

karriere@hydro.com

www.hydro-karriere.de

Form der Bewerbung: E-Mail, Online, Papierform

Weitere Informationen auf den Seiten 164 bis 165

Kaufland

DAS UNTERNEHMEN IN FAKTEN UND ZAHLEN

Karriere bei Kaufland

Kaufland ist mit über 1.000 Filialen und mehr als 119.000 Mitarbeitern eines der führenden Unternehmen im Lebensmittelhandel. Neben Deutschland ist Kaufland auch in Tschechien, der Slowakei, Kroatien, Polen, Rumänien sowie Bulgarien vertreten und ist ein attraktiver und zuverlässiger Arbeitgeber auf nationaler wie internationaler Ebene.

Als Unternehmen bieten wir für Ingenieure verschiedener Fachrichtungen vielfältige Karrierechancen mit früher Verantwortung und schnellen Entwicklungsmöglichkeiten.

Internationale Beschaffung

Der internationale technische Einkauf beschafft für alle Bereiche im In- und Ausland Materialien, technische Investitionsgüter und Dienstleistungen. Maßstab dafür sind Wirtschaftlichkeit, Qualität und optimale Prozessorientierung. Unsere Ingenieure tragen bspw. die Verantwortung für die Beschaffung von Kälte-, Energie-, und Fördertechnik, technischer Gebäudeausstattung oder Bauleistungen. Die Aufgaben reichen vom Kontakt zu den Lieferanten über die Erstellung von Leistungsverzeichnissen bis hin zur technischen Bewertung und Verhandlung von Verträgen.

Einkauf/Qualitätssicherung

Um unseren Kunden sichere und qualitativ hochwertige Produkte zu bieten, sind unsere Ingenieure im Bereich Einkauf für die Überprüfung unserer Artikel auf Gebrauchstauglichkeit, Qualität und Sicherheit zuständig. Außerdem legen sie die Produktspezifikationen im Segment unserer Eigenmarke fest – dieses reicht von Lebensmitteln bis hin zu Non-Food-Artikeln.

Bau/Ladenbau

Bei Kaufland gleicht keine Filiale der anderen – für die optimale Gestaltung und Einrichtung jeder einzelnen Immobilie sind unsere Bauingenieure verantwortlich. Mit Kompetenz und Know-how sorgen sie dafür, dass alle Baumaßnahmen korrekt und termingerecht abgeschlossen werden.

IT

Software, Hardware und Datenmanagement aus einer Hand: Unsere IT-Ingenieure gewährleisten den reibungslosen Ablauf aller EDV-gestützten Systeme im Unternehmen. Ihr hohes Know-how und modernste Technologien bilden die Basis dafür, dass individuelle IT-Lösungen dort zur Verfügung stehen, wo sie gebraucht werden - zeitnah und maßgeschneidert.

Logistik

Um unseren Kunden täglich ein frisches, vielfältiges Warenangebot anzubieten, sorgen die Ingenieure in unseren modern ausgestatteten Logistikzentren für optimale und leistungsfähige Logistikprozesse. Dazu gehört beispielsweise die Verantwortung für den reibungslosen Ablauf.

Fleischbetriebe

Kaufland stellt in eigenen Fleischbetrieben die hochwertigen Fleisch- und Wurstspezialitäten unserer Eigenmarke "Purland" her. Unsere Ingenieure gestalten, steuern und überwachen die Warenflusskette mit modernster Technik, höchsten Hygienestandards und strengsten Qualitätskontrollen.

Ob Direkteinstieg oder Traineeprogramm, als Arbeitgeber bieten wir Ihnen jede Menge spannende Aufgaben und Herausforderungen. Neben hervorragenden Entwicklungsmöglichkeiten und einem hohen Maß an Selbstverantwortung bieten wir Ihnen selbstverständlich alle Leistungen und die Sicherheit einer dynamischen Unternehmensgruppe.

WIR SUCHEN UND BIETEN

Branche: Lebensmitteleinzelhandel

Bedarf Ingenieure:
Hochschulabsolventen ca. 15 p.a.
Young Professionals ca. 5 p.a.
Praktikanten ca. 5 p.a.

Fachrichtungen:
Wirtschaftsingenieurwesen, Anlagentechnik, Automatisierungstechnik, Bauingenieurwesen/ Baumanagement, Energietechnik, Elektrotechnik/Elektronik, Facility Management, Konstruktionstechnik, Feinwerktechnik, Fertigungstechnik, Informationstechnik, Klimatechnik, Logistik/Fördertechnik, Maschinenbau, Mechatronik, Produktionstechnik, Technische Informatik, Textil- und Bekleidungstechnik, Umwelttechnik, Werkstofftechnik

Einsatzgebiete: Beschaffung (Technik, Filialeinrichtung, Verbrauchsmaterial, Dienstleistungen), Fleischbetriebe, Lager und Logistik, Bau/Ladenbau, Einkauf/Qualitätssicherung, IT

Einstiegsmöglichkeiten:
Traineeprogramm und Direkteinstieg

Mitarbeiter in Deutschland: 76.000

Mitarbeiter weltweit: 119.000

Standorte Deutschland:
über 600 Filialen deutschlandweit; Hauptsitz Neckarsulm

Standorte weltweit:
über 400 Filialen in Osteuropa

BEWERBUNGEN

Kaufland
Bewerbermanagement
Rosa Leicht
Rötelstraße 35, 74172 Neckarsulm
rosa.leicht@kaufland.de

www.kaufland.de

Form der Bewerbung:
Bevorzugt sind Online-Bewerbungen.

Weitere Informationen auf den Seiten 164 bis 165

Lorenz Snack-World

DAS UNTERNEHMEN IN FAKTEN UND ZAHLEN

Crunchips, Saltletts, ErdnußLocken und NicNac's – Markenprodukte, die seit Jahrzehnten für qualitativ hochwertigen Knabbergenuss stehen. Ergänzt wird das Portfolio mit innovativen Produkten wie Naturals, Wasabi Erdnüssen und Country Chips. Diese Mischung aus Tradition und dem Gespür für Trends hat Lorenz Snack-World zu einem der führenden Snack-Unternehmen gemacht und viele Lorenz-Marken zum unangefochtenen Marktführer in ihrem Segment.

Der Hauptsitz der Firma befindet sich in Neu-Isenburg bei Frankfurt am Main. Von hier werden die deutschen und internationalen Snack-Geschäfte gesteuert. Produziert wird in Hankensbüttel und Neunburg vorm Wald. Zudem gibt es Gesellschaften in Polen, Kroatien, Österreich und Russland. Exportiert wird in rund sechzig Länder der Welt – sogar bis nach Neuseeland und Grönland.

Unsere Mitarbeiter machen den Erfolg

Unsere anspruchsvollen Ziele erreichen wir nur mit Mitarbeitern, die neben einem umfassenden Wissen auch Spaß an der Arbeit haben und mit uns gemeinsam etwas erreichen wollen – Menschen, die Veränderungen als Herausforderung begreifen und die Zukunft aktiv gestalten wollen.

Den Rahmen für das Miteinander geben gemeinsame Werte, wie beispielsweise gegenseitige Wertschätzung, Integrität, Professionalität und Verlässlichkeit. Gleichzeitig sorgen die schlanken Strukturen und die flache Hierarchie eines Mittelständlers für ausreichend Möglichkeiten, Ideen einzubringen und weitgehend eigenverantwortlich zu arbeiten.

Um auch in Zukunft ein führendes Unternehmen im Snack-Markt zu bleiben und immer besser zu werden, sind uns eine fundierte Berufsausbildung, Nachwuchsförderung, ständige Weiterbildung und persönliche Entwicklungsprogramme sehr wichtig.

Berufsstart mit spannenden Projekten im In- und Ausland

Lorenz Snack-World bietet Absolventen der Studiengänge Maschinenbau, Wirtschaftsingenieurwesen, Verfahrenstechnik oder Lebensmitteltechnologie regelmäßig Trainee-Programme in den Bereichen Produktionsmanagement und Engineering an.

Neben überdurchschnittlichen Noten und relevanten praktischen Erfahrungen legen wir Wert auf Kommunikationsstärke, analytische Fähigkeiten sowie ergebnisorientiertes Handeln und die Bereitschaft zu permanentem Lernen.

Während des 18-monatigen Trainee-Programms werden Sie gezielt auf Ihre zukünftige Tätigkeit vorbereitet und arbeiten von Anfang an eigenverantwortlich in Projekten und im operativen Geschäft mit. Sie lernen nicht nur alle Bereiche Ihres künftigen Einsatzgebietes kennen, sondern erhalten auch Einblicke in relevante angrenzende Fachbereiche. Auslandsaufenthalte in unseren europäischen Produktionsstandorten runden Ihre Trainee-Ausbildung ab.

Dass die Ausbildungsziele erreicht werden, stellen wir durch die Betreuung in den Fachbereichen und ein Patensystem sicher. Begleitende Trainingsmaßnahmen, die auf Ihren individuellen Bildungsbedarf abgestimmt sind, unterstützen Ihre berufliche und persönliche Entwicklung.

Starten Sie mit uns Ihre Karriere! Wir freuen uns auf Sie!

WIR SUCHEN UND BIETEN

Branche: Konsumgüterindustrie

Geschäftsfelder/Arbeitsgebiete: Entwicklung, Produktion und Vermarktung von Snackprodukten wie Crunchips, ErdnußLocken, Saltletts und NicNac's

Bedarf Ingenieure:
Hochschulabsolventen
Young Professionals
Praktikanten

Fachrichtungen:
Maschinenbau (Schwerpunkt Produktions- und Fertigungstechnik), Wirtschaftsingenieurwesen (Schwerpunkt Produktions- und Fertigungstechnik), Verfahrenstechnik, Lebensmitteltechnologie und artverwandte Studiengänge

Einsatzgebiete:
Trainee Produktionsmanagement
Trainee Engineering

Einstiegsmöglichkeiten:
Trainee-Programm

Mitarbeiter weltweit: rund 3.000

Standorte Deutschland: Neu-Isenburg (bei Frankfurt am Main), Neunburg vorm Wald, Hankensbüttel

Standorte weltweit: Polen, Österreich, Kroatien, Russland

BEWERBUNGEN

The Lorenz Bahlsen Snack-World GmbH & Co KG Germany
Personal Deutschland
Sabrina Aktas
Rathenaustraße 54
63263 Neu-Isenburg

Tel.: 06102 / 293-414
Snacks.Personal@LBSnacks.com

www.lorenz-snackworld.de

Form der Bewerbung: E-Mail oder Post

Weitere Informationen auf den Seiten 164 bis 165

Maschinenfabrik Reinhausen GmbH

DAS UNTERNEHMEN IN FAKTEN UND ZAHLEN

**Die REINHAUSEN-Gruppe:
Erfolg in globalen Nischen**

Die REINHAUSEN-Gruppe ist in der Energietechnik tätig und besteht aus der in Regensburg ansässigen Maschinenfabrik Reinhausen GmbH (MR) sowie 23 Tochterunternehmen und Beteiligungsgesellschaften weltweit.

Kerngeschäft ist die Regelung von Leistungstransformatoren. Dies erfolgt vor allem mit Hilfe von Stufenschaltern, die das Übersetzungsverhältnis der Primär- zur Sekundärwicklung an wechselnde Lastverhältnisse anpassen und zusammen mit weiteren innovativen Produkten und Dienstleistungen eine störungsfreie Stromversorgung sicherstellen. Bedeutende Sparten sind zudem der Bau von Hochspannungsprüf- und Diagnosesystemen, die Herstellung von Verbund-Hohlisolatoren, die Konzeption von Anlagen zur Blindleistungskompensation sowie die Oberflächenmodifikation mit Hilfe der Atmosphärendruck-Plasmatechnik. Kunden sind die Hersteller von Hochspannungsgeräten und -anlagen, Energieversorgungsunternehmen sowie die stromintensive Großindustrie.

Die Aktivitäten der Gruppe werden von Regensburg aus gesteuert. Hier befinden sich der Sitz der Geschäftsleitung, das Zentrum der globalen Marketing- und Vertriebsaktivitäten, die Forschung und Entwicklung sowie hoch qualifizierte Arbeitsplätze unterschiedlicher Wertschöpfungsstufen, darunter auch wesentliche Teile der Produktion. Mit Hilfe erheblicher Investitionen in Produkte, Prozesse, Mitarbeiter und Standorte werden aktuell die Voraussetzungen für eine Fortsetzung des kontinuierlich hohen Wachstums geschaffen.

Bewerben Sie sich bei einem Global Player mit familiärem Charakter. Einem Unternehmen, das innovativ ist und Ihre Talente individuell fördert.

WIR SUCHEN UND BIETEN

Branche:
Energietechnik/Energieübertragung: Regelung von Leistungstransformatoren

Geschäftsfelder/Arbeitsgebiete:
Transformer Control, Power Composites, Power Quality, Plasma Applications, HIGHVOLT Test Systems

Umsatz/Bilanzsumme:
ca. 570 Mio. Euro

Fachrichtungen: alle Fachrichtungen

Einsatzgebiete: Einsatzmöglichkeiten u. a. in der Entwicklung, Fertigung, Vertrieb, Montage, Service, Marketing, Einkauf und Logistik, Rechnungswesen und Controlling sowie im Personalwesen

Einstiegsmöglichkeiten:
Absolventen und Young Professionals

Mitarbeiter in Deutschland: 1.900

Mitarbeiter weltweit: 2.700

Standorte Deutschland:
Regensburg (Hauptsitz), Berlin, Oberursel, Dortmund, Erfurt, Dresden, Wuppertal

Standorte weltweit:
Luxemburg, Italien, Russland, Australien, Brasilien, USA, Malaysia, Japan, Südkorea, Südafrika, China, Vereinigte Arabische Emirate, Indien, Kanada, Indonesien und Iran

BEWERBUNGEN

Maschinenfabrik Reinhausen GmbH
Frau Bettina Klein
Falkensteinstr. 8
93059 Regensburg
0941/4090-1026

www.reinhausen.com

Form der Bewerbung: Anschreiben, tabellarischer Lebenslauf, Zeugnisse, bevorzugt über unser Bewerberportal

Innovation und Tradition, gepaart mit einer hohen Produktqualität und einem perfekten After-Sales-Service, bilden die Basis unseres Erfolges.

Weitere Informationen auf den Seiten 164 bis 165

METRO Group Asset Management

DAS UNTERNEHMEN IN FAKTEN UND ZAHLEN

Die METRO Group Asset Management ist das Immobilienunternehmen des internationalen Handelskonzerns und für die Optimierung des Immobilienvermögens verantwortlich.

Die METRO GROUP besitzt weltweit das internationalste Groß- und Einzelhandelsportfolio mit mehr als 688 Handelsstandorten. Als Immobiliengesellschaft des Konzerns ist das Unternehmen für das aktive Management des Immobilienportfolios in 30 Ländern in Europa und Asien sowie für die Entwicklung und den Bau von Handelsimmobilien und das Management von rund 70 Centerstandorten in Deutschland, Polen und der Türkei verantwortlich. Darüber hinaus werden umfassende Facility Leistungen für die Handels-, Verwaltungs- und Lagerstandorte erbracht.

Ist etwas für Sie dabei?

Die METRO Group Asset Management bietet vielfältige Berufsprofile und interdisziplinäre Aufgabenfelder, wie beispielsweise Immobilienwirtschaft, Architektur und Bauleitung, Erneuerbare Energien, Kaufmännische Verwaltung, Standortanalysen, Entwicklung von DV-Anwendungen, Centermanagement, Stromeinkauf, Controlling, Gebäudemanagement, Haustechnische Dienste, Mieterbetreuung uvm. Mit rund 1.000 Mitarbeitern gehört die METRO Group Asset Management zu den führenden Immobiliengesellschaften weltweit und ist ein beliebter Arbeitgeber. Vom CRF Institut ist die METRO GROUP als Top-Arbeitgeber 2011 ausgezeichnet worden.

Gute Einstiegschancen

Absolventen sowie Young Professionals, die Immobilienwirtschaft wie Handel gleichermaßen faszinieren, sind bei uns an der richtigen Adresse. Interesse an Immobilien und Handel, Mobilität, Flexibilität und interkulturelle Kompetenz sind bei uns ebenso gefragt. Gute Voraussetzungen für eine Laufbahn bei der METRO Group Asset Management sind zudem ausgeprägte organisatorische Fähigkeiten, eine kreative und selbstständige Arbeitsweise sowie kundenorientiertes Denken.

WIR SUCHEN UND BIETEN

Branche: Immobilien

Bedarf Ingenieure: Hochschulabsolventen, Young Professionals, Diplomanden, Praktikanten

Fachrichtungen: (Wirtschafts-) Ingenieurwissenschaften: Bau, Architektur, Energietechnik, Versorgungstechnik, Gebäudetechnik, Erneuerbare Energien

BEWERBUNGEN

Aktuelle Stellenangebote und Ansprechpartner finden Sie in der Stellenbörse der METRO GROUP: www.metrogroup.de

Weitere Informationen zur METRO Group Asset Management finden Sie unter www.metro-mam.com

Weitere Informationen auf den Seiten 164 bis 165

Schaeffler Gruppe (INA, LuK, FAG)

DAS UNTERNEHMEN IN FAKTEN UND ZAHLEN

Die Schaeffler Gruppe mit ihren Produktmarken INA, LuK und FAG ist ein weltweit führender Wälzlagerhersteller sowie ein renommierter Zulieferer der Automobilindustrie. Unsere Unternehmensgruppe mit Sitz im fränkischen Herzogenaurach erwirtschaftete im Jahr 2010 einen Umsatz von über 9 Mrd. Euro. Mit mehr als 67.000 Mitarbeitern weltweit sind wir eines der größten deutschen und europäischen Industrieunternehmen in Familienbesitz.

Soziale Verantwortung und langfristiges Denken prägt die Schaeffler Gruppe. In unserem Unternehmenskodex bekennen wir uns zur Einhaltung hoher sozialer und ethischer Standards.

„Ein Unternehmen ist nur so gut wie seine Mitarbeiter/innen" - Dieses Motto wird in unserem Unternehmen konsequent gelebt.

Als Familienunternehmen vereinen wir eine langfristige strategische Ausrichtung mit modernsten Managementmethoden und attraktiven Arbeitsplätzen. Kreativität, Schnelligkeit und hohes persönliches Leistungsbewusstsein unserer Mitarbeiter/innen sind Garant für unseren Wettbewerbsvorsprung.

Ständige Weiterbildung prägt unsere Personalentwicklung. Intern bieten sich vielfältige Möglichkeiten der beruflichen Weiterentwicklung und Karrieregestaltung.

Gemeinsam bewegen wir die Welt! Informieren Sie sich! Unsere aktuellen Stellenangebote und die Möglichkeit sich zu bewerben finden Sie unter www.schaeffler.de/career.

WIR SUCHEN UND BIETEN

Geschäftsfelder/Arbeitsgebiete: Elektrotechnik, Fahrzeugtechnik, Informatik, Luft- und Raumfahrttechnik, Maschinenbau, Physik, Wirtschaftsingenieurwesen, Wirtschaftswissenschaften

Umsatz/Bilanzsumme: mehr als 9 Mrd. Euro (2010)

Bedarf Ingenieure: Hochschulabsolventen nach Bedarf Young Professionals nach Bedarf Praktikanten mind. 400 in 2011

BEWERBUNGEN

www.schaeffler.de/career

Form der Bewerbung: online

Weitere Informationen auf den Seiten 164 bis 165

Salzgitter AG

DAS UNTERNEHMEN IN FAKTEN UND ZAHLEN

Salzgitter AG - Stahl und Technologie
Ob nahtlose Präzisrohre, hochwertige Spezialstähle für den Automobilbau oder maßgeschneiderte Komplettanlagen für die Getränkeindustrie - die Salzgitter AG bietet eine breite und gleichzeitig hochwertige Produktpalette und gehört damit zu den führenden Stahltechnologie-Konzernen Europas. Eine wesentliche Basis für diesen Erfolg sind unsere vielfältigen Aktivitäten in Forschung und Entwicklung.

Stahl ist mehr als nur ein Werkstoff
Stahl begegnet uns in allen Lebensbereichen. Er bewegt Höchstgeschwindigkeitszüge und Ozeanriesen. Stahl öffnet Türen, Tresore und Weinflaschen. Stahl prägt die Architektur eines Gebäudes, das Design eines Autos, den Charakter einer Metropole. Und Stahl wird ständig neu erfunden. Damit Stahl weiterhin innovativ, zuverlässig und in vielen Gebieten unersetzbar bleibt, investieren wir kontinuierlich in Anlagen und Prozesse und suchen für deren Betrieb engagierte neue Kollegen.

Ihre zukünftigen Aufgaben?
Bei uns in der Forschung können Sie z. B. an neuen Lösungen für den Automobilbau (Stahl als Leichtbauwerkstoff) mitarbeiten. In der Produktion beherrschen Sie Anlagen, die über 300 Meter lang und dabei bis zu 65 Meter hoch sind. In der Instandhaltung sorgen Sie vorausschauend dafür, dass unsere Produktion rund um die Uhr störungsfrei laufen kann. Oder reizt Sie mehr die Frage, wie man 20 Flaschen in der Sekunde reinigen, befüllen, etikettieren und verpacken kann? Dann sind wir gespannt darauf, Sie kennen zu lernen.

Unser Angebot
Bei uns haben Sie alle Chancen, die Zukunft der Salzgitter Gruppe aktiv mitzugestalten. Wir geben Ihnen Freiräume, Ihre Ideen zu entwickeln und umzusetzen. Dabei sind Kreativität und Innovation gefragt. Unsere Mitarbeiter arbeiten überwiegend in Teams und Projektgruppen. Kommunikations- und Teamfähigkeit sind deshalb wichtige Kompetenzen, über die Sie verfügen sollten. Wir bieten anspruchsvolle und attraktive Arbeitsplätze mit zahlreichen vertikalen und horizontalen und zum Teil auch internationalen Karrieremöglichkeiten. Mit speziellen Programmen fördern und fordern wir interne Nachwuchskräfte. Ihr Engagement wird leistungsgerecht vergütet.

Praktika und Abschlussarbeiten
Lernen Sie in einem Praktikum oder im Rahmen einer Abschlussarbeit die Faszination des Werkstoffs Stahl, moderne Anlagen und komplexe Steuerungssysteme kennen. Auf unserer Homepage finden Sie vielfältige Angebote, wie Sie mit uns gemeinsam Einblicke in die Praxis bekommen können. Erfahrungsberichte von Praktikanten und Mitarbeitern finden Sie im Karriere Blog.

WIR SUCHEN UND BIETEN

Branche: Stahlindustrie, Handel, Abfüll- und Verpackungstechnologie

Geschäftsfelder/Arbeitsgebiete: Stahl, Röhren, Handel, Anlagenbau, IT, Logistik

Umsatz/Bilanzsumme: 8,3 Mrd. Euro Umsatz in 2010

Bedarf Ingenieure:
Hochschulabsolventen 50
Young Professionals 20
Praktikanten 100

Fachrichtungen: Automatisierungstechnik, Elektrotechnik, Lebensmitteltechnologie, Maschinenbau, Verfahrenstechnik, Werkstoffwissenschaften

Einsatzgebiete: Forschung und Entwicklung, Produktion, Instandhaltung, Kundenberatung, Vertrieb, Inbetriebnahme, Qualitätssicherung

Einstiegsmöglichkeiten: Direkteinstieg, Fachtraineeprogramm, Traineeprogramm

Startgehalt: abhängig von Ausbildung und Standort bis 48.000 €

Mitarbeiter in Deutschland: 19.500

Mitarbeiter weltweit: 23.000

Standorte Deutschland: Salzgitter, Mülheim, Düsseldorf, Dortmund u.a.

Standorte weltweit: Frankreich, Italien, Mexiko, Brasilien, USA u.a.

BEWERBUNGEN

Salzgitter AG
Abteilung Führungskräfte
Markus Rottwinkel
Eisenhüttenstraße 99
38239 Salzgitter
karriere@salzgitter-ag.de

www.salzgitter-ag.de/personal

Form der Bewerbung:
per Post, E-Mail oder Online-Bewerbung

Weitere Informationen auf den Seiten 164 bis 165

Unsere Philosophie:
Miteinander kommunizieren, voneinander lernen, gemeinsam unternehmerisch handeln.

Tognum Group

DAS UNTERNEHMEN IN FAKTEN UND ZAHLEN

Neues schaffen. Weiter denken. Vorwärtskommen.

Aus faszinierenden Ideen machen unsere rund 9.000 Mitarbeiter kraftvolle Technik – vom 10.000-kW-Dieselmotor bis zum klimaschonenden Blockheizkraftwerk. Mit den Marken MTU und MTU Onsite Energy ist Tognum einer der weltweit führenden Anbieter von Motoren und kompletten Antriebssystemen für Schiffe, Land- und Schienenfahrzeuge, Industrieantriebe und dezentrale Energieanlagen. Innovative Einspritzsysteme von L Orange runden unser Technologie-Portfolio rund um den Antrieb ab.

Die vielfältigen Anwendungsgebiete unserer Produkte garantieren profitables Wachstum und langfristigen Erfolg: Tognum-Systeme bringen die Eiffelturm zum Strahlen und sichern die Stromversorgung im Pekinger Olympiastadion. Tognum-Motoren treiben Motoryachten und Schnellzüge voran und haben die Power von etlichen Formel-1-Motoren. Genug Kraft, um mit den mächtigsten Transportmaschinen der Welt viele hundert Tonnen auf einmal zu bewegen.

Unsere Mitarbeiter wissen, dass sie gemeinsam Herausragendes erreichen – ob in Entwicklung oder Produktion, Service oder Logistik, Einkauf oder Sales. Sie schätzen die Entwicklungsmöglichkeiten und die vielseitigen Perspektiven, die die Zugehörigkeit zu einer starken internationalen Gruppe ihnen eröffnet. Und sie leben die zentralen Werte, für die unser Unternehmen steht: Inspiration, Innovation und Dynamik.

Inspiration – weil schon der legendäre MTU-Gründer Wilhelm Maybach für verblüffende Lösungen stand, die Brillanz und Praxistauglichkeit verbinden. So wurde er zum „König der Konstrukteure". Und weil wir auch heute das ideale Umfeld für zündende Gedanken bieten.

Innovation – weil wir neue Wege gehen. Jeden Tag. Und weil wir es lieben, unsere Produkte und Prozesse zu verbessern. Für Exzellenz im Kleinen und im Großen: mehr Leistung. Höhere Effizienz. Und weniger Emissionen.

Dynamik – weil die Leidenschaft unserer Mitarbeiter uns vorantreibt. Weil unser Geschäft sich so rasant entwickelt, als hätte es einen unserer Motoren an Bord. Und weil schon unser Name Programm ist: „Tog" heißt „kraftvoll ziehen".

Bewegen auch Sie mit uns die Welt. Wir bieten Ihnen vielseitige Einstiegsmöglichkeiten, individuelle Förderung und verantwortungsvolle Aufgaben.

Willkommen bei Tognum in Friedrichshafen!

Multiple Chances: Das internationale Traineeprogramm. Jedes Jahr im September bietet Tognum Hochschulabsolventen den optimalen Berufs- und Unternehmenseinstieg über das internationale Traineeprogramm „Multiple Chances". Das Programm garantiert einen generellen und globalen Ein- und Überblick über die verschiedenen Unternehmensbereiche sowie die Firmenkultur, die Art der Zusammenarbeit und companyinterne Abläufe. Dabei sind die Trainees nicht nur Zuschauer, sondern übernehmen schon spannende Aufgaben und Verantwortung.

Das on-the-Job-Programm. In den ersten sechs Monaten gewinnen die Trainees vertiefende Kenntnisse in ihrem späteren Arbeitsbereich, werden dann sechs Monate ein anderes Geschäftsfeld kennen lernen und können anschließend sechs Monate im Ausland tätig sein.

Das off-the-Job-Programm. Jeder Trainee erhält - neben seinem "Personal Survival Kit für den Berufseinstieg" - Trainings zur Entwicklung seiner Skills und Competencies: zum Beispiel Management- und Führungskompetenz, Soziale Kompetenz und Kommunikation, Persönliche Kompetenz und Business Coaching, Interkulturelle Kompetenz. Und jedem Trainee steht ein Mentor mit Rat und Tat zur Seite.

Maßgefertigt, nicht massengefertigt. Die Unternehmensbedarfe und die vielfältigen anstehenden Aufgaben erlauben uns, den Trainees für die Stationen jeweils mehrere Optionen anbieten zu können. Je nach Studienhintergrund, den Vorstellungen und Erwartungen der Trainees sowie unseren Zielen für die Unternehmens- und persönliche Entwicklung stimmen wir das Programm individuell mit jedem Trainee ab.

Arbeiten als Versuchsingenieur

Name: Dominik Finkel
Alter: 30 Jahre
Position: Versuchsingenieur

Mein Job

In meiner Abteilung geben wir sozusagen unseren Produkten den „letzten Schliff" bzw. füllen den Motor „mit Leben". Das bedeutet zum Beispiel, die Abstimmung von neu entwickelten Motoren hinsichtlich der Emissionsgesetzgebung sowie die Erprobung von neuen Bauteilen und Komponenten. Im Rahmen von Projekten arbeite ich interdisziplinär auch mit dem Vertrieb, der Analytik und der Konstruktion zusammen.

Meine Lieblingsaufgabe

Das Spannendste an meiner Aufgabe ist, dass ich einfach neue Motoren mitentwickeln und später beim Kunden die Erstinbetriebnahme durchführen kann. So sehe ich unmittelbar die Früchte oder den Erfolg meiner geleisteten Arbeit. Und als technikbegeisterter Ingenieur mag ich auch die Detailarbeit in meinem Job: So kann eine kleine Änderung an der Motorsteuerung große Auswirkungen hinsichtlich Wirtschaftlichkeit und Umweltschutz haben.

Mein Werdegang

Nach dem Abitur war ich für zwei Jahre als Offizier der Reserve als Fallschirmjäger bei der Bundeswehr. Direkt im Anschluss habe ich an der Universität Karlsruhe Maschinenbau mit dem Schwerpunkt Produktentwicklung und Konstruktion studiert. Während des Studiums habe ich u. a. ein Praktikum bei KSB in Australien gemacht, die Diplomarbeit am ITS meiner Uni geschrieben. Nach dem Studium bin ich in das internationale Traineeprogramm „Multiple Chances" bei Tognum eingestiegen: zunächst war ich im Versuch und in der Konstruktion eingesetzt, in meiner zweiten Traineestation im Bereich Application. Die dritte Traineestation beinhaltet immer einen Auslandsaufenthalt. Hier war ich sechs Monate in Detroit, um dort sozusagen die Abteilung „Versuch" vor Ort zu vertreten. Seit Ende des Traineeprogramms Anfang 2010 arbeite ich nun als Versuchsingenieur bei unserer Baureihe 4000, unsere meistverkauften mittelgroßen Motoren, und bin dort aktuell verantwortlich für ein Herstellkostenreduktionsprogramm.

Meine Zukunft

Ich möchte in den nächsten Jahren mein technisches Know-how ausbauen, Projektverantwortung übernehmen und auf jeden Fall nochmals für das Unternehmen eine Zeit ins Ausland gehen, gerne in die USA oder nach Australien.

Mein Tipp für den Berufseinstieg

Sehr wichtig finde ich, das für sich richtige Unternehmen zu finden. In dem man sich mit den Aufgaben, den Produkten und auch mit der Kultur bzw. der Art der Zusammenarbeit identifizieren kann. In dem man gefördert wird und sich weiterentwickeln kann. Nicht ganz unwichtig finde ich persönlich ebenfalls den Standort. Eine Stadt oder eine Region, in der man sich wohl fühlt und auch seinen Hobbys und Interessen nachgehen kann. Am Bodensee tanke ich zum Beispiel neue Energien beim Bergsteigen oder Snowboarden.

WIR SUCHEN UND BIETEN

Branche: Maschinenbau, Investitionsgüterindustrie
Geschäftsfelder/Arbeitsgebiete: Dieselmotoren und komplette Antriebssysteme
Umsatz/Bilanzsumme: 2,563 Mrd. Euro (2010)
Bedarf Ingenieure:
Hochschulabsolventen 100
Young Professionals 100
Praktikanten 200
Fachrichtungen: Maschinenbau, Elektrotechnik, Wirtschaftsingenieurwesen, Wirtschaftswissenschaften
Einstiegsmöglichkeiten: Direkteinstieg, internationales Traineeprogramm
Startgehalt: ca. 43.000 bis 48.000
Mitarbeiter in Deutschland: ca. 7.000
Mitarbeiter weltweit: ca. 9.000
Standorte Deutschland: Friedrichshafen (Hauptsitz)
Standorte weltweit: in 130 Ländern vertreten

BEWERBUNGEN

Tognum AG
Regine Siemann
Head of Global Employer Branding
Maybachplatz 1
88045 Friedrichshafen
Tel. 07541 90-6513
Regine.Siemann@tognum.com

www.tognum.com

Weitere Informationen auf den Seiten 23 und 164 bis 165

TÜV Hessen

DAS UNTERNEHMEN IN FAKTEN UND ZAHLEN

Der **TÜV Hessen** ist ein bewährter Partner für Sicherheit, Umweltschutz, Qualität und sorgt nicht zuletzt für die Marktfähigkeit von Anlagen, Produkten und Dienstleistungen. Seit über 100 Jahren schützt und fördert der TÜV Hessen Menschen, vermehrt Werte und Wohlstand. Der TÜV Hessen beschäftigt ca. 1.100 Mitarbeiter/innen. Der Jahresumsatz liegt derzeit bei über 100 Mio. € (2010). Gesellschafter sind das Land Hessen (45 %) und die TÜV Süd AG (55 %). Sitz des TÜV Hessen ist Darmstadt mit über 60 weiteren Standorten in ganz Hessen. Tochtergesellschaft des TÜV Hessen ist die GÜK Gesellschaft zur Überwachung von Kraftfahrzeugen mbH (100 %). Beim TÜV Hessen findet sich ein Mix aus Theorie und Praxis verschiedenster Bereiche: Auto Service, Automotive, Industrie Service, Managementsysteme, Lifservice. Das Spektrum der vertretenen Berufe ist demnach sehr breit. Als Dienstleister ist es dem TÜV Hessen wichtig, dass seine Mitarbeiter/innen gerne mit anderen Menschen arbeiten und Geschick im Umgang mit Kunden und Kollegen entwickeln.

Sie finden uns 2011 auch auf folgenden Messen: JobCon (24.2.), VDI nachrichten Recruiting Tag (17.3.), Ausbildungsinfotag (25.3.), konaktiva (11.5.), meet@h_da (8.11.)

Gesuchte Fachrichtungen:

Maschinenbau, Elektrotechnik, Mechatronik, Verfahrenstechnik, Umwelttechnik, Bauingenieurwesen, Chemie, Betriebswirtschaftslehre, Psychologie

WIR SUCHEN UND BIETEN

Branche: Techn. Dienstleistungen

Geschäftsfelder/Arbeitsgebiete: Auto Service, Automotive, Industrie Service, Life Service, Managementsysteme

Umsatz/Bilanzsumme: über 100 Mio. € (2010)

BEWERBUNGEN

TÜV Hessen
Personalwesen
Nadja Becker
Rüdesheimer Str. 119
64285 Darmstadt
personalwesen@tuevhessen.de

www.tuev-hessen.de

Form der Bewerbung: E-Mail, Online, Post

Weitere Informationen auf den Seiten 164 bis 165

**Zukunft Gewissheit geben!
Dabei hilft der TÜV Hessen.**

TÜV Rheinland Group

DAS UNTERNEHMEN IN FAKTEN UND ZAHLEN

Genau. Richtig.

Die TÜV Rheinland Group ist ein international führender Dienstleistungskonzern. Das Unternehmen wurde 1872 gegründet und hat seinen Stammsitz in Köln. An knapp 500 Standorten in 61 Ländern auf allen Kontinenten arbeiten rund 14.500 Menschen und erwirtschaften einen Umsatz von 1,3 Milliarden Euro. Anspruch und Leitidee des Konzerns ist die nachhaltige Entwicklung von Sicherheit und Qualität im Spannungsfeld von Mensch, Technik und Umwelt.

Das bin ich.

Unsere Mitarbeiterinnen und Mitarbeiter sind überzeugt, dass gesellschaftliche und industrielle Entwicklung ohne technischen Fortschritt sowie den sicheren Einsatz technischer Innovationen, Produkte und Anlagen nicht möglich ist. Das heißt: Wachstum und Verantwortung sind für die TÜV Rheinland Group untrennbar miteinander verbunden. Seit 2006 ist das Unternehmen deshalb Mitglied im Global Compact der Vereinten Nationen.

Einstieg und Karriere.

Wir suchen talentierte Nachwuchskräfte, die sich durch umfangreiches Fachwissen, ein hohes Maß an Motivation, Dienstleistungsorientierung sowie Flexibilität und Leistungsbereitschaft auszeichnen.

Bei der TÜV Rheinland Group arbeiten Sie in einem wachstumsstarken, internationalen Unternehmen mit attraktiven Karriere- und Weiterentwicklungsmöglichkeiten.

Wir freuen uns auf Sie.

Unabhängig, neutral und kompetent bauen wir an einer Zukunft, die den Anforderungen von Menschen und Umwelt nachhaltig gerecht wird. Durch kunden- und erfolgsorientiertes Agieren erhöhen wir stetig unsere Attraktivität für Kunden, Partner und Mitarbeiter.

WIR SUCHEN UND BIETEN

Geschäftsfelder/Arbeitsgebiete: Industrie Service, Mobilität, Produkte, Leben und Gesundheit, Bildung und Consulting, Systeme

Fachrichtungen: Ingenieurwissenschaften, Naturwissenschaften, Informatik, Wirtschaftswissenschaften

BEWERBUNGEN

TÜV Rheinland Group — Bewerberservice
Frau Groß, Frau Eisele, Frau Conradi
Am Grauen Stein, 51105 Köln
Tel.: 0221-806-119

www.tuv.com/jobs

Form der Bewerbung: Online über Bewerberportal „Your Job" auf www.tuv.com/jobs

Weitere Informationen auf den Seiten 49 und 164 bis 165

Voith GmbH

DAS UNTERNEHMEN IN FAKTEN UND ZAHLEN

Voith setzt Maßstäbe in den Märkten Energie, Öl & Gas, Rohstoffe und Transport & Automotive. Gegründet 1867 ist Voith heute mit knapp 40.000 Mitarbeitern, 5,2 Milliarden Euro Umsatz und Standorten in rund 50 Ländern der Welt eines der großen Familienunternehmen Europas.

Heute wird ein großer Teil der gesamten Papierproduktion auf Voith-Papiermaschinen produziert. Ein Viertel der weltweit aus Wasserkraft gewonnenen Energie wird mit Turbinen und Generatoren von Voith Hydro erzeugt. Antriebselemente von Voith Turbo werden rund um den Globus sowohl in industriellen Anlagen als auch auf Schiene, Straße und im Wasser eingesetzt. Voith Industrial Services ist einer der führenden Anbieter technischer Dienstleistungen.

Auch nach über 140 Geschäftsjahren bleiben wir als Familienunternehmen unabhängig von den Launen der Börse und planen unsere Aktivitäten langfristig und nachhaltig. Bei uns zählen Erfindergeist, Innovationskraft, fundiertes Wissen und Technikbegeisterung. Sie sind die Triebfedern unseres Erfolgs. Weltoffenheit, Mut zum Risiko sowie das soziale Engagement der Gründerfamilie und ihrer Nachkommen haben die Voith- Unternehmenskultur geprägt.

In seiner Branche zählt Voith weltweit zu den innovativsten Unternehmen. Das belegen die bisher über 10.000 Patente. Jährlich melden wir 400 neue Patente an. Das Föttinger-Getriebe, die Kaplan-Turbine, der Voith-Schneider-Propeller, die NipcoFlex-Presse oder der Aquatarder sind Beispiele für die Technikgeschichte, die Voith seit über 140 Jahren schreibt.

Unsere Mitarbeiter sind uns wichtig, und das zeigen wir ihnen auch. Wir bieten ein umfangreiches Fortbildungsprogramm, vergüten fair, kümmern uns um die Altersvorsorge, begleiten Auslandseinsätze, sorgen für einen fortschrittlichen Arbeits-, Unfall- und Umweltschutz und feiern die Jubiläen unserer langjährigen Mitarbeiter. Wir haben eine Kindertagesstätte eingerichtet, vergeben Stipendien an Mitarbeiterkinder und sorgen für eine vielfältige Ausbildung unserer Azubis.

In allen Geschäftsfeldern hervorragende Marktpositionen, eine international ausgerichtete Unternehmensgruppe und ein starkes Wachstum sind drei wichtige Gründe, die für den Start der Karriere bei Voith sprechen.

Berufseinsteiger machen in der Regel als Direkteinsteiger ihren Weg. Zudem können Sie als Trainee bei uns anfangen. Unabhängig davon, wie Sie sich entscheiden, Ihre Persönlichkeit und Ihre Leistung entscheiden über Ihre Karriere bei Voith.

Traineeprogramm für Ingenieure bei Voith Paper

Das internationale Traineeprogramm dauert ein Jahr und setzt sich aus drei Projekten an drei Standorten zusammen. Mit einem hohen Grad an Eigenverantwortung lernen Sie „on the job" verschiedene Bereiche unseres Unternehmens kennen. Unser Ziel ist es, mit Ihnen gemeinsam Projekte zu finden, die zu Ihnen passen. Zur Abrundung Ihrer Traineezeit nehmen Sie an mehreren Seminarwochen teil.

WIR SUCHEN UND BIETEN

Branche: Maschinen- und Anlagenbau, Technische Dienstleistung

Umsatz/Bilanzsumme: 5,2 Mrd €

Bedarf Ingenieure:
Hochschulabsolventen ca. 100
Young Professionals ca. 150
Praktikanten ca. 160

Fachrichtungen:
Maschinenbau, Verfahrenstechnik, Elektrotechnik/Elektronik, Papiertechnik, Textiltechnik, Schiffbau, Chemieingenieurwesen, Wirtschaftswissenschaften, Wirtschaftsingenieurwesen, Informatik, Servicemanagement/Instandhaltung, Physikalische Technik und Naturwissenschaften.

Einsatzgebiete:
Konstruktion, F&E, Automatisierungstechnik, Produktion, Technischer Vertrieb/Projektmanagement, Projektierung, kaufmännische Bereiche, IT/EDV etc.

Einstiegsmöglichkeiten:
Direkteinstieg (die häufigste Art durchzustarten), Traineeprogramme

Startgehalt:
Je nach Unternehmensbereich gelten unterschiedliche Tarifverträge

Mitarbeiter in Deutschland: 17.600

Mitarbeiter weltweit: 40.000

Standorte Deutschland: 20

Standorte weltweit: über 280

BEWERBUNGEN

Voith GmbH
Corporate Human Resources/Vvmeh
Mirjam Nasdala-Flick
Sankt Pöltener Straße 43
89522 Heidenheim
Tel: +49 7321 37-2368

www.career.voith.de

Form der Bewerbung:
Online-Bewerbung

Weitere Informationen auf den Seiten 164 bis 165

Gore – W. L. Gore & Associates GmbH

DAS UNTERNEHMEN IN FAKTEN UND ZAHLEN

GORE LEBT VON INNOVATIONEN

Innovationen leben von neugierigen Menschen

Als weltweit führender Spezialist in der Verarbeitung von Kunststoffen, speziell des PTFE (Polytetrafluorethylen), steht der Name Gore für innovative Produkte und Technologien. Das US-Unternehmen ist vor allem durch seine GORE-TEX® Funktionstextilien weltbekannt. Darüber hinaus bietet Gore zahlreiche Produkte und Lösungen für ganz unterschiedliche Branchen. Angefangen bei Textil-Laminaten, die Feuerwehrleute vor Hitze, Flammen und Chemikalien schützen, über Patches und Gefäßprothesen für die Herzchirurgie oder elektronische Kabel für die Raumforschung bis hin zu Filtermedien und Dichtungen.

Gore, das seit Jahren zu den attraktivsten Arbeitgebern in Europa und den USA zählt, legt großen Wert auf eine Arbeitsatmosphäre, die die Mitarbeiter motiviert und begeistert. In seiner team-orientierten Firmenkultur fehlen Vorgesetzte im herkömmlichen Sinne. Stattdessen fördert Gore offene Kommunikationswege quer durch alle Funktionen; individuelle Leistungen werden durch Feedback der Kollegen gemessen. Durch die Förderung von Eigeninitiative und Innovation sorgt die Unternehmenskultur für zufriedene Associates und erfolgreiche Produkte.

Was wollen Sie verändern?

Lesen Sie Erfahrungsberichte von Gore Mitarbeitern unter gore.com/change-life

> Gore bietet innovative Produkte und Dienstleistungen, zu denen wir mit Überzeugung stehen.

WIR SUCHEN UND BIETEN

Branche: Automobil, chemische Industrie, Computer/Nachrichtentechnik, Elektronik, Energie, Halbleiter-/Luft- & Raumfahrt, Medizinische Produkte, Pharmazie/Biotechnologie, Sicherheit & Schutz, Textilindustrie, Umweltschutz

Bedarf Ingenieure:
Hochschulabsolventen 15
Praktikanten 30

Fachrichtungen: siehe Jobfinder

BEWERBUNGEN

W. L. Gore & Associates GmbH
European Recruiting Team
Tel. 089 4612 2800
gore.com/change-life

Weitere Informationen auf den Seiten 164 bis 165

Wir bringen Sie zum Master.

Der Online-Kompass für Ihren Aufstieg:
Die MBA- & Master-Kursdatenbank

Das Standardwerk:
Staufenbiel *Das MBA-Studium*

Windmöller & Hölscher KG

DAS UNTERNEHMEN IN FAKTEN UND ZAHLEN

Seit über 140 Jahren sind flexible Verpackungen unsere Welt. Mit unserem einzigartigen Spektrum an Maschinen und Systemen zur Herstellung und Bedruckung von Folien-, Kunststoffgewebe- und Papierverpackungen sind wir seit Jahrzehnten Technologieführer – in über 130 Ländern der Erde.

Von der Hochschule in die Praxis

Am 25. und 26. Juni 2010 wurde von W&H zum zweiten Mal der Praxis- und Projekttag für angehende Ingenieure ausgerichtet. Christian Hölter, heute Ingenieur bei W&H, war einer der teilnehmenden Studenten und berichtet von diesem Tag:

Zehn Studenten der Ingenieurwissenschaften nutzten diese Möglichkeit, die Firma und die vielseitigen Aufgabenbereiche kennenzulernen, und gleichzeitig eine Bewertung und Beurteilung der persönlichen Stärken und Schwächen durch die W&H-Führungskräfte zu erhalten. Für W&H nahmen Dr. Ulrich Braig (Leiter Personal), Dietmar Pötter (Leiter Produktbereich Druck und Veredelung), Dr. Falco Paepenmüller (Leiter Produktbereich Extrusion), Reinhard Elting (Verkaufsbereichsleiter Osteuropa), Martin Backmann (Leiter Forschung und Entwicklung Extrusion) und Jutta Krumkamp (Leiterin Personalbetreuung- und entwicklung) an der Veranstaltung teil.

Nach einer Präsentation des Unternehmens und seiner Produkte wurden die Studenten in zwei Gruppen eingeteilt. Jede Gruppe erhielt eine Aufgabe aus der Praxis, d. h. es handelte sich um reale Probleme, vor denen die W&H-Ingenieure selbst einmal gestanden haben. Dies motivierte die Teilnehmer, da der Praxisbezug besonders deutlich wurde. Es galt, im Team Lösungen zu entwickeln und die Ergebnisse anschließend im Plenum zu präsentieren. Die Studenten sollten zum einen verhindern, dass sich auf einem Folienwickel ein Kolbenring bildet und zum anderen den Rollenwechselvorgang eines Folienwicklers nachvollziehen. Nach einer vorgegebenen Bearbeitungszeit, während der sie von den Führungskräften beobachtet wurden, präsentierten sie die Ergebnisse, wobei die Lösungsansätze den kritischen Fragen der Beobachter standhalten mussten. Abschließend wurden den Studenten die Lösungen der W&H-Ingenieure vorgestellt und erläutert.

War bei dieser Aufgabe eher der Ingenieur gefragt, ging es beim nächsten Thema um das Verkaufstalent eines jeden Einzelnen. In einer fiktiven Messesituation sollte ein Kunde fachlich beraten werden und im Optimalfall zum Kauf einer W&H-Maschine bewegt werden. Auch dieses Verkaufsgespräch wurde von den W&H-Führungskräften kritisch beobachtet und bewertet. Damit war der Aufgabenteil des Praxis- und Projekttages abgeschlossen. Aber auf die Studenten wartete noch ein weiteres Highlight. Beim Abendessen mit dem Vorsitzenden der W&H-Geschäftsführung Dr. Jürgen Vutz sowie den beiden Jung-Ingenieuren Tim Kirchhoff und Torben Wilkening konnten die Studenten im offenen Gespräch viele wichtige Informationen und Ratschläge für das spätere Berufsleben sammeln.

Am nächsten Morgen wurden die Teilnahmezertifikate übergeben und das W&H-Stipendium an den besten Studenten überreicht, gefolgt von Einzelgesprächen mit den W&H Führungskräften. Hier wurde das persönliche Stärken- und Schwächenprofil ausgewertet, das auf der Grundlage der Beobachtungsprotokolle des Vortages erstellt worden war. In den Gesprächen wurden Wege zur Verbesserung aufgezeigt und eine Entwicklungsempfehlung gegeben.

Die Studenten waren einhellig der Meinung, dass dieser Tag sehr wertvolle Einblicke in die Praxis lieferte und unbedingt erneut stattfinden sollte.

Der Praxis- und Projekttag 2011 wird am 17./18. Juni 2011 stattfinden.

WIR SUCHEN UND BIETEN

Branche: Maschinenbau

Geschäftsfelder/Arbeitsgebiete: Druck- und Verarbeitungsmaschinen für flexible Verpackungen, Extrusionsanlagen

Umsatz/Bilanzsumme: Umsatz ca. 450 Mio. €

Bedarf Ingenieure:
Hochschulabsolventen 10
Young Professionals 20
Praktikanten 40

Fachrichtungen: Elektrotechnik, Maschinenbau, Wirtschaftsingenieurwesen

Einsatzgebiete: Entwicklung, Konstruktion, Technischer Vertrieb

Einstiegsmöglichkeiten: Direkteinstieg

Mitarbeiter in Deutschland: 1.600

Mitarbeiter weltweit: 2.000

Standorte Deutschland: Muttergesellschaft Lengerich/Westf.

Standorte weltweit: 16 weltweit

BEWERBUNGEN

Windmöller & Hölscher KG
Personal
Frau Jutta Krumkamp
Münsterstraße 50
49525 Lengerich
Tel. 05481/14-3332

www.wuh-group.com

Form der Bewerbung: Online-Bewerbung an karriere@wuh-group.com

Ideen aus Leidenschaft

Weitere Informationen auf den Seiten 31 und 164 bis 165

Jobfinder 2011

Anzeige	Arbeitgeber im Profil	staufenbiel.de	Unternehmensname und Karriere-Infos	Website	Mitarbeiter in Deutschland	weltweit	Forschung	Entwicklung	Konstruktion	Materialwirtschaft/Einkauf	Fertigungsplanung/Arbeitsvorbereitung	Fertigung/Produktion/Betrieb	Arbeitsgestaltung/Betriebsorganisation	Montage/Inbetriebnahme	Instandhaltung/Wartung	Projektierung	Softwareentwicklung	Unternehmensplanung/-entwicklung	Qualitätssicherung	(Inhouse) Consulting	Technische Redaktion	Vertrieb	Logistik
	138		AEROTEC Engineering GmbH	www.aerotec.de	360	12.900	•	•	•	•				•		•			•	•	•	•	•
35			AREVA	www.karriere.areva.com	5.700	48.000	•	•	•			•				•			•			•	
15		•	Bayer	www.myBayerjob.de	36.200	111.400	•	•				•						•	•				•
	139	•	Brose Gruppe	www.brose-karriere.com	ca. 7.500	>17.000	•	•	•		•	•							•			•	•
83			Brunel GmbH	www.brunel.de	2.000	8.000	•	•	•	•	•					•			•			•	•
	140f		Cargill Deutschland GmbH	www.cargill.de/deu/careers	1.600	131.000						•	•	•									
47	142	•	Carl Zeiss AG	www.zeiss.de/karriere	11.000	24.000	•	•	•	•		•		•		•			•			•	
	20f		Contact Singapore	www.contactsingapore.sg	k.A.	k.A.	•	•	•	•						•	•	•					
75		•	DEKRA Automobil GmbH	www.dekra.de/jobs	ca. 15.000	ca. 24.000	•									•			•				
	138		DENSO AUTOMOTIVE Deutschland GmbH	www.denso-europe.com	ca. 370	ca. 120.000	•	•											•			•	
	148	•	Deutsche Bahn	www.deutschebahn.com/karriere	191.000	290.000						•	•	•	•			•	•			•	•
	144	•	Diehl Stiftung & Co. KG	www.diehl.com	ca. 9.000	ca. 13.300	•	•	•								•						
27			EagleBurgmann Germany	www.eagleburgmann.com	1.200	5.300	•	•		•	•								•			•	•
85	145		EDAG GmbH & Co. KGaA	www.edag.com/careers	ca. 3.000	ca. 6.600	•	•				•											
39			Elektrobit Automotive	www.elektrobit.com	420	450		•									•	•		•	•	•	
U3	146	•	EnBW Energie Baden-Württemberg AG	www.enbw.com/karriere	20.000	k.A.	•	•	•			•				•		•	•			•	
17	147		euro engineering AG	www.ee-ag.com	2.000	k.A.	•	•	•	•		•				•	•		•			•	•
25	148	•	EUROPIPE GmbH	www.europipe.com	ca. 650	ca. 1.600		•	•			•				•			•			•	
11			FERCHAU Engineering GmbH	www.ferchau.de	>4.100	k.A.	•	•				•				•			•		•	•	
41	149	•	GLOBALFOUNDRIES Dresden	www.globalfoundries-jobs.de	>3.000	11.000	•		•			•							•				

Jobfinder

Bedarf Ingenieure 2011				Gesuchte Fachrichtungen	Startgehalt (in Euro pro Jahr)
Sonstige	Hochschulabsolventen	Young Professionals	Praktikanten	(Abfallwirtschaft und Altlasten, Anlagentechnik, Automatisierungstechnik, Bauingenieurwesen/Baumanagement, Bergbau, Elektrotechnik/Elektronik, Energietechnik, Facility Management, Fahrzeugtechnik/Schienenfahrzeugtechnik, Feinwerktechnik, Fertigungstechnik, Informationstechnik, Klimatechnik, Konstruktionstechnik, Kunststofftechnik, Logistik/Fördertechnik, Luft- und Raumfahrttechnik, Maschinenbau, Mechatronik, Medizintechnik, Mikrotechnik, Nachrichtentechnik, Produktionstechnik, Schiffsbau- und Meerestechnik, Technische Informatik, Textil- und Bekleidungstechnik, Umwelttechnik, Verfahrenstechnik/Chemieingenieurwesen, Verkehrswesen, Vermessungswesen, Wasserwesen, Werkstofftechnik, Wirtschaftsingenieurwesen, Sonstige)	Startgehalt (in Euro pro Jahr)
	n.B.	n.B.	n.B.		k.A.
	n.B.	n.B.	n.B.		38.000–52.000
	n.B.	n.B.	200		marktüblich (Tarif)
	siehe online				branchenüblich
•	250	350	k.A.		nach Berufserfahrung
•	ca. 15 p.a.	n.B.			positionsabhängig
	n.B.	n.B.	n.B.		marktüblich (Tarif)
	n.B.	n.B.	n.B.		verhandlungsabh.
•	250	100	160		k.A.
	n.B.	n.B.	n.B.		k.A.
	ca. 250	k.A.	k.A.		k.A.
	ca. 20	ca. 30	ca. 100		k.A.
	20	10	10		40.000–45.000
	k.A.	k.A.	k.A.		k.A.
	70	70	100		überdurchschnittlich
•	k.A.	k.A.	k.A.		40.000–45.000
	150	200	40		k.A.
	4	4	3–5		k.A.
•	300	250	20		k.A.
•	100	100	20		k.A.

staufenbiel.de/ingenieure

Jobfinder 2011

Anzeige	Arbeitgeber im Profil staufenbiel.de	Unternehmensname und Karriere-Infos	Mitarbeiter in Deutschland	Mitarbeiter weltweit	Forschung	Entwicklung	Konstruktion	Materialwirtschaft/Einkauf	Fertigungsplanung/Arbeitsvorbereitung	Fertigung/Produktion/Betrieb	Arbeitsgestaltung/Betriebsorganisation	Montage/Inbetriebnahme	Instandhaltung/Wartung	Projektierung	Softwareentwicklung	Unternehmensplanung/-entwicklung	Qualitätssicherung	(Inhouse) Consulting	Technische Redaktion	Vertrieb	Logistik
37		Goodyear Dunlop Tires Germany GmbH www.goodyear-dunlop.com/gd_de/karriere	7.300	ca. 72.000	•	•		•					•	•							•
	150 •	Hydro Aluminium www.hydro-karriere.de	ca. 5.000	ca. 23.000	•	•			•	•		•	•				•			•	
	151 •	Kaufland www.kaufland.de	76.000	119.000				•	•	•	•			•			•	•			•
63		LANXESS AG www.karriere-lanxess.de	ca. 7.600	ca. 14.700	•	•		•		•	•			•	•		•			•	
29		Lurgi GmbH www.lurgi.com	600	1.500	•	•	•			•		•								•	•
	152	Lorenz Snack-World www.lorenz-snackworld.de	k.A.	rd. 3.000				•	•	•							•			•	
43		MAHLE www.jobs.mahle.com	rd. 9.000	rd. 45.000	•	•	•		•	•	•	•	•				•			•	•
	153 •	Maschinenfabrik Reinhausen GmbH www.reinhausen.com	1.900	2.700	•	•	•			•	•	•	•				•			•	•
	154	METRO Group Asset Management www.metro-mam.com	k.A.	1.000	•	•								•	•		•	•			•
	155 •	Salzgitter AG www.salzgitter-ag.de/personal	19.500	23.000	•	•	•	•	•	•	•	•	•				•	•		•	•
	154 •	Schaeffler Gruppe (INA, LuK, FAG) www.schaeffler.de/career	ca. 28.000	>67.000	•	•	•	•	•	•	•	•	•			•	•	•		•	•
13	•	Siemens AG www.siemens.de/career	rd. 128.000	rd. 405.000	•	•			•					•	•	•	•				•
81		TenneT TSO GmbH www.tennet.eu	800	1.825					•					•	•	•					
23	156f	Tognum Group www.tognum.com	ca. 7.000	ca. 9.000	•	•	•		•	•	•	•	•				•	•		•	•
	158 •	TÜV Hessen www.tuev-hessen.de	1.100	k.A.													•			•	
49	158 •	TÜV Rheinland Group www.tuv.com/jobs	6.300	14.500	•											•	•	•			
45		UPM www.upm-kymmene.de	ca. 4.000	23.000	•	•				•				•							
	159 •	Voith GmbH www.career.voith.de	17.600	40.000	•	•	•		•	•	•		•				•			•	•
	160 •	Gore – W.L. Gore & Associates GmbH www.gore.com	1.200	9.000	•	•		•	•						•		•			•	
31	161 •	Windmöller & Hölscher KG www.wuh-group.com	1.600	2.000	•	•	•		•												
77		• ZF Friedrichshafen AG www.zf.com	37.000	60.480	•	•	•	•	•	•	•	•	•				•			•	•

Sonstige	Hochschulabsolventen	Young Professionals	Praktikanten	Abfallwirtschaft und Altlasten	Anlagentechnik	Automatisierungstechnik	Bauingenieurwesen/Baumanagement	Bergbau	Elektrotechnik/Elektronik	Energietechnik	Facility Management	Fahrzeugtechnik/Schienenfahrzeugtechnik	Feinwerktechnik	Fertigungstechnik	Informationstechnik	Klimatechnik	Konstruktionstechnik	Kunststofftechnik	Logistik/Fördertechnik	Luft- und Raumfahrttechnik	Maschinenbau	Mechatronik	Medizintechnik	Mikrotechnik	Nachrichtentechnik	Produktionstechnik	Schiffsbau- und Meerestechnik	Technische Informatik	Textil- und Bekleidungstechnik	Umwelttechnik	Verfahrenstechnik/Chemieingenieurwesen	Verkehrswesen	Vermessungswesen	Wasserwesen	Werkstofftechnik	Wirtschaftsingenieurwesen	Sonstige	Startgehalt (in Euro pro Jahr)
•	10–20	15–25	10–15	•	•		•	•	•		•						•	•	•	•					•			•								•	•	k.A.
	10	5	20	•	•				•	•							•				•				•											•	•	k.A.
	ca. 15	ca. 5	ca. 5	•	•	•		•	•	•	•			•	•		•	•	•		•				•		•	•								•	•	k.A.
	stark wachsender Bedarf				•	•			•												•	•														•	•	nach Funktion/Qualifikation
•	10	10–15	10		•	•	•		•	•									•	•										•						•		ca. 45.000
	n.B.	n.B.	n.B.									•			•	•																						k.A.
•	k.A.	k.A.	150		•				•	•		•					•	•	•	•		•				•			•							•	•	•	positionsabhängig
•	k.A.	k.A.	k.A.		•	•			•										•		•									•								k.A.
	n.B.	n.B.	n.B.				•		•							•	•															•		•			•	k.A.
	50	20	100		•	•			•			•					•				•					•									•	•	•	bis 48.000
	n.B.	n.B.	>400		•	•	•	•	•	•		•	•	•			•	•			•	•	•						•	•	•					•	•	positionsabhängig
•	n.B.	n.B.	n.B.		•	•															•	•	•		•							•	•	•		•	•	k.A.
•	ca. 50	ca. 50	lfd.				•	•							•	•														•	•	•					•	•	positionsabhängig
	100	100	200				•	•									•			•						•	•				•	•	•			•	•	ca. 43.000 bis 48.000
	k.A.	k.A.	k.A.		•	•	•		•	•							•				•					•	•								•	•	•	nach Qualifikation/Einsatzgebiet
	k.A.	k.A.	k.A.		•	•			•								•				•															•	•	je nach Qualifikation
•	l.B.	l.B.	l.B.				•														•					•				•							•	nach Vereinbarung
•	ca. 100	ca. 150	ca. 160		•	•			•	•		•	•	•	•		•	•	•	•		•				•	•	•	•		•					•	•	angelehnt an den Metalltarifvertrag
•	15	k.A.	30		•	•	•		•			•					•	•	•	•		•				•	•		•							•	•	k.A.
	10	20	40		•	•												•																		•		k.A.
•	ja	ja	ja		•				•	•	•				•				•	•																•	•	je nach Qualifikation

Karrierewissen in zwei Bänden

Jedes Jahr zwei Bände

Es gibt Dinge in dieser Welt, die gehören einfach als Paar zusammen wie Adam und Eva im Paradies, wie Plus und Minus beim Strom und wie Soll und Haben in der Bilanz: Staufenbiel *Ingenieure* Band I und Band II, die jedes Jahr vollständig neu überarbeitet als Karriere-Handbuch für Absolventen erscheinen.

>> Band I

Staufenbiel *Ingenieure* Band I (erscheint immer zum Sommersemester) widmet sich den Themen Einstiegsgehälter, Bewerbung und Weiterbildung:
- Der Frühstart
- Die Bewerbung
- Die Soft Skills
- Das Einstiegsgehalt
- Der Einstieg
- Karriere bei Familienunternehmen
- Studenteninitiativen im Porträt
- Education/Weiterbildung.

>> Band II

Staufenbiel *Ingenieure* Band II (erscheint immer zum Wintersemester) enthält aktuelle Informationen zu Arbeitsmarkt, Einstiegsbranchen und Einsatzbereichen:
- Der aktuelle Stellenmarkt
- Karriereplanung & Berufsbild
- Karriere bei Familienunternehmen
- Die wichtigsten Branchen
- Einsatzbereiche im Unternehmen
- Typische Berufsfelder
- Education/Weiterbildung.

Fragen Sie auf Hochschulmessen und dem Absolventenkongress nach beiden Bänden von Staufenbiel *Ingenieure*. Fragen Sie im Career Service Center nach Staufenbiel *Ingenieure*. Bestellen Sie auf *staufenbiel.de* im Bookshop beide Bände – und Sie sind bestens informiert über Jobs, Gehälter, Bewerbung und die vielen Kleinigkeiten drumherum.